普通高等院校小学教育专业"十三五"规划教材

小学教师专业能力训练

王贞惠　刘晓玲 ◎ 编著

西南交通大学出版社
·成都·

图书在版编目（ＣＩＰ）数据

小学教师专业能力训练 / 王贞惠，刘晓玲编著. —
成都：西南交通大学出版社，2018.1（2023.7 重印）
普通高等院校小学教育专业"十三五"规划教材
ISBN 978-7-5643-5812-9

Ⅰ. ①小… Ⅱ. ①王… ②刘… Ⅲ. ①小学教师 – 师
资培养 – 高等学校 – 教材 Ⅳ. ①G625.1

中国版本图书馆 CIP 数据核字（2017）第 239037 号

普通高等院校小学教育专业"十三五"规划教材

小学教师专业能力训练

王贞惠　刘晓玲 / 编　著

责任编辑 / 祁素玲
封面设计 / 严春艳

西南交通大学出版社出版发行

（四川省成都市二环路北一段 111 号西南交通大学创新大厦 21 楼　610031）
发行部电话：028-87600564　028-87600533
网址：http://www.xnjdcbs.com
印刷：四川森林印务有限责任公司

成品尺寸　185 mm × 260 mm
印张　14　字数　347 千
版次　2018 年 1 月第 1 版
印次　2023 年 7 月第 4 次

书号　ISBN 978-7-5643-5812-9
定价　39.00 元

前　言

　　教师是专业人员，具有不可替代性。教师专业化是现代世界各国教育发展的趋势，而教师专业化的主要表现是教师的专业能力发展。小学教师技能训练是使教师教育专业学生初步具备人民教师的基本素质，并将所学的专业知识和教学技能运用于教学实践，提高专业知识应用能力的职业训练类实践课程。具体内容包括教育教学技能、交际交往技能、班主任工作技能、课外校外活动组织技能等。

　　目前，我国关于教师教育技能训练的教材多专注于课堂教学的某一方面，多为理论知识的系统介绍，总体来讲不够全面，比较模糊，缺乏具体的操作方法，而专门针对小学教师技能训练的教材现状就更不尽如人意。

　　实践教学技能训练是培养应用型师范教育专业学生不容忽视的重要环节，因为要培养具有扎实的教育理论知识、所教学科的专业知识和较强的教育教学能力，能在小学从事教育、教学和管理工作的高素质小学教师，仅有课堂理论知识的学习还远远不够。本教材在大量实践教学活动经验的基础之上，针对小学教师教学特点及小学儿童认知学习特点，设计了教育组织能力、语言表达能力、教学书画能力、多媒体应用能力、教育偶发事件应变能力等五大教育教学能力训练模块。并且，在教材各部分内容编写过程中，借鉴案例教学模式，注重教师技能训练的可操作性及对学生习得效果的及时测评，使教材的内容较之国内相关教材具有更强的指导性、实践性及可操作性。

　　本教材的编写人员均为长期从事课堂教学设计及小学教学法研究的专业教师，教研经验丰富，教学成果优秀。教材编写的分工如下：全书共六章，约35万字，其中第六章及第二章第一节，共 7 万字，由安阳师范学院刘晓玲老师编写；主编安康学院王贞惠老师负责全书的统稿及剩余章节约28万字的编写工作。两位老师长期致力于小学教师教育培养研究，通过长期的小学课堂听课及优质课程评讲活动积累了丰富的小学教育教学经验。

　　此外，本教材的编写，还吸收了安康市基础教育单位众多优秀教师的教学经验，汉滨区果园小学、培新小学、江南小学等学校的优秀教师为教师能力训练案例的编写提供了真实的素材，在此一并表示感谢！这也为教材融入了新鲜的校本教学训练材料，更加有利于小学教育专业学生教师能力的训练及培养。

编著者

2017 年 6 月

目　录

第一章　小学教师专业能力解读

　　小学教育是制度化教育之始，是人的一生发展的奠基教育。小学作为教育过程的一个特殊阶段，在学生的全面发展中起着至关重要的作用。师者，学之根垠也。小学生身心发展的特点决定了他们对教师有着很强的依赖性，也最容易受到教师性格、态度、行为等的影响。对小学教师专业能力培养成功与否，关系着小学教师能否实现对学生的整体性教育影响，能否完成小学教育的奠基性目标。

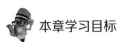 本章学习目标

　　1. 明确小学教师职业角色的内涵及外延。
　　2. 理解小学教师专业能力的基本要求。
　　3. 能够结合教育案例分析、解读卓越教师培养背景下的小学教师专业能力训练目标。

第一节　小学教师的职业角色定位

一、对小学教师职业角色的解读

　　在社会生活中的每一个体都扮演着不同的角色，各种职业角色都被社会赋予了不同的权利、责任、行为规范及相应的行为模式。教师角色既代表教师个体在社会群体中的地位和身份，同时也包含着社会所期望于教师个人表现的行为模式，它既包括社会、他人对教师的行为期待，也包括教师对自己应有责任的认识。而角色意识是指个体对自身角色地位、角色规范及角色行为的觉察、认识与理解。

　　教师角色意识就是指教师对自身角色地位、相应角色行为规范及其角色扮演的认识、理解与体验，不仅包括动态的教师对角色进行认识、理解的过程，也包括静态的教师对角色认识、理解的结果。此认识结果一方面表现为教师稳定而深层的观念，另一方面表现为教师的情感体验和心理感受。也就是说，教师角色意识所反映出来的教师对其角色地位的认识、理解和由此产生的行为结果，其背后又是以教师深层的观念和丰富的情感体验为依托。教师角色意识在教师教育观念中居于核心地位，影响着教师心理体验与感受，支配着教师的教育行为，从而影响着儿童的健康成长，因此强化教师的角色意识，是提高教师专业素质，促进教师专业发展的重要途径。教师只有在了解了角色规范的基本要求之后，才能很好地扮演其职业角色。

（一）小学教师应是学生人生的领路人

教师不能仅仅向学生传播知识，而是要引导学生沿着正确的道路前进，并且不断地在他们成长的道路上设置不同的路标，引导他们不断地向更高的目标前进。另外，教师要从"道德说教者""道德偶像"的传统角色中解放出来，成为学生健康心理、健康品德的促进者、催化剂，引导学生学会自我调适、自我选择。

（二）小学教师应是学生学习知识的组织者、引导者与合作者

新课改倡导学生主动参与，乐于探究，勤于思考，善于动手。这就要求教师调整改变教学行为和策略，转变角色，不再是知识的占有者、传递者，应成为学生学习的促进者。教师要帮助学生制订适当的学习目标，并确认和协调达到目标的最佳途径，指导学生形成良好的学习习惯，掌握学习策略，发展认知能力；要创设丰富的教学情境，激发学生学习动机，培养学生的学习兴趣，鼓励学生将自己掌握的各种知识、实践经验带到课堂中，促进自主学习，使学生能够自己去实验、观察、探究、研讨，使他们身心全部投入到学习活动之中，在愉快中学习，掌握新知识。在教学中，教师要当好组织者和引导者，帮助学生积极主动地利用教材为自己的学习服务，教师不再缠绵于知识点的微观课程结构之中，而是倾心于成为教学情况设计和教学资源的组织者。

（三）小学教师应是学生学习能力的培养者

首先，教师作为知识传授者的传统地位被动摇了。现代科学知识量多且发展快，教师要在短短的几年学校教育时间里把所教学科的全部知识传授给学生已是不可能的事情，而且也没有这个必要。其次，教师作为学生唯一知识源的地位已经动摇。学生获得知识信息的渠道多样化了，教师在传授知识方面的职能也变得复杂化了，不再是只传授现成的教科书上的知识，而是要指导学生懂得如何获取自己所需要的知识，掌握获取知识的工具以及学会如何根据认识的需要去处理各种信息的方法。总之，教师再也不能把知识传授作为自己的主要任务和目的，把主要精力放在检查学生对知识的掌握程度上，而应成为学生学习的激发者、辅导者、各种能力和积极个性的培养者，把教学的重心放在如何促进学生"学"上，从而真正实现教是为了不教。

（四）小学教师应是教育教学的研究者

在小学教师的职业生涯中，传统的教学活动和研究活动是彼此分离的。教师的任务只是教学，研究被认为是专家们的"专利"。教师不仅鲜有从事教学研究的机会，而且即使有机会参与，也只能处于辅助的地位，配合专家、学者进行实验。这种做法存在明显的弊端。一方面，专家、学者的研究课题及其研究成果并不一定为教学实际所需要，也并不一定能转化为实践上的创新；另一方面，教师的教学如果没有一定的理论指导，没有以研究为依托的提高和深化，就容易固守在重复旧经验、照搬老方法的窠臼里不能自拔。这种教学与研究的脱节，对教师的发展和教学的发展是极其不利的，它不能适应新课程的要求。新课程所蕴含的新理

念、新方法以及新课程实施过程中所出现和遇到的各种各样的新问题，都是过去的经验和理论都难于解释和应付的，教师不能被动地等待着别人把研究成果送上门来，再不假思索地把这些成果应用到教学中去。教师自己就应该是一个研究者，对自身的行为进行反思，对出现的问题进行探究，对积累的经验进行总结，使其形成规律性的认识。可以说，把教育学生与研究有机地融为一体，是教师自身能力持续发展的基础，是提高教学水平的关键，是创造性实施新课程的保证。

二、小学教师职业角色意识缺失的问题分析

小学教师在专业成长中出现职业角色定位问题，固然有多方面的主客观原因，但一个不容忽视的重要原因，就是小学教师角色意识的缺乏。有相当一部分小学教师没有好好思考以下问题：教师认为自身在社会中处于什么样的地位，在工作中又处于怎样的位置；与工作中不同对象进行互动时，教师分别将自己确定为什么样的身份，为什么进行这样的定位等。教师认为自身分别承担着哪些角色，每种角色具有什么样的权利与责任，相应的行为规范又是什么；教师应以何种方式去扮演这个角色等。教师对自身角色行为适宜性的认识与判断，对角色扮演困难度的判断与感受；在实践中教师感到何种角色的把握较为容易，何种角色的扮演较为困难；自身角色扮演受哪些因素的影响，角色扮演产生问题的原因在哪里，如何有效提高自身角色扮演的效果等。

不少小学教师在学生教育、课堂教学、自身专业发展上呈现的问题，是教师角色的错位甚至失位，这种错位和失位的主要原因是教师职业角色意识的缺失。有些教师虽然也知道教师的角色要随时代的变化和新课程的要求而改变，也能讲出教师应扮演哪些角色，但不清楚教学中与学生进行互动时自己到底应当确定为什么样的身份，是主导者还是引导者，是合作者还是指挥者，为什么要进行这样的定位。对自己身兼多种角色地位的价值没有足够的认识，即在教师角色地位的认识和理解上模糊不清。一些教师虽然对教师角色地位有初步的认识和理解，但对教师角色规范的理解却把握不准，对新时期教师角色多种定位的具体规范是什么很茫然。许多小学教师知道要成为学生学习的引导者，但对作为引导者所承担角色的权利和责任是什么，具体应当怎样做才能准确地扮演和完成这种角色任务却不清楚，对自己所要承担角色的能力估计不足，当所扮演的角色在实际工作中出现困难和问题时不知从何处寻找原因。例如新时期呼唤小学教师要成为学生心理健康的辅导者，这一角色需要小学教师掌握相应的儿童心理发展和心理健康教育知识才能胜任其角色的职责。由于一些教师对自己胜任能力估计不足，或自我效能感较低，在承担这一角色时常常遇到挫折，不能帮助学生解决心理问题。他们也不知道怎样才能提高角色扮演的效果，以促进学生心理的健康发展。这一切都反映出小学教师角色意识的欠缺。其主要问题在于教师对于自身角色所要遵循的具体行为规范、每种角色相对应的行为模式、自身角色扮演出现困难与不适宜的可能原因是什么、可以从哪些方面进行调整与改善等思考得比较少，相关的认识也较为混乱。

这里还需提及的是，小学教师角色意识的缺乏，还与部分教师仍然没有摆脱某些传统教师角色定位局限的影响有关。例如传统教师角色强调教师的权威地位，这就决定了教师在教学中的角色：教师即权威（在小学阶段教师这种权威地位更为明显），教师所讲的一切都是正

确的，不容置疑，学生只能被动接受，忽视教师与学生之间的合作关系，也忽视了课堂教学中的生成价值。这种权威地位，表现在对学生的教育上过分强调教师的主导意识，使教师多以成人的眼光去看待儿童，忽视学生的心理需求和感受。同时由于教师具有"权威"的优越地位，也容易导致教师不思进取，忽略自身素质的提高，满足于现状，对知识的拓展和学问的探究以及学历的提高抱以冷淡和应付的态度，特别忽视甚至反感对教育教学中出现的问题的研究。因此，小学教师如果仍然持有教师就是权威的角色意识，势必无法接纳新时期对教师角色的定位，无法履行教师角色的规范和职责。

三、强化小学教师职业角色意识的主要方法

教师角色意识在教师教育观念中居于核心地位，影响着教师的心理体验与感受，支配着教师的教育行为，从而影响着儿童的健康成长，因此，强化教师的角色意识是提高教师专业素质、促进教师专业发展的重要途径。

（一）确立新型的教师教育观念，提高对小学教师角色地位的认识

教师应对自身所处的角色地位有充分的理解。传统的教师教育观强调知识的传递性、教师的权威性，因此，教师往往将自己的角色地位定位于"主宰者"。在教育教学过程中，常忽视教师与学生之间的合作关系，忽视学生的主体意识，忽视教与学过程中知识的创造性。新型的教师教育观在教师角色的定位上，强调教师既是知识的输出者，又是学生自主学习的引导者和学习方法的给予者，还是终身学习的学习者。传统的教师教育观更强调社会对教师的高要求，使理想教师角色成为一种"圣人"形象，教师们感到角色的重大压力，往往丧失了对工作的热情和幸福感。新型的教师教育观不但强调教师的社会责任，也关注教师的生活质量和生命价值。只有帮助小学教师确立起新型的教师教育观，才能使其对自身的角色地位有清楚的认识，才能在不同的教育场合定准自己的角色，体现出角色的应有价值，以此增强教师自我效能感，从而激活教师角色扮演的情感欲望。

（二）掌握新时期小学教师角色的规范和行为模式

想要准确扮演小学教师职业角色，只有在了解角色规范的基本要求之后，才能够实现。如前面提到的因小学教师角色意识欠缺而表现出的种种问题，在很大程度上是由于对每种角色具体规范的基本要求不清楚，也就是说没有掌握角色的行为准则。因此，我们必须让每位小学教师对自己所扮演的角色的规范和行为模式有清楚的了解，并能依此履行角色的职责。新时期小学教师应承担的一个重要角色，就是要成为学生学习的引导者。怎样做才可称之为学生学习的引导者？申继亮在《新世纪教师角色重塑》一书中进行了如下概括：利用教师自己已有的知识经验和能力方面的优势，帮助学生在学习过程中保持明确的目标和方向；尊重学生的主体地位，多给学生自主独立活动的机会和空间，使学生在学习中经常处于主动探索的状态；激发学生的学习兴趣，鼓励学生的好奇心和创造精神，使学生敢于提问题，勇于解决问题；训练学生养成良好的学习习惯，掌握科学的学习方法，指导学生主动锻炼自己的各种能力；培养学生的自学能力，包括独立阅读能力，做读书笔记的能力，使用工具书的能力，

根据学习要求收集、分析、选择和使用信息的能力，对学习的自我评价和修正的能力等；教师在教学中还要注重学生的小组合作学习和学生学习方面的个体差异。教师只有努力依此规范去做，才有可能准确地扮演和完成角色的任务。

（三）培养小学教师对职业角色行为及其结果认识判断的反思能力

强化教师角色意识，还有一点是不容忽视的，就是要培养小学教师对自身角色行为及其结果的认识、判断与情感体验的反思能力。这种反思能力应表现为教师能实事求是地评价自己，对自己扮演角色所需要的知识、能力有清楚的认知，对自身的长处、短处、优势和劣势能否驾驭所扮角色有客观的评价，对在实施教师角色的实践中出现的困难和问题能及时予以分析，寻找原因，调整自己行为以适应教师角色的需要。只有这样，才能在承担角色的过程中不断地学习，积累经验，总结教训；才能不断提高教师角色的领悟水平和教师角色的实践能力；才能不断调整角色行为，缩小角色差距，提高教师自身角色的适应能力，进而成功地扮演好新时期教师角色。

综上所述，小学教师职业角色意识三方面的结构是密切联系在一起的，教师对自身角色的定位、对角色行为规范的认识影响其角色扮演的体验。反过来，教师对角色扮演的认识与体验也影响教师自身的角色定位，影响教师对角色行为规范的理解。强化教师角色意识，就是在这三方面都要给予关注。只有当教师形成了较强的角色意识，才能注重自身专业素质的提升，才能不断地完善自己，实施更积极、适宜的教育行为，才能自觉调整与小学儿童的交往方式与互动行为，从而促进教师自身的发展，最终促进儿童的健康成长与发展。

第二节　小学教师的专业能力要求

随着教师专业化进程的发展，小学教育事业对教师专业能力的要求愈来愈高，而作为职场中的教师，其专业能力的发展也是无止境的。学校是教师专业生活的主要场所，教师通过职业活动提高自身专业能力是其职业生活的有机组成部分。基础教育课程改革如火如荼地推进，将教师置于风口浪尖上，教师专业发展几乎与基础教育课程改革同时受到社会、学校和学术界不同层面的积极关注和不同领域的思考探索。"从本质上说，教师专业发展是教师个体专业不断发展的历程，是教师不断接受新知识、增长专业能力的过程。教师要成为一个成熟的专业人员，需要通过不断的学习与探究历程来拓展其专业内涵，提高专业水平，从而达到专业成熟的境界。"小学教师的专业发展，不仅关乎教师个体会成长为一个怎样的教师，而且关系到每一个学生的终身利益，关系到我国初等教育的整体质量与效果。

学校是教师进行教育教学工作实践的场所，也是塑造名师和教育专家的热土。与专业知识和专业情意相比，教师专业能力发展在学校场景中能够更好地实现，将教师专业能力发展与其实际工作相结合，有效利用学校平台促进教师专业能力的发展，具有现实意义。不同地域的学校由于经济、文化、历史传统以及行政决策等因素的影响，其教师专业能力发展的水平也有所不同。

一、什么是小学教师的专业发展?

学者们因自身研究兴趣与视角的不同,对教师专业发展的概念有着多种理解。《教育大百科全书》认为,教师发展是指教师专业的成长。几乎所有的研究者都是基于这个观点对教师发展进行研究的,他们都关注教师专业的发展。格里芬从个体角度解释,认为教师专业发展是通过系统的努力来改变教师的专业实践、信念,以及对学校和学生的理解。从群体角度来说,教师专业发展是指教师职业专业化的过程。社会学家们对教师专业发展也存在多种理解,例如富拉恩认为教师专业发展是指在复杂多变的环境中,以及在一种强迫性的学习气氛中,教师所经历的正式和非正式的学习。解释社会学者认为教师专业发展是教师个体成为教学专业的成员并能够有效履行其角色的变化过程,这种变化包括认知、情感和行为的变化。符号互动理论者提出了教师专业发展的持续性和终身性特点,认为教师专业发展是教师的学习过程,它应该是连续的、伴随着工作而进行的、贯穿职业生涯的。很多学者认为教师的学习和发展具有批判性,教师是一支强大的变革力量,而不是知识与技能的受容器。可见这种观点强调了教师专业化过程中教师的角色和自主意识。关于教师专业发展,国内专家学者们也有不同的理解,比较有代表性的是肖丽萍、唐玉光、朱新卓和朱玉东等人。肖丽萍强调教师从个人发展角度设想自己的职业发展目标,通过学习进修等途径来提高自己的教育教学能力,尽最大可能实现自己的价值。唐玉光强调教师专业发展的内涵是多层面、多领域的,不仅包括知识、技能和能力,而且也涵盖了态度与情感。朱新卓认为教师专业发展是教师由非专业人员转向专业人员的过程。朱玉东强调教师专业发展的终身性,认为教师专业发展伴随教师的一生。由此可见,我国学者在学习和借鉴国外相关研究的基础上,对教师专业发展的概念进行了大量研究。从这些定义来看,都把教师看作是专业人员,教师在其职业生涯中都会经历从不成熟到相对成熟的过程,教师的专业发展是多方面的,包括知识、技能、态度、情感等。学者们对教师专业发展的理解和使用大体有两种,即"教师专业"的发展和教师的"专业发展"。前者强调教师作为一个专门职业的演变历程,侧重从教师教育制度的角度进行研究;后者指教师由不成熟到相对成熟的过程,更多地将其理解为教师专业素质和专业化程度的提高。从上述定义可以看出,大多数的研究者都倾向于后者。

综上所述,我们可以将教师专业发展定义为:教师专业发展是一个终身和持续的过程,在这个过程中,教师通过充分发挥自主意识进行反思与积极实践,以及学校、社会等外部因素的支持来提高专业水平,使自己的知识、技能与情感得到发展,道德与政治素养得到提升,逐渐达到成熟的境界,能够有效履行职业角色,实现职业期望。教师专业发展是小学教师基于学校组织这个平台实现的专业发展。

(一)小学教师的专业性和专业特征

关于小学教师是不是专业人员的问题,国内外的研究者们进行了激烈的探讨和争论,结果对这一问题有三种理解,即"非专业""半专业"和"准专业"之说。虽然没有统一的专业概念和标准,但是到最后我们都同意小学教师是具有较高层次和水平的专业人员这个观点。因为即使对小学教师来说,同样需要具有比普通人更加深刻与丰富的一般性知识和相关学科知识,需要掌握普通人不必系统掌握的教育教学知识、技能和规律。刘捷认为,此专业非彼专业，即非小学教师任教的"学科专业"，而是"教育专业"，小学教师的教育活动与行为是他们专业表现的领域。小学教师由于服务对象的特殊性，与中学和大学教师相比，具有不同的专业特征。小学生的独立自主性相对较差，自我意识发展水平不高，对教师有较强的依赖性，这对教师专业素养提出了较高的要求。小学生的思维发展以具体形象思维为主，因此教师在教学技能和技巧方面需要注意教学的组织形式、教学工具的使用，甚至是讲课时的表情等。小学生的发展具有潜在性和多种可能性，因此小学教师需要树立"所有学生都能成才"的观念。同时小学生的自律性和自我控制能力都较差，因此小学教师在班级管理方面需要更高的能力，这不仅仅是班主任的责任，而且是每个学科教师的共同责任。

（二）学校发展与小学教师专业发展之间的关系

教师任职的学校在教师专业发展中占有非常重要的地位，教师专业发展必须与具体的学校场景和教师工作实际相结合。

英国和美国是世界上在"基于学校的教师专业发展"方面实施较早的国家，1971 年，詹姆斯小组发表的"詹姆斯报告"堪称"教师教育宪章"。詹姆斯小组认为，每所中小学都应该把教师的专业发展当作重要任务。到了 20 世纪 80 年代，随着教师专业化运动的开展和学校改革思潮的兴起，教师在学校内的专业发展越来越受到学校的重视。1989 年，美国的《着眼于未来的师资教育》报告中认为："在未来的师资培训探索中，应当淡化培训院校的培训，要把培训送上门，把培训随时渗透到教师真实的教学情境过程中。这样才能使教师培训基层化、全程化和全员化，提高培训的实际效果。"1999 年 8 月，国家跨世纪园丁工程正式开始实施，标志着基于学校的教师专业发展在我国正式开展。此后，我国基于学校的教师专业发展经验逐步形成。是滨婷认为，学校是教师专业发展的立足点。学校不仅是学生们成长成才的地方，同时也是教师专业发展之所。教师任职学校是教师工作、学习的主要场所，是教师教导学生、培育人才、施展自己才华的舞台，也是实现教师自身发展尤其是专业发展的实战阵地。

（三）小学教师专业发展途径

从传统上看，我国小学教师专业发展的途径有组织教师进行教学观摩、开展教学研讨会、成立教研组集体备课等。随着教育的发展，参与教育科学研究也成为促进教师专业发展的重要途径。近些年来，由学校组织的各种形式的培训班或者专家讲座，以及校外组织的各种培训，也促进了小学教师的专业发展。王建军在对上海和北京的小学进行的调查研究中，列举了 19 种目前在国内小学中采用较多的教师专业发展途径，分别是学校组织讲座、外出培训、全校研讨、教研组研讨、全校听说评课、教研组听说评课、教研组教案研讨、全校教学比赛、区市教学比赛、教师读书会、教师演讲会、校外教师示范、校外教学观摩、教研组集体备课、网络研修、教育科研、师徒结对、撰写教育论文和他校挂职任教。这些比较全面地归纳了当前国内小学教师专业发展的途径。笔者将其分为以下几类：① 以教研组为单位，可以通过教研组研讨、教研组听说评课、教研组教案研讨、教研组集体备课等途径促进小学教师专业发展；② 以学校为平台，小学教师在校内可以通过学校组织讲座、全校研讨、全校听说评课、全校教学比赛等实现专业发展；③ 以学校为平台，小学教师在校外可以通过外出培训、区市教学比赛、校外教师示范、校外教学观摩和他校挂职任教实现专业发展；④ 小学教师通过教师读书会、教师演讲会、网络研修、教育科研、师徒结对、撰写教育论文等途径实现自主发展。

二、什么是小学教师的专业能力？

国际培训、绩效、教学标准委员会（英文缩写为IBSTPI）在2004年研制出了教师能力标准，包括专业基础、计划与准备、教学方法与策略、评估与评价和教学管理5个能力维度的18项能力以及98条具体绩效指标。该教师能力标准，即"IBSTPI教师能力标准"，是一个最新的较为权威的、被全世界广泛接受并认可的、迄今为止最为全面的教师能力清单之一。该标准内容较广泛，操作性较强，所描述的核心是广义而非狭义的能力，实质是合格教师应该拥有的知识、能力、态度、价值观和道德责任感等，它聚焦于怎样成为一个称职的教师，全面给出了新世纪的教师应该具有的能力。该标准对于我国研制和实施当代中小学教师基本教学能力标准和中小学教师能力标准有较强的指导和借鉴意义。据此标准，笔者认为教师专业能力包括教育教学设计能力、组织与实施能力、激励与评价能力、沟通与合作能力和反思与发展能力。

（一）影响小学教师专业能力发展的主要原因

1. 学校对教师专业能力发展的支持程度不同

促进小学教师专业能力发展的学校环境是，小学在促进教师专业能力发展上的管理水平较高，学校采取了丰富具体的行为方式促进教师专业能力的发展。小学的学校组织管理也处于较高水平，学校在机构设置与制度方面比较完善。

大城市小学在物质、行为和制度等方面对教师专业能力的支持程度都高于小城市小学。以具体行为方面为例，某直辖市重点小学在上一年中承办了10场高层次的"国培计划"；邀请了课程标准制定专家、学科教学专家等来校举办讲座；学校与大学和研究机构合作，做了8次课题研究报告；学校经常举办教师读书会；建立了教师课题研究制度和三级教研制度，且该校作为中心校，是三级教研活动的组织者。在所有的这些活动中，学校教师都能够参与进来，这对教师专业能力的提高具有非常大的促进作用。而某三线城市的一所普通小学，主要通过举行教师教学评比活动、组织教师参加校内外教学示范与观摩、提供外出学习与培训机会等方式促进教师专业能力发展，这在一定程度上起到了促进作用，但是这些活动的层次水平、举办次数、参与人数与程度、活动的效果等方面都比不上大城市小学。大城市小学比小城市小学具有更优越的条件和资源，从这些具体行为方式上的差异中可以看出，两地小学在对教师专业能力发展的支持程度上有所不同，从而影响到两地教师专业能力的发展水平。

2. 教师已有专业能力的基础不同

教师专业发展包括教师专业知识、专业能力、专业情意的发展，而且三者之间互相影响、互相促进，是不可分割的整体。教师专业能力发展水平的差异，与教师已有专业知识和技能的基础有密切联系。教师专业发展是一个长期的过程，不仅包括教师在从业过程中的发展，还包括作为一个受过正规学校系统教育的个体——教师已经具有的相应的自然科学和人文社会科学知识、相应的艺术欣赏与表现知识和适应教育内容、教学手段和方法的现代化信息技术知识，同时对中国教育的基本情况也有大致了解。教师入职前在师范院校接受专业教育，在准备教师资格考试过程中进行的各项专业知识的巩固与提高也是教师专业知识发展过程中的内容，在这些过程中教师获取了从业所必备的学科专业知识、教育教学理论知识和关于学生发展的理论知识。教师职前既有的专业知识在其进入正式教师队伍后，在其任职学校的环境中有了量的扩张。笔者在天津市某小学实习的过程中，通过对学校管理活动的观察和对教师的访谈了解到，学校为了达到资源的优化和效益的最大化，经常组织教师进行种类多样的教研活动，包括组织教师进行集体备课、说评课、上公开课等，还会组织教师参与区级教研、校际交流等活动，从而使教师专业知识有了量的扩张。在学校组织的这些活动中，教师个体职前既有的专业知识就会不断地在公众面前显现出来，在学校这个平台上达到流动与共享，从而使之前处于杂乱无序状态下的教师知识逐渐走向有序化，逐步成为教师群体的共识。学校为了使教师专业知识更好地得到保存和传递，还会及时把教师知识显现出来的成果等集结成册，甚至公开出版，供教师之间传阅和学习，包括教学课例、教育教学研究论文和课题报告等。

以对一位教师的访谈为例，可以看出学校对教师专业知识的管理途径的多样化和效率的大幅提高，但也能看出学校在教师专业知识管理方面仍存在的问题。

笔者：H老师您好。

H老师：您好。

笔者：请问您认为作为一名教师，专业知识包括哪些？

H老师：专业知识应该包括很多方面，我作为一名语文教师和班主任，最主要的工作就是上语文课和班级管理。作为小学语文教师，学科专业知识是必需的，包括古代汉语、现代汉语知识，还有中外文学常识和儿童文学知识。再有就是教学法知识也是比较重要的，如何把教学的方法灵活地运用到课堂教学中。还有一点，咱虽然是教语文，但是绝不能只会语文，其他学科的知识也得会。作为一名班主任，主要是要有班级管理方面的知识，包括心理学方面的知识，我觉得这一点特别重要，要掌握学生身心发展规律和心理变化。此外，与学生建立良好的信任关系和具备促进学生良好行为习惯养成的知识对于基础教育来说应该是有重要意义的。大概就这些吧。

笔者：（点头）您刚才提到的这些专业知识，哪些是职前就获得的，哪些是入职后获得的？学校为促进教师专业知识的发展采取了哪些措施？

H老师：其实我刚才说的这些知识，我们在读书的时候基本上都学过，只不过随着时间的推移，有的已经忘记了，或者变得零散、不成体系了。入职后，学校也比较重视教师知识这块儿，为我们订阅了各种图书报刊，组织教师集体备课、听评课，每周二下午我们都有教研活动，还有区级教研活动、校际交流等，这些对我们知识的发展都挺有用的，不仅回忆起了曾经学过的知识，而且也获得了新的知识。比如对我最有作用的就是学校对教师进行的信息技术知识的培训，这是现在很有必要，而我们又比较欠缺的知识。可是最大的困难就是每天班级管理的琐事太多，我们也想去学一些新的知识，但是根本就没有时间。还有就是，有的活动形式大于内容，而且基本类似，参加过几次之后，对于以后的培训活动就没什么期待了，有的甚至是为了应付上级的要求，人去了心却不在。如果活动形式多样化，把重点放在教师真正获得了哪些有用的知识上，这样或许更好。

笔者:（点头）非常感谢您回答我的这些问题，这对我的研究非常有用。

H老师:（微笑）不客气。

从上述 H 老师的回答可以看出，教师在教学准备阶段所需要的知识以理论性或文本类知识居多，这类知识主要是通过教师在系统的学校教育、专业的师范教育和准备教师资格考试过程中获取的。在教学实施阶段，教师处于教育教学的动态过程和真实情景中，所需要的知识以实践性知识或缄默性知识居多，这类知识是教师实际教学过程中所需要的最主要的知识，包括学科教学知识、教学法知识、评价性和策略性知识等。这些知识的理论部分仍主要靠教师在职前获取，在职后获得的也主要靠教师自身通过与之前习得的理论部分的结合进一步得到巩固。学校对教师这部分专业知识的管理主要是通过组织各种各样的教研活动，比如上公开课、说评课、教师集体备课等教学活动，或者举办专题讲座等活动将教师个体拥有的知识显现化，将教师个体零散、不成体系的专业知识，在学校组织这个层面上走向有序化和公共化。但由于学校组织的这些活动有形式主义的倾向，而且小学教师除教学之外的班级管理琐事繁多，教师很难有充裕的时间学习专业知识，大多数都是职前积累的基础和在教学过程中自己的总结提升。就现状来看，学校在教师专业知识管理的手段和技术方面有很大发展，教师专业知识的管理效率大幅度提高，但从总体来看，教师专业知识仍靠自我管理。而在教学反思阶段，教师已经离开了教育教学的第一现场，所进行的活动仍然主要是自我反思性行为，所涉及的专业知识是对前两个阶段所有知识的再加工。教师专业知识管理按照主体的不同区分为两种形态，分别是教师专业知识的自我管理和组织层面的管理，组织层面的管理主要是学校管理。

总之，各所学校重视教师专业知识的发展，也在手段和技术上进行了改革和创新，但实际上教师获取专业知识仍然靠自身职前知识的积累，对教育教学实践中遇到问题的反思，以及教师自我提高的学习意识。

笔者对某三线城市一所普通小学的某位教师进行了访谈，经整理而截取的访谈片段如下:

笔者:L老师，您认为教师专业知识主要包括哪些?

L老师:教师专业知识，我认为应该包括所教学科的知识和一些班级管理知识吧。

笔者:（点头）您认为教师所需要的专业知识在工作环境中有何提升?

L老师:说实在的，我们教书用的那些知识，大部分是以前自己上学的时候学到的，当然学校也重视教师素质的提高，订阅了报纸杂志，也会外派出去学习进修，但是现在小学繁杂事务比较多，也没有那么多时间去读书学习。

从上述访谈内容可以看到，小城市小学教师的专业知识背景与大城市小学教师无明显差距，但是小城市小学教师的专业知识与大城市小学教师相比，显得较零散、不成体系，专业知识的自我管理能力和效率较低，主动自觉学习和提高的意识较弱。因此，两个不同地域的小学教师专业能力的知识与技能的基础不同，教师专业能力发展水平也有所差异。

3. 教师职业情感和发展动力不同

学校是教师与学生在情感、理智等方面交流对话的场所，教师自身情意的展现与流露也影响着学生情感的发展，对其具有示范作用，言传身教的力量是巨大且久远的。有研究者指出，教师情感上的支持能够增强学生学业成就与自主性。作为职场中的个体，教师要与课堂内外的人、事、物交往，必定会涉及情感。哈格里夫斯（Hargreaves）在他的研究项目中探讨过教师的情感是如何与学生相联系的，是如何渗透在学校结构、教师教学等各个方面的。研究发现教师对职业活动的情感投入、师生的情感联系等都与其专业活动有关，包括教师如何进行教学、如何做教学计划、如何安排教学等，研究还发现教育教学改革必须接受并积极利用教师的情感。笔者在直辖市某重点小学调研过程中，遇到了这样两个事例：

事例一：某天上午大课间操的时间，笔者作为实习班主任，与所在班级的班主任 H 老师一起带领同学们去操场做课间操。在整理队列的时候，一位女同学对笔者说："F 老师，我肚子有点儿疼。"作为刚到学校实习的班主任，笔者对学校的机构设置不甚了解，对学生的突发状态欠缺经验，于是求助班主任 H 老师。H 老师让笔者带这位女生去医务室，并告诉我医务室的具体位置。笔者把这位女生带到医务室，向保健医生大概介绍了她的情况。保健医生便开始细心询问这位女生的症状，并对她进行治疗。治疗期间，笔者作为实习老师，面对眼前这位完全陌生的学生，只能从人的关爱本能出发，去和她沟通，询问她的姓名，早餐吃了些什么，是不是吃坏了东西，还是受了凉。笔者发现，通过这些并不专业、完全从人的善良与关爱的本能出发的一些问候，让这位女生在我这名素未谋面的新老师面前放松起来，竟也主动问我："F 老师，你在读研究生啊？研究生读完了会来教我们吗？"在她觉得稍微好了一点儿后，我们返回班级，这时候正好课间操结束，同学们纷纷上来问候她，"你没事吧？""你怎么了？"也有同学见围在她身边的人太多，便凑过来问我："老师，她怎么了？"由此，笔者感到在这所小学里，学生与学生之间互相关心，教师关爱学生，学生敬爱老师，校园氛围比较民主和谐。

事例二：某天课间，笔者像往常一样去班里看看。正当笔者与一名同学谈论他正在做的手工时，班级后排突然爆发一阵笑声。笔者回头看去，只见一名学生张开大嘴，嘴巴里都是黑乎乎的东西。笔者也被这情形弄得手足无措，马上问怎么了，嘴里是什么东西。边上的同学大笑道："是墨水。"笔者赶紧把这位同学带到洗手处，让其他同学去喊班主任 H 老师。H 老师到后，让一名班干部去拿湿纸巾，然后一起帮助这名学生擦舌头上的墨水。H 老师边擦边问他有没有什么不舒服的地方，需不需要和家长联系，让家长接回家。过了一会儿，舌头已经基本上擦干净。H 老师再次询问这名学生，有没有咽下墨水，确认只是舌头表面有墨水，没有其他不适后，H 老师回到班级，和同学们再次强调安全问题。

从这个事例可以看出，小学阶段的学生，心理上还不够成熟，面对同学如此情形，认为好玩、有意思的比例远远大于觉得会有危险、不安全的比例。而班主任教师方面，表现出来的是为学生的安全负责，遇到问题想到积极与家长取得联系，把学生当作自己的孩子一般对待，关爱和保护学生。从学校管理方面看，学校每个班级都配备了相应的卫生用品，如洗手液、湿纸巾、卫生纸等。

在实习结束时，笔者对班主任 H 老师就教师专业情意发展问题进行了访谈。

笔者：H 老师，您好，您认为教师专业情意包括哪些，它与教师专业发展有何联系？

H 老师：专业情意，我理解的是对教师这个职业的情感和信念，包括对职业本身的热爱、对所教学科的情感、对学生的关爱与责任、个人的情绪态度等，教师专业情意能促进教师专业发展。

笔者：嗯，H 老师，还记得上次 J 同学课间操肚子疼，M 同学喝墨水的事情吗？请问您当时对于这两件事情的处理，与教师专业情意有何关系？

H 老师：其实学生突发的这些事情，在班级管理中是经常遇到的，作为班主任，对于这些事情的处理主要体现的是对学生的关爱与责任，把每个学生都当作自己的孩子一样看待，把他们的安全与健康放在第一位，尊重他们的人格。

笔者：（点头）请问您对教师职业的情感和信念，是职前就已经具有了，还是在学校教育教学实践过程中慢慢形成的？您认为学校采取了哪些途径促进教师专业情意的发展？

H 老师：我认为情意这个东西，无法确切地用语言去表达，也难以衡量。教师作为社会上的一般个体，在入职前，已经接受过系统的学校教育、专业的师范教育、岗前培训等，专业情意基本上在入职前已经成形，我们平时对待学生、对待学科教学、对待教师职业的态度和自己的职业理想等，包括日常情绪，大部都是入职前已经形成的。

笔者：（点头）目前，学校采取了什么措施促进教师专业情意的发展？

H 老师：学校有心理咨询室，有专业的心理咨询师为学生和教师提供心理咨询。学校还是很重视教师专业情意这块，但是把专业情意专门拿出来说的比较少。学校邀请一些专家来校举办讲座，对教师进行培训，都会提到专业情意，但大部分是和专业知识、教学联系在一起提到。

笔者：您认为教师专业情意能否量化？如果对教师专业情意进行调查分析，操作性怎样？

H 老师：目前关于教师专业情意发展，有不少人做过调查分析，但我个人认为，情意这种心理上的东西，比较抽象，就拿咱们上次 M 同学喝墨水的事情来说，作为班主任教师，我去给他擦舌头，询问他是否还有别的不适，需不需要联系家长，或者去医院做检查等，换作别的教师，可能也会有和我相同的行为，但是他们是否和我的心理状态一样，是不是表面在做，心里却在埋怨孩子，或者比我做得更好，考虑得更周全，但是好多少或者差多少，到具体的一个数据上是难以衡量的，有时候人的行为和他的真正心理和情意并不完全一致，这是我个人的一点想法（笑）。

笔者：好的，非常感谢您 H 老师，您的意见对我的研究有很大帮助。

H 老师：（笑）不客气。

从以上 H 老师的观点来说，教师的专业情意在教师入职前已经基本形成，并且难以量化，因此，学校对教师专业情意发展的影响更多的是校园氛围和人文环境因素使然，而学校具体采取的方式对教师专业情意的影响较少。笔者同样对小城市小学教师进行了访谈，经整理而截取的访谈片段如下：

笔者：L 老师，您好，请问学校为促进教师专业情意的发展做了哪些工作？

L 老师：我认为情意更多的是个人的东西，比如说热爱教师职业、对学生负责任，这些情感好像我还没有真正当老师的时候就已经具有了。

笔者：L老师，专业情意也包括教师自我发展的意识和动力，您认为学校在这一点上做得如何？

L老师：就我们学校来看，有部分教师会有这样的心理，年轻一点的会认为入了编制内就行了，教师就是图个稳定，还能有什么大发展，年纪大点的更是觉得差不多就这样了，也没什么奔头了。但是还是有一部分教师严格要求自己，具有职业规划并不断进取。学校在提高教师自我发展意识上主要是通过优秀教师个人先进事迹报告会的形式，所有教师一起听优秀教师讲述自己的教育故事，学习其对教师职业的无限热爱和热忱奉献的精神，陶冶教师们的情操，这样来感染教师。

从上述访谈内容可以看出，两地教师在专业情感上差别不大，都热爱本职工作、关爱学生。但是在专业发展意识和动力上，小城市小学的教师不如大城市小学教师的自觉性和主动性强，小城市小学教师对教师专业情意的理解有些狭隘。专业情意上的差异影响教师专业能力的发展，因此，两个不同地域小学教师的专业能力发展水平不一样。

（二）促进小学教师专业能力发展的建议

新一轮基础教育课程改革和教师教育改革对教师专业能力提出了更高的新要求，义务教育的优质均衡发展不仅对学生的全面和谐发展提出了新要求，也对教师群体的专业发展提出了新的期望。《国家中长期教育改革和发展规划纲要（2010—2020年）》中提到，"均衡发展是义务教育的战略性任务"，要求"优化教师队伍结构，提高教师专业水平和教学能力"。可见，教师教育改革已经进入均衡发展、能力为重的时代。王肃（汉）在《孔子家语·六本》中说："与善人居，如入芝兰之室，久而不闻其香，即与之化矣；与不善人居，如入鲍鱼之肆，久而不闻其臭，亦与之化矣。"学校作为教师的专业生活环境，教师总会不自觉地受到学校一切文化的浸润，学校会潜移默化地把它的教育教学信念、态度、传统习惯和办事方式渗透到教师的身心中。

1. 立足学校内部促进小学教师专业能力发展

（1）开展小学特色活动。

人具有丰富的素质与潜能，而这些品质在一般情况下往往处于潜伏状态，只有当具备一定的外部环境条件和教育条件时才能得到开发。在现实的学校教育环境中，有一些因素能够有利于人的某方面潜能得到相对充分的发展。学校开展特色活动可以扬长避短，为促进教师专业能力充分发展营造良好的氛围。

小学应经常组织丰富多彩的活动，贯彻落实"国培计划"，聘请小学不同学科领域的著名专家学者来校举办讲座或者上公开课，邀请宣讲团来校宣讲师德事迹等。教师们在活动中陶冶了情操，提高了自身专业发展意识，促进了教师专业能力的发展。笔者了解到，类似的活动，大城市小学每学期都会举办几十次，形式多样、丰富多彩的活动为教师专业能力的发展搭建了良好的平台。小城市小学也基本具有大城市小学的活动类型，学校注重提高教师的专业能力。但是与大城市相比，小城市小学的活动次数较少，互动参与人员的积极性较低，活动实际达到的效果较差。教师专业能力的发展是在充分依赖教师自身的发展意向和努力程度的基础上，借助学校等外部的力量才得以实现的。因此，教师自身的专业发展意识和努力程度对教师专业能力的发展具有决定性的影响。即使外部条件再优越，教师自身没有发展的意愿，其专业能力的发展也无从谈起。基于此，学校应该开展丰富多彩的特色活动，如邀请资深的老教师来学校举办讲座、参与到学校教师的日常工作中来，让教师们听老教师讲自己经历过的教育故事，使教师们从中获得精神上的感染和熏陶，提高对教师职业的热爱和追求，提高教师自我持续发展、终身发展的意识和能力。

（2）完善小学教师专业发展制度。

学校制度是一种强制性的力量，对学校组成人员的行为进行引导、规范和约束，通过权利与义务的关系来调整学校中人与人、人与学校、学校与校外社会关系的规则体系，最终形成学校制度所期望生成的校园文化。学校制度是一种基本力量，贯穿在建设学校特色过程的始终。学校制度有静态与动态之分，静态的学校制度表现为以文本形式存在的规章制度，动态的学校制度表现为制度从制定到废除一系列过程与相关主体对其的认知、情感、行为。无论是大城市小学还是小城市小学，"校本研修"都是学校应用最为广泛的教师专业发展制度，在促进教师专业能力发展上发挥了重要作用。但是随着这一制度的深入发展，在同一所学校内部，由于教师之间交流的深入，信息逐渐趋同，校本研修的持续发展效果受到影响。创新校本研修制度，开拓多方渠道引入新的信息来源，建立新的信息交换共享和增值机制是完善教师专业发展制度的主要途径。

因此，学校应该积极与区级、市级甚至全国的小学建立深入合作机制，充分交流学校管理的经验，互通有无，共同研发，完善本校的教师专业发展制度。此外，学校还应建立健全教师个人成长追踪制度、听评课制度、多元评价制度、课题研究制度等，为教师专业能力发展提供充足的时间。有些大城市学校并不缺少制度，甚至过于制度化导致制度泛滥，关键是要把具体的制度落实下去。制度化的前提是制度本身是公正合理的，能够执行并具有权威性。

2. 立足学校外部促进小学教师专业能力发展

（1）形成"大学—小学"合作机制。

霍姆斯小组在《明日的教师》（1986）的报告中，建议中小学与大学，特别是大学中的教育学院建立密切合作的关系，以中小学为基地建立专业发展学校。此后，专业发展学校成为教师教育的一种新型模式并发挥了重要作用，促进了在职教师的专业发展，提高了教师职前培养的质量，促进了大学与中小学的深层合作。但是我国教师专业发展学校的本土化理论研究和运作机制有待进一步探索和完善，仍存在一系列急需解决的问题，如大学和中小学的文化冲突、地位不平等、合作目标和利益不一致、缺乏相应的政策和制度保障等。相关研究发现，大城市小学基本上都与相应的师范类院校有合作项目，包括见习、实习、课题研究等，但是这些传统的合作项目在形式和内容上都已经无法适应专业发展学校的需要。要把小学当作理论研究和实践的基地，开发和挖掘教育资源，深化与大学的合作内容，拓展合作空间。大学教师要积极主动地研究本土化基础教育理论，坚持实践取向，树立服务意识，深入学校与区域教育中，寻求合作伙伴，成立合作小组，明确各方的职责与义务。此外，构建起地方教育行政管理部门、大学、小学三位一体的合作模式，充分发挥教育合力。"校本教研"是深入推进"大学—小学"合作，促进教师专业能力发展的切入点，校本教研要结合小学真实的教育教学情境，开展各种形式的创新活动，如教师论坛、同课异构、课程改革项目开发等，使学术文化与实践文化真正融合，促进理论研究工作者与教学实践一线工作者在互动中吸收各自的教育信念、教育理念、思维模式和行为方式。

地方教育行政管理部门要加强干预力度，为教师专业发展学校建章立制，在高校与小学之间搭起沟通的桥梁，并为教师专业发展学校争取财政支持和资金保障。在高校专家与学者的支持和帮助下，学校通过建立专业性较强的学习网络、邀请高校专家来学校举办主题丰富的讲座、跟进支援等方式，来帮助教师提升专业能力。从一定程度上来说，这是帮助教师建立专业学习群体。教师有共同的学校目标，建构起了互相支持鼓励的群体文化，教师通过深入地探讨教育教学中遇到的问题来不断检讨自己的工作实践，从而提升自己的专业能力。

（2）加强区域网络教研平台与现实的联系。

目前，网络教研出现了与现实之间断层的现象，有些教师完全将虚拟的网络空间看作自己抒发个人理想，甚至是发泄不满的地方，引出的话题更多的是表达自己的观点，忽视了与其他教师的深入交流。小学应建立区级网络教研平台，其中有教师论坛、公开课共享、师德事迹报告、课题研究与报告、政策解读等板块，教师可以在其中自由地表达自己的教育教学观点，与其他教师交流心得体会，观摩优秀教师的公开课，参与课题研究的讨论等。区级网络教研平台是促进教师专业能力发展的重要方式，如果利用得当，把现实中遇到的教育教学问题适当地搬进网络世界，教师们在同一个平台上提出自己的问题、共享经验，对解决现实中的问题有很大帮助。因此，学校应该充分利用网络教研平台，鼓励网络场景下的教师交往应当以工作实践为基础，避免其成为脱离教育教学实际的"空中楼阁"。同时，应建立从网络到现实的反哺机制。凝聚了广大教师智慧的教研平台如果不回到教育教学工作实践中来，那么处于网络场景下的教师们又会身陷"闭门造车"的尴尬情境，不利于向实践输送利于专业发展的新鲜血液。

第三节　卓越教师培养背景下小学教师专业能力训练目标

一、世界教师教育的发展趋势

基础教育改革发展和教师标准的研究，呼唤培养越来越多的卓越教师。世界发达国家为适应经济高速发展对高精尖人才的需求，从上世纪末开始着手对本国的教师教育实施全面革新，以期通过教师专业化水平的提升促进教育的发展，培养优质人才。

美国于20世纪80年代就实施了卓越教师计划，相继发表了《国家为培养21世纪的教师做准备》和《明日之教师》两个报告，将促进教师专业发展作为教师教育改革的方向，其目的是加强对优秀教师的培养工作。由于工作开展的需要，美国还专门成立了国家专业教学标准委员会（NBPTS），旨在对中小学"优秀教师"进行评估和认证，以提高全美教师教育的质量。国家专业教学标准委员会实施国家高级教师资格证书计划，旨在为称职教师应该了解和能够做到的一切建立高质量的严格标准。该项计划的实施，不仅提高了教学的质量，而且有效提升了教师的信心，坚定了教师的职业信念，积极推动了美国教育教学工作的顺利开展。此外，美国在 20 世纪 80 年代以后逐步形成了建立专业发展学校促进教师专业发展的政策，有效地促进了教师专业发展，促进了教师专业发展的一体化、终身化，促进了大学与中小学的联合，强化了中小学促进教师专业发展的功能，推动了积极探索实现教师专业发展途径的尝试。

英国政府于 2001 年颁布了《教学与学习：专业发展战略》文件，旨在促进教师专业的可持续发展，为教师群体提供专业发展的机会，以促进普通教师向卓越教师的转变。英国教育部还于 2011 年发布了题为《培训下一代卓越教师》的教育政策咨询意见稿，文件围绕加强中小学教师与大学教师间的教育合作、增加财政激励力度、吸引优秀毕业生加入中小学教师队伍等问题进行了深入的研究和探讨。英国教师教育的显著特点体现在以"学校为基地"的教师培养模式，即以中小学为基地，加强师资培训机构同中小学间的伙伴关系，强调中小学在教师培养中的作用，注重教育实习的地位，鼓励教师通过实践观察、思考教学过程中的问题，探讨理论与实践的相关性，在提高教学效能的同时，推动理论探索。

综观世界各国关于"卓越教师"的教师教育改革，其是综合性的统筹规划发展，是多元化、全方面、深层次的。建立卓越教师认证机构，深化职前教师教育改革，颁布国家教师专业标准，制定科学合理的评价制度是其面临国际新形势所采取的提升国内教师专业化水平的具体的改革措施，并在实践中取得了一定的成功。

二、卓越小学教师培养的现实意义

1. 卓越小学教师的培养有利于社会主义精神文明建设

在知识经济时代，经济发展和社会文明进步需要有思想好、素质高的人才作支撑，而教师对年轻一代的思想道德水准和科学文化水平的高低起着至关重要的作用，以"卓越教师"为主体和核心构成的优质教育资源从根本上影响和决定着我国年轻一代的综合素质。所以，只有培养出卓越教师，才能真正培养一流人才，社会主义精神文明建设中的思想道德建设和科教文化建设的目标才能真正落到实处。

2. 卓越小学教师的培养有利于真正有效地开展素质教育

加强对学生进行综合素质教育，必须首先对教师提出"卓越素质"要求。我国著名教育家蔡元培先生曾指出，教育的重要宗旨是"养成健全的人格"。由于健全的人格大多是来自于教师的影响，因此，培养"卓越教师"是实施素质教育的必然要求，也是提高教育质量和素质教育能否有效开展的关键。其次，"卓越教师"的培养有利于打造高素质的教师队伍。当前，我国教师队伍中具有领军人物性质的"卓越教师"还比较少，"卓越教师"的理念还没有真正深入到每一个教师的思想和实际工作中。因此，把培养"卓越教师"的过程塑造成打造高素质的教师队伍、有效实施我国人才发展战略的过程十分重要。

3. 卓越小学教师的培养有利于高等师范院校大学生综合素质的培养

"卓越教师"培养计划的提出对高等师范院校教师教育工作提出了更高的要求。实践证明，"卓越教师"的培养目标和能力素质要求对学生的才能塑造有直接的影响，而且这种影响一旦对学生产生积极的作用，则会对学生起到长久的导向作用乃至影响其终身。面对师范生这样一个即将走上社会的"准教师"人群，尽管"卓越教师"的目标离他们还比较远，然而，只有在大学期间向他们传授科学文化知识技能的同时，倾注更大的精力为他们树立"卓越教师"的目标以引导，他们将来才能更好地承担社会赋予的责任，他们成为"卓越教师"的进程才会进一步加快。

三、我国对卓越小学教师的培养要求

大学肩负培养人才、发展科学、社会服务三大职责，其中培养人才是其根本职责。2010年6月，教育部根据《国家中长期教育改革和发展规划纲要》《国家中长期人才发展规划纲要（2010—2020年）》发文（高教函〔2010〕7号）批准61所高校进入第一批"卓越工程师教育培养计划"。这是我国由工程教育大国向工程教育强国迈进的重要举措。与此同时，我国部分高校也开始了卓越医师、卓越律师、卓越教师等教育改革的探索。"卓"有"高超、高远"之意，"卓越"即为"非常优秀，超出一般"的意思。如今"卓越人才"的培养已经成为高等教育改革追寻的目标。2014年9月17日，教育部决定全面启动实施"卓越教师培养计划"，旨在贯彻落实习总书记教师节重要讲话精神，推动教师教育综合改革，培养让党和人民满意的好教师，其根本目的是满足基础教育对优秀教师的渴求。卓越教师培养计划也明确了建立高校与地方政府、中小学"三位一体"协同培养新机制，明确了高校与地方政府、中小学全方位协同的具体内容，提出要建立"权责明晰、优势互补、合作共赢"的长效机制；突出实践导向的教师教育课程内容改革，在教师教育课程中充分融入优秀中小学教育教学案例；探索建立社会评价机制，提出试行卓越教师培养质量年度报告制度；在整合优化教师教育师资队伍方面，提出建立高校教师教育师资队伍共同体，聘请中小学、教研机构、企事业单位和教育行政部门的优秀教育工作者、高技能人才担任兼职教师，形成教师教育师资队伍共同体持续发展的有效机制，这为卓越小学教师的培养指明了方向。

占全国教师总数比例最大的小学教师队伍，承担着基础教育的重任，发挥着教育奠基的作用。然而我国传统的小学教师培养模式却存在着诸多问题：① 教师教育实践技能训练的时间短且流于形式；② 高等教育人才培养目标与基础教育单位用人需求不能有效对接；③ 人才培养模式课程设置中重视理论课程，轻视实践技能课程；④ 教师队伍单一化，缺乏基础教育工作经验；⑤ 教学评价多为单一的终结性评价，较关注学习结果，缺乏对学生学习过程及能力培养的关注。以上种种问题，使得教师教育的理论培养与实践培养不能有效衔接和融合，不能有效地培养出高质量的卓越教师。教育实践是连接理论与实践的纽带，是引领未来教师进入专业领域的关键环节，又是培养未来教师职业能力的重要中介，卓越小学教师培养的必然途径是加强教育理论与教育实践的结合。

四、本科层次小学教育专业卓越教师的目标内涵

随着基础教育改革发展以及教师标准的研究，人们对教师教育提出了新的要求，呼唤培养出越来越多的卓越教师。从现阶段情况看，我国大部分地区新入职的小学教师以本科层次

为主，硕士及以上学位属凤毛麟角。我国本科层次小学教师培养始于上世纪末，纳入高等教育体系的小学教师教育，经过十余年的探索取得了丰硕成果。我们认为，作为本科层次的小学教育专业，是高等教育中以小学教师职业导向为基础的综合性教育专业。小学教育对象的特殊性和任务的复杂性，也决定了小学教师培养目标的定位和素质要求，卓越的小学教师应具有鲜明的教师职业情感与倾向性，有扎实的教育理论与职业技能，有宽厚的学科基础和执教学科的专长。随着小学入学人数的减少、小班化教学的实施，一名教师应能担任多学科的教学，同时，小学课程的综合化也要求小学教师具有复合的知识结构和多方面的素质。为此，我们确立卓越小学教师培养的指导思想是：立足基础教育实际与改革发展趋势，发挥综合性大学多学科、强学科和跨学科的资源优势，以推动教师教育创新为基本理念，以提升小学教师职前教育的综合素质为根本宗旨。在深入研究的基础上，我们制订了以下小学教育专业卓越教师的培养目标：

（1）具有积极、明确的专业情感和态度，并能自觉、有效地融于小学教育教学过程中。

（2）具备基本的人文和自然科学知识以及多元文化的全球视野。

（3）掌握小学多学科的专业知识和学科教学的特殊方法和技能，掌握教育教学的普遍知识和技能，能胜任小学多学科教学并在某一学科方向上有所专长。

（4）创造适合不同学生学习的有效教学环境而实施个性化教学，具有对教育教学实践的反思能力、教育科研能力、专业上可持续发展能力以及不断创新能力。

五、本科层次小学教育专业卓越教师的素质结构和指标体系

（一）素质结构

教师素质是教师作为专业教学人员，从事教学工作所应具备的基础性和通识性素养，它是以人的先天禀赋为基础，通过科学教育和自我提高而形成的具有一定时代特点的思想、知识、能力等方面的身心特征和职业修养。教师素质是在一定的历史条件下形成和发展起来的，应体现历史上对教师职业素质要求中的"相对稳定的""一般的"方面，也应体现在不同时代背景、教师不同职责和任务下，对其素质要求的具体方面。早在 1987 年，全美专业教学标准委员会制定的优秀教师标准为美国教育事业提供了可靠的后备军。他们认为美国优秀教师的人格特征主要表现在：① 从事教育工作的使命感；② 稳定而持久的工作动力；③ 对工作的事业心与上进心；④ 获取成就的动机与欲望；⑤ 对教学具有高度的自我调节和完善能力。美国学者肯·贝恩认为：卓越教学是包含正确做事和正确做人两个方面的教育。并认为卓越教学的第一条原则是"尽力创造一种自然的、批判性学习环境"，使学生在学习中参与问题的提出与解决的全过程，产生好奇心和兴趣，从而开启其积极的思维、智慧与潜能。2004 年，国际培训、绩效、教学标准委员会将能力标准定义为：一套使得个人可以按照专业标准的要求有效完成特定职业或工作职责的相关知识、技能和情感态度，具体包括专业基础、计划与准备、教学方法与策略、评估与评价、教学管理等五个方面 18 项能力指标，是一个较为权威的、最新的国际教师能力标准。可以看出，上述"能力标准"实际上是综合性的标准，包含了称职教师所应具备的知识、能力和情感态度。上述学者和组织关于卓越教师的特征以及教师素质的研究，对我们制定卓越小学教师指标体系具有借鉴意义。

我国研究者们通过对教师素质的调查分析，运用逻辑概括和综合的方法，借鉴国外的研究经验，从不同的关注点或视角提出了我国教师素质的结构，其代表性主张见表 1-1。

表 1-1　教师素质结构研究

研究者	教师素质结构
教育部师范司	1. 专业知识；2. 专业能力；3. 专业情意
叶澜	1. 专业理念；2. 知识结构；3. 能力结构
谢安邦	1. 职业道德和专业精神；2. 文化修养；3. 能力结构；4. 身心素质
彭森明	1. 普通修养；2. 专业知能；3. 专业信念与态度；4. 人格物质；5. 专业学科素养
教育大辞典	1. 良好的个人品德；2. 职业道德；3. 有比较广博的知识，精通所教学科知识；4. 教育理论素养；5. 语言素养；6. 能力；7. 身体健康
唐松林	1. 认知结构；2. 专业精神；3. 教育能力
饶见维	1. 教师通用知能；2. 学科知能；3. 教育专业知能；4. 教育专业精神

从上述研究可以看出，人们对教师素质结构的关注主要集中在知识、能力、个性品质和教育观念等方面，这是人们对教师素质内在构成的一种框架性理解。大学教育应为人的专业成长奠定基础，作为本科层次的小学教师，不仅要具有宽厚的知识基础，还要具有高于专科的教育理论水平、教育实践能力，并且在专业情感上更具有特征，在某学科方向上更具有专长，不仅能教课，而且要教好课，真正懂得小学教育规律，掌握儿童身心发展规律，能反思和研究教学，逐步成长为研究型小学教师。为此，我们提出以下小学教育专业卓越教师素质结构，如图 1-1 所示（参见：《小学卓越教师培养计划》）。

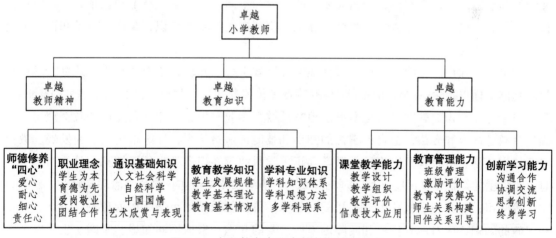

图 1-1　小学教育专业卓越教师素质结构

（二）指标体系

1. 专业精神

专业精神是教师高度投入、高度负责的工作状态和心灵状态。从某种意义上讲，教育是一项具有德性的实践活动，卓越的小学教师是塑造人类灵魂的工程师，要有高尚的职业道德、思想情操和超出一般人的内在品质，要有敢于、善于用自己的良好形象影响学生和其他社会成员的专业精神。这种精神是教师素质结构的核心，制约其他素质的发展。

（1）职业道德。教师的职责是"教书育人"，教师的职业道德是教师在教育过程中所应遵守的职业伦理规范。具体指标包括热爱教育事业，敬业、勤业；以身示范的职业精神；尊重知识，加强自我修养，不断追求专业创新；充分认识和尊重学生个性，热爱每一个学生；致力成为其他教育者的良好合作者，具备合作精神。

（2）专业情感。教师的专业情感是教师对教育教学工作的情感体验和理智性的价值评价，包括对教育功能和作用的深刻认识而产生的光荣感和使命感，对教师职业道德规范的认同而产生的责任感和义务感。具体指标包括积极的专业认同感和使命感；不断提升自身教育品质的专业追求；对通过教育为学生的发展带来变化充满信心；能够体验教育过程的乐趣，并对教育教学的不断创新保有热情。

（3）个性品质。教师的个性品质是成功教师的重要特征，它与教师的品德、成就、内在气质相关。有研究表明，教师的个性品质与他们的教学成效之间存在直接影响。我们认为教师个性品质的具体指标包括友爱、诚实、谦虚、公平、公正；有创造力、有抱负、主动进取、喜欢挑战；热情、好奇、豁达开朗、耐心平和、合作、有感召力。

2. 知识结构

教师要教给学生知识，首先必须拥有知识，合理的知识结构是教师保证教学质量的前提。一个卓越的小学教师必须有宽厚的普通知识、精深的学科知识、系统的教育专业知识。

（1）普通知识。包括基本的文学、历史、艺术、哲学、科学的普通知识，培养丰富的人文情怀和敏感的人性洞察力，为面对复杂的教学和不同个性的学生奠定知识基础。具体指标包括文学、历史、艺术、哲学、社会、环境、伦理道德等基础知识；普通的科学知识；人类不同文化传统的知识。

（2）学科知识。教师只有深入透彻地掌握所教学科的知识，才能居高临下地进行学科教学。具体指标包括学科内容知识、学科的特点和价值的知识、学科前沿和发展趋势的知识。

（3）专业知识。教师只有全面系统地掌握教育专业知识，才能确立先进的教育理念，正确选择教学内容和方法，把自己掌握的知识和技能传递给学生，促进学生的全面发展。教育专业知识包括一般教育学知识、心理学知识、学科教学知识和教学情境知识。具体指标包括有关小学生的知识；教育场景与管理的知识——小组或课堂运作、学区的治理与财政、社群和文化等知识；有关小学教育教学的目的、目标、价值的知识；小学课程的理论、设计、开发和实施的知识；应对课堂情境和实际困境所需要的知识；根据不同知识、不同学生予以个性化教学设计的知识。

3. 能力结构

教育能力是指教师达到教育目标，取得教育成效所具有的潜在的可能性。它由许多具体因素组成，反映出教师顺利完成教育教学任务的直接有效的心理特征。主要包括小学学科教学能力、小学班主任工作能力、小学教育反思能力、小学教育科研能力。

（1）小学学科教学能力。学科教学是教师工作的主要内容，随着小学课程的综合化趋势和小班化教学的实施，一名卓越的小学教师应能担任多学科的教学，同时还应具有某一门学科教学的专长。具体指标包括学科教材内容的理解能力；学科教学的设计能力；组织和监控教学的能力；创新课堂教学方法的能力；利用板书和现代教育技术有效辅助教学的能力；正确评价学业水平和学科教学效果的能力；语言表达能力；处理教学过程中突发事件的能力；与学生沟通和交往能力；与其他教育者合作的能力；针对学生个性因材施教的能力；国际视野和对多元文化的理解能力。

（2）小学班主任工作能力。小学教师不仅能教学，还要能承担班主任工作，教育管理学生并能开展丰富多彩的教育活动，促进学生全面成长。具体指标包括了解研究学生的能力；组织教育环境的能力；班级管理工作的规划与设计能力；班级常规管理与班级活动的组织能力；指导学生学习、生活的能力；选拔和培养班级干部的能力；与学生的沟通能力及班级人际协调能力。

（3）小学教育反思能力。主要指教师在小学教育教学活动中，将活动本身作为反思的对象，不断地对自我和教学流程进行主动地检查、评价、控制、调节和改进的能力。具体指标包括教育环境的反思能力；教学过程、方法的反思能力；教学管理、评价的反思能力；具体学科知识和专业知识的反思能力；自身能力和品性的反思能力；学生个体发展和师生关系的反思能力。

（4）小学教育科研能力。教师的工作对象是人，人的复杂性和教育教学方式的多样性要求卓越教师必须具有一定的研究能力。这也是教师由职业型向专业型、专家型转变的素质要求。具体指标包括强烈的教育研究意识；教育教学问题的发现和确定科研选题的能力；根据研究问题进行文献检索和运用的能力；问卷设计、数据处理及软件运用的能力；提升教育教学经验，撰写教育学术论文的能力。

六、卓越小学教师培养的主要途径

1. 教育行政主管部门的政策举措是卓越教师培养的前提和保障

在培养"卓越教师"的工作中，教育行政部门必须继续深化人事制度改革，制定各类激励政策和保障措施，按照上述卓越教师的标准细化具体可行的规范细则，建立健全培养体制和机制，实施多纬度且行之有效的师资培训。对思想品德好，理论水平高，现代教育意识强，文化底蕴深厚，知识结构合理，研究水平高，教学方法新，创新能力强的中青年教师，教育行政主管部门要组织他们参加各种高层次的专题培训，让他们尽早尽快地脱颖而出、"率先卓越"，进而带动全体教师逐步走向卓越。

2. 高等师范院校教师教育工作改革与创新是卓越教师培养的基础和关键

培养"卓越教师"，高等师范院校责无旁贷、任重道远。"卓越教师"能否培养成功很大程度上依赖高等师范院校的毕业生质量。培养"卓越教师"必须对高等师范院校传统的教师教育工作作出改革与创新。"高等师范院校必须从根本上探索教师教育模式改革，将教师职前教育和职后教育有机结合起来，提高教师教育的整体水平，提高教师综合素养和专业化水平。"

一要科学规划教师教育课程结构和内容。建议将教师教育课程分为四类：教育基本理论课程（含师德类课程）；教育技能课程，包括演讲与口才、沟通与交流、书法鉴赏与实训、课件制作、课程网站设计等；学科教育课程；实践课程，包括教育见习、实习，社会实践及毕业论文（设计）等。具体课程设置上在原有教育学、心理学基础上至少增加三门教师教育必修课：小学生心理健康、班主任工作、教科研方法。同时，增加教师教育类的选修课程，如教育心理学、教育法规、学校管理、高考研究、说课与评课、课堂教学的艺术等。

二要适当增加专业课的学分比例以及学科教育选修课的内容。在专业课程上增加一定的学分比例，用以提高学生的专业素养。同时增加学科教育课程选修课的内容，主要有学科教育学、学科教材分析与教学设计、学科实验研究、学科教育改革专题、学科作业研究、如何出试卷等微型课程。

三要切实加强实践教学。师范生的培养应当有计划地组织师范生参加校外各种教育实践，如开展教育调查、教育访问等；不断举办各种教师教育实践活动，强化试教、说课比赛、讲课比赛、教师技能大赛等来辅助、补充、延伸教师教育课程内容设置的领域；将师范生的毕业论文（设计）划入实践课程，促进教育调查、行动研究和毕业论文写作的结合。

四要建立健全顶岗实习和实习支教的教师培养模式。通过建立健全顶岗实习的教师培养模式，积极探索高等师范院校与地方政府对人才的合作培养机制，在条件成熟时建立教师教育人才培养实验区。

3. 教师自身努力和主动积极投身教书育人实践是卓越教师培养的内生动力和关键要素

"卓越教师"的素质是在长期的教育实践中形成和发展起来的，它是客观的教育活动对教师的必然要求，离不开教师的自身努力和不懈追求。主动积极投身教育教学实践活动是培养和形成卓越素质的主要途径和有效手段。所以，教师不仅要向学生"传道、授业、解惑"，而且要通过各种实践活动来培养自己的职业理想、职业道德和职业人格，把自身追求卓越的过程与学生成长成才的过程有机结合起来。总之，只要把"卓越教师"的培养过程演化成学生成长成才过程中教师自身不断追求卓越的过程，"卓越教师"培养工作就会真正落到实处。

本章练习

1. 什么是教师角色定位？
2. 小学教师应具备的专业能力主要有哪些方面？
3. 卓越教师培养背景下小学教师专业能力发展的主要途径有哪些？

第二章　小学教师教育组织能力训练

教师是教育活动的重要组织者，教育组织能力是教师在教育过程中表现出来的一种操作能力，是教师业务素质的重要组成部分，对于保证教育工作有条理、有系统的进行和教育目标的实现起着重要的作用。小学教师的教育组织能力不是一种不可捉摸的抽象存在，而是由许多具体的因素组成的，具体表现在：对教材的合理解读与再生、对课程教学的设计与建构、对课外校外活动的组织与引导。

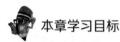 **本章学习目标**

1. 了解小学教师教育组织能力的基本构成。
2. 掌握并实践应用恰当解读教材的方法。
3. 具备小学课程设计的能力。
4. 具备小学课外、校外活动设计的能力。

第一节　教材解读能力训练

教学的过程同时就是一个丰富、积极的文本解读过程，教师对教材文本的解读应是教学研究的重要内容之一。首先，教师对教材的解读是客观存在的教学现象；其次，教师教材解读的现象有其研究的必要性。教材是一种文本，具有文本所具有的固定性、简化性、意义的不确定性等特征，教材意义也如文本的意义一样具有开放性、历史性、生成性和创造性、主体参与性、时代性等特征。教材是一种特殊的文本。教材文本因其形成的特殊性、地位的特殊性、功能的特殊性、对象的特殊性等又形成了自己区别于其他非教材文本的一些局限性。

为了深入地分析教师教材解读这一教学现象，可以把教师的教材解读过程分为两个阶段：教师内化教材"解"的过程和教师外化教材"读"的过程。"解"的过程指备课过程中教师、学生和教材文本静态的理解过程，"读"的过程指课堂教学中教师、学生和教材文本动态的对话过程。教师教材解读的实然现状可以分为两种情况，一是以作者、编者等外部制约因素为中心的"作者中心论"的解读，二是以教师和学生为中心的"读者中心论"的解读，这两种倾向的解读会给师生对教材文本的理解带来偏颇，进而影响教学效果。教师教材解读的应然追求是以教材为中心的"文本中心论"的解读，这样既有助于克服"读者中心论"相对主义和主观主义的弊端，又有助于克服"作者中心论"绝对客观主义的弊端。教材文本的解读，受社会发展状况、学生发展水平、教学目的、教学理论等诸多因素的影响。我们需要从各个方面入手来提升教师的教材解读水平。

教学不是直接的知识"传递—授受"的过程，而是一个丰富的、积极的知识解读过程，对教材文本意义的探求和理解应是教学研究的重要课题。世界知名的指挥家和乐团之所以世界知名，不在于他们指挥或演奏曲目的不同，而在于他们的诠释给了乐谱第二次生命。教师对教材的解读也能赋予教材第二次生命。教材知识只构成静态的教学内容，一系列的教材解读才构成动态的教学过程，构成活生生的课堂教学情景。在一定意义上说，没有对教材的解读就没有真正的教学。

一、教材解读现象存在的客观性

对于教师的教材解读现象，需要研究的不是存在不存在的问题，也就是说教师对教材进行解读这一现象的存在是必然的，因为教师作为主体的人，总会有自己的态度、观点、价值取向，在理解时这些态度、观点、价值取向总会潜意识地投射到被理解的事物上。虽然传统教师在主观意识中视教材为"圣经"，想尽可能地消除自己的情绪、情感、思想、文化、传统等偶然因素的影响，以便忠实地践行"教教材"的职责。其实这是枉然的，因为作为有情绪、情感，有思想的"人"，对事物进行理解时必然会掺杂自己的意识（虽然可能只是处于潜意识层面），用诠释学的术语来说，没有"理解的前结构"就没有理解。也就是说教材解读是一个不可回避的客观的教学现象。孔子曰："述而不作，信而好古。"其实，孔子"述而不作"的基本精神是以"述"为"作"，寓"作"于"述"。因为他在删订"五经"时，在选择或放弃某一文本时，就已经存在自己对这一文本的理解，他只是借圣人之口说出自己想说的话。既然教材解读现象是一客观现象，我们就没有必要回避或压抑。我们需要做的就是丰富教材解读的理论和实践，在理论上深入研究这一教学理念，在实践中大力张扬这一教学现象，把这一现象由教师压抑下的潜意识层面的本能反应提升为教师自觉的教学行为。

二、教材解读能力训练的必要性

从当前时代、社会大环境和新课程改革的教育环境来看，以及从教师职业形象和职业价值的提升来看，需要对教材的解读现象作深入的研究。

（一）时代、社会大环境的要求

现代社会人们的文化生活丰富多彩，各个国家、各个地区之间的文化交往频繁，自然科学、社会科学和人文科学之间，以及它们和文学艺术之间的相互影响加快、增大。在这种背景下，让所有的人都接受和运用单一的文本解读理论及方法是不可能的。文本解读的多元化是文化进步和繁荣的结果，也是文化进步和繁荣的标志。当今时代呼唤主体性。"主体指认识者（人），客体指作为主体认识对象或实践对象的客观事物。主体具有意识性、自觉能动性和社会历史性等基本特征，意识和思维是主体的机能和最重要的特性。"（《辞海》）人的主体性的开发和提高是人类自身发展的需要。人类的发展史就是一部人类主体性增强的历史。在生存条件得到基本保障、物质生活和精神生活得到一定程度发展的今天，人们所追求的不仅仅是物质上的富有和精神上的满足，另一种追求成为更高、更新的境界，即充分发掘自我的潜能，自由地运用自己的智能和体能，不断地超越自我，不断地开拓和创造。精神自由不仅是追求真理的先决条件，而且是人之为人的根本保证。并且，主体高远、自由的精神活动自有它的丰厚、诱人之处，那种内心的镇定、愉悦本来也是人心最重要的追求，只不过只有有机会处于这种境界的人才能领略得到。在教学中体现教师的主体性，其中重要的一点就是要把教师从教材理解的藩篱中解放出来，使教师能够以一种相对自由的心态面对教材，给教师对教材的多元解读一个轻松的心理空间。

对教材进行解读是当今时代人文性的内在要求。文本创作活动及其成果，读者对文本的解读，都应是和主体的个性紧密相连的。现代人日益重视和珍惜个性，强调人文精神，强调尊重人、理解人。教育要现代化，就必须培养人的现代化，让教育充满人文精神。因此，教学应该允许教材解读的多元互谐，使教师以多元文本解读理论和方法武装自己，以便在教学过程中游刃有余地发挥作用。

（二）新课程理念的内在要求

教材与课程改革的关系十分密切。一方面，相比较教师教学观念的转变，教材能够相对快速、灵敏地反映课程改革的新理念，是课程改革相对容易着手的环节；另一方面，任何课程改革的理念最终总要反映到教材中，这样才能与最广大的师生"零距离"接触，从而发挥改革的实效，提升并巩固改革的成果。当前在课程改革背景下编制了一系列的新教材，目的之一就是通过新教材，使教师可以更加深刻地了解课程改革的理念和课程标准的实质。但是，反映到教材中的课程改革的理念是否能被教师内化成为教师自觉的教学行为，这就需要关注教师对教材的解读。因为就像对于一个不善于听的耳朵，再美的音乐也不起作用，融入教材的课程改革的新理念需要擅长教材解读的教师来付诸实践。课程理论认为，课程开发包括两个步骤，第一步，先由一批人（如专家）负责开发，然后在此基础上，又有一批新的人员（教师）开始第二步的工作，即教材的编制是对教材的第一次开发，教师备课、教学是教材的第二次开发。如果再细分的话，可将教师对教材的第二次开发过程分为教师理解教材备课形成教案的阶段和教师在课堂教学中师生就文本展开对话的阶段。这样我们就可以把本文探讨的教师教材解读定位成课程开发过程中教材的第二次开发过程。《基础教育课程改革纲要（试行）》指出：国家课程标准是教材编写、教学、评估和考试命题的依据，是国家管理和评价课程的基础，应体现国家对不同阶段的学生在知识与技能、过程与方法、情感态度与价值观等方面的基本要求，规定各门课程的性质、目标、内容框架，提出教学建议和评价建议，是整个基础教育课程改革系统工程中的一个重要枢纽。我们可以通过新课程标准看新课程的理念。新课程标准日益关注学生学习的过程和方法，以及伴随这一过程而产生的积极的情感体验和正确的价值观。教师在使用课程标准的过程中，主要关注的是如何利用各门学科所特有的优势去促进每一个学生的健康发展，而不是像以前教学大纲仅仅关心学生对某个结论是否记住，记得是否准确，某项技能是否形成，并且运用起来是否得心应手。例如物理课程标准，其课程的基本理念之一就有从生活走向物理，从物理走向社会；历史课程标准让学生具体地感受历史，把握历史发展脉络，而不要求学生死记硬背繁杂的历史知识。在新课程标准实施建议部分，要求教师善于引导学生从真实的情景中发现问题，有针对性地展开讨论，提出解决问题的思路；要求建立学习结果与学习过程并重的评价机制。这样，新课程就传达了这样一个理念：过程与结果同样重要，只要过程不合理，即使实现了教学目标，也不能称作有效教学，而可能是低效或无效教学，有时甚至是负效教学。新课程的这一理念得以付诸实践，提升教师的教材解读水平是重要途径。

（三）提升教师职业价值、职业形象的要求

如何使用教材（教科书），是"教教科书"还是"用教科书教"，这是区分教师专业化程度的标尺。"教教材"是传统的"教书匠"的体征，"用教材教"才是现代教师应有的姿态。教师的职业价值因为教师需要的层次性而构成一个层级体系，包括维持生计的实用价值（通过职业劳动交换获得应有的报偿）、满足社会性需要的精神价值（在专业活动中获得专业权威和社会声望），以及"在自己的领域内独立地进行创造"，获得一种内在尊严与欢乐的生命价值，主要指自我发展的实现和精神上的自由程度。教师职业的实用价值是重要的，因为从事任何职业都要"先为稻粱谋"，但更重要的还有精神自由、自我价值的实现。马克思曾经说过："能给人尊严的只有这样的职业，在从事这种职业时，我们不是作为奴隶般的工具，而是在自己的领域内独立地进行创造。"教师的教育职业形象正经由道德（或宗教教义）本位的教化形象、知识本位的教书匠形象，向以人为本的教育专家形象提升。要实现这一形象的提升，首先是要实现专业角色的转型，即从传统的"君子、圣人"型的教师向具有民主意识、科学理性又不缺乏人性化的教师发展；从充满道德色彩、社会本位的工具角色，转变成为具有道德精神、崇尚法制、信守专业伦理、具有个性活力的实践主体、责权主体和生命主体，而教师职业价值、职业形象的提升需要教师教材解读意识和能力的提高。

三、教材文本的特点

教学是由种种要素构成的极其复杂的动力性过程，教学的结构通常由教师、学生、教材三大要素构成。这种界定可以说是自赫尔巴特以来人们把握教学结构的经典的模型。也就是说，教学必须包容教师、学生以及共同处置的"第三者"——教材。

作为三大要素之一的"教材"，其内涵丰富。关于教材最普遍、广义的定义是："教材"是教师在教授行为中所利用的一切素材和手段，它既包括了标准的教科书，也包括了形形色色的图书教材、视听教材、电子教材等等。其中，教科书是最具代表性的核心教材，换言之，"教材"的概念囊括了作为核心教材的"教科书"。"教材包括了教师教授行为中所利用的一切素材和手段，在这个意义上，教材是教授及学习的材料，它作为师生之间的媒介，而使教育活动得以开展。"

（一）教材是一种文本

传统教学主张对教材文本做出不偏不倚的纯客观的解释，把对于教材文本意义的所谓客观真理性追求当作最高的目标。传统教师"唯教学参考书是尊"，教师把教材教完就标志着教学任务的完成，看学生是否把教材中的知识点逐一掌握是对学生评价的主要内容。传统教学

把教材看作是一个既定不变的实体，从而忽视了教材在实施过程中，由于教师、学生的参与，而成为一个动态的、可变的社会存在。传统教学往往认为，教学内容是固定不变的，教师只是在教学形式和方法上有所变化。教材既是手段又是目的。在学生眼里，传统教学中教材的形象是"常常煞有介事地说一些不着边际的废话却又不得不读、不得不背的东西"，是"表面上说'我们应该'，可骨子里却说'你们应该'的家伙"，是"即使有错，你也必须服从，否则你'是也不是'的唯我独尊型的人物"，是"连注释也要学生把玩、研究、吃透的东西"。教材内容一直被认为是不以人的意志为转移的客观真理。一直以来，教材被认为是传统真理的浓缩载体，教材内容被认为是从优秀历史文化宝库中采撷的最璀璨的明珠。尤其到了近代，科学主义观点盛行，强调客观、理性地看待问题，认为教材应该呈现逻辑性、系统性、科学化的知识结构。教材"被分解为一层层细小的、可操作的目标，这些目标支配着点点滴滴的教学内容，组成一个庞大的细密网络，显得科学而精致"。正因为教材的客观性和科学性，其不可动摇的绝对权威，成为教师教学的"唯一资源"，成为学生学习必须"记忆的小册子"，成为规范教师教学、学生学习的控制标准和评价尺度。传统教材观下的教材很大意义上仅仅是教学的材料，不具备文本所具有的意义的开放性、历史性、生成性等一些特征，所以说，只能被称为教材，不能被称为教材文本。课程改革使我们重新对教材定位。教材不再是放之四海而皆准的"科学真理"的编排，教材的权威性应是"知识的发展价值，而不是知识的储藏价值"。教材"不是供传授的经典，不是供掌握的目的，不是供记忆的知识仓库"。我们不否认教材所负载的知识和技能的传授与掌握，但不应以此为主要目的，而是以此为途径和手段，通过它去实现智慧的或发展的目的。教材内容本身不是真理，但其中蕴涵了不断接近真理的方法、手段。这需要师生不停地探索、追寻真理，虽然永远只能接近而无法穷尽真理，但真理一直就在我们身边，在时代的变迁中重现和绵延，在创造中获得永恒。在此意义上，"不同的理解比更好的理解更表现了理解的真理"，也就是说，教材只是教师、学生与真理跨越时空的对话的中介，这场对话，能否真正进入教材作者、编者内心，了解他们精确的想法，了解他们创造文本的真实意图，不是问题的核心和关键。我们要真正把握的是真理的现实意义，我们需要的是与真理同在，也就是真理现时的发展，真理今天的意义。在理解中，我们以自身的经验不断向教材提问，也不断从教材中找到答案，然后它又赋予我们新的问题。所以现代教材观的教材已经具有意义的开放性、历史性、创造性等特征，是一种文本。

（二）教材是一种特殊的文本

教材是一种文本，具有文本的一些特征，同时，与非教材文本相比，它还具有一些特殊性，主要表现在以下几点：教材文本形成的特殊性、教材文本地位和功能的特殊性、教材文本面临对象的特殊性等。

1. 从文本到教材文本：教材文本形成的特殊性

教材文本很多是经典的经典。经典的原意是指传统的、权威性的基本著作。人类思想史从外观上看是文献的积累和权威性基本著作的逐步经典化。经典的文本在获得经典地位之后，其文化力量，其掌握群众的力量，极为巨大。文化经典以非教材文本的形式出现，知识处于生命的潜在状态，读者仍是有限，如果被选进教材，代代相传，其潜在的力量便转化为显在的力量，承担重要的教育任务，发挥巨大的功能。同一文本在被选入教材之前和选入教材之后，虽然形式上可能没有变化或稍有变化，但其意义已经无形地改变，编者通过一系列的习题或教参中对此文本的介绍等途径已经暗示、界定了新的意义。文本一旦脱离作者形成后，很大程度上是一个"自在"的存在；而教材，确切地说是一种经过了再加工的文本的复合体，其中包括了不同作者的文本。从文本到教材文本的过程是众多作者和编者的视界融合的过程，是一个文化传统、价值观念、意识形态等众多社会因素和编著者的生活经验、价值趋向、心智水平、心理特征及编著者当时的心境等具体的个人因素共同参与的复杂过程。"谁的知识最有价值"，什么样的知识进入教材，历来是国家教育研究中心的重要内容。教材编者从普通文本中选择合法的、合适的文本编进教材，这一过程不仅仅是一个技术参与过程，本质上它是意识形态的选择，是一种文化选择，是社会控制的一种形式。例如被选入教材的朱自清的《荷塘月色》，文中荷花"如刚出浴的美人"这一比喻已被编者删去，这种选择就是文化观、价值观共同选择的结果。

2. 教材是组成教学过程的基本要素之一：教材文本地位的特殊性

与非教材文本相比，教材文本在教学过程中具有重要的地位，它是师生活动的基本依据，是师生教学活动的对象和客体，是教师教学和学生系统地学习文化知识的凭据。它往往被赋予了充当实现教育目标的文化载体和师生进行教学活动的基本依据的职能。信息社会中，学生可以通过众多非教材文本获得很多的知识、技能，但教材文本仍然是学生获得知识、技能的主要来源。因为教材是许多教育理论专家和教师经过反复的论证和实践而形成的，既充分考虑到知识的全面性、系统性，表述的准确性，又要考虑到学生的可接受性和教师的教学法的特点等。所以在教学过程中，教材文本具有非教材文本所不可比拟的优越性，具有重要地位。

教材文本的地位在传统的教学论范式中走向极端：教材文本具有无上的先验性和权威性。教材内容一旦确定，那么其就像在证明一个事物的真实性所常用的比喻——白纸黑字一样，其确定性、真实性是不容置疑的，因此，传统教学往往通过提高教材的质量，同时加强对教师的限定来进行，即建立教材文本的权威性以减少教师教育教学活动的随意性，并且赋予教师对教材意义的唯一解释权，这种做法具有一定的合理性，但它在提高教师在受教育者面前地位的同时也将教师置于教学的依附性地位上来。现代教学正在还原教材的本来面目，即教材仅仅是一种手段。作为一种手段，它的作用是重要的，"教学过程就是教材不断开发的过程"。但同时教材也不是不容怀疑的"圣经"，不是凝固、僵化的各种符号的堆砌，而是师生互动、平等对话的媒体，是教学过程中师生对话的平台。

3. 教材具有较强的社会控制功能：教材文本功能的特殊性

教材是系统地、有计划地、大规模地进行社会思想道德教育的重要工具和主要内容。从教材发展史可知，教材自产生之日起，就具有社会教化和培养人才的双重任务以及对人才的政治思想要求。教材文本作为社会控制的"软工具"，其内容在每个时代、每个社会都大不相同，具有很强的社会性。英国著名教育社会学家伯恩斯坦认为："一个社会如何选择、分类、分配、传递和评价它认为公共的教育知识，既反映了社会的权力分配，又反映了社会控制的原则。"教材是实施社会控制的一种中介，是知识合法化和传递的基本工具，国家经济、文化、科技发展的需要和意识形态的控制往往渗透其中。具体来说，教材文本是社会控制学生朝着既定方向发展的重要凭借，任何社会都把其认可的政治、经济的价值、规范等当作正确、合理、合法的真理性知识编进教材，教师通过教材解读，把蕴含于其中的符合社会要求的思想观点、价值观念、道德规范转化为教案的内容，再进而把它们传递给学生，为学生所同化，促进学生政治社会化，使个人逐渐形成被现有政治制度接受的政治态度和政治信念，从而实现社会控制。

4. 教材主要面对特定社会的教师和学生：教材文本对象的特殊性

非教材文本更多的是作为一个"自在"的存在，它形成一个敞开的世界，向所有的时代、所有的社会形态、所有的人开放，每个时代、每个社会、每个人都可以有自己的诠释。文本一旦被纳入到教材领域，成了教材文本，一般就只是面对本时代、本社会。时代、社会更替后，首要的任务是改换教材。教材文本面临的对象更多地限于教育领域的教育者和受教育者，诸如教育理论研究者、教材研究者、教材编著者、教师、学生等，在教学过程中就更多地限于教师和学生。（虽然，教育圈外人士也会关注教材，但他们更多的还是以欣赏非教材文本的眼光而不是以教育者看教材的眼光。）教材文本的上述特殊性暗示了教师对教材文本的解读不同于人们对非教材文本的解读。对于非教材文本的解读，人们总是从书中挑出他喜欢的东西，而教师不能，教师对教材的解读有更多的影响因素，有自己特殊的解读规范与原则。

（三）教材文本的局限性

1. 教材价值取向的偏离

教材是根据"课程目标"编撰而成的一种系列文本。教材的编撰者在选择或撰写这种文本时不可能随心所欲，而是必须遵循课程目标所规定的价值要求，选择那些能够体现国家主流价值观念的材料，这样，教材便成了国家主流价值观念的载体，履行着"意识形态的守护职能"。我们可以看到的是教材文本在价值观念上与课程目标及国家主流意识形态之间的"吻合"。这只是教材文本意义的一个方面。教材文本的另一方面的意义，在于它在价值观念上同课程目标及国家主流意识形态之间的"偏离"。原因在于教材文本编撰者有其自身的价值取向，而这些价值取向未必符合国家主流意识形态的要求，这样，当教材文本编撰者试图按照自己的价值取向去选择、撰写及组织文本时，便会出现上述观念偏离现象。教材文本编撰者并非有意去选择、编撰及组织那些可能会在价值观念上与课程目标及国家主流意识形态相悖的文本，但由于其个体文化的较为强固的定势影响，使得其不自觉地仍然选择、撰写或组织了一些渗透有不符合课程目标及社会主流意识形态的价值观念的文本。比如传统教材中就隐藏了根深蒂固的传统社会性别文化，传统的性别刻板印象——"男尊女卑"，潜移默化地以一种根深蒂固的观念进入教材，虽然课程内容并没有明确表明男尊女卑的观点，但教材中女性多为弱小无能、男性多为勇敢能干的形象，无形中将这种观念传输给了学生。所以，实际上，教材有时在复制着一种我们并不希望复制的东西，这需要教师在对教材的解读过程中进行识别和补救。

2. 教材所涉及主题的局限性

传统教材涉及的主题大多是爱国主义教育、伟人的风范、黑暗社会里劳动人民的艰辛、劳动人民的勤劳朴素等，选材范围比较狭窄，主题比较单一。较少关注现实生活中与学生密切相关的情感世界，诸如日常生活中普通人的欢乐、痛苦、兴奋、惆怅、得意、沮丧，人与人之间的理解、同情，男生、女生之间的感情问题，以及人们在当今现实社会生活中对民主、法制的思考，对生命意义与价值的情感体验等。在传统教科书所设定的主题氛围的长年熏陶下，学生的情感世界不可能不被囿于其中。

3. 教材缺乏生活本身的丰富性、复杂性和模糊性

教材内容在具有基本性、范例性、简约性的同时，也失去了生活本身具有的丰富性、复杂性、模糊性。教材的功能决定了其必须具备以下三个特征：① 教材内容的基本性。主要阐述某一学科的基本概念、基本原理和基本技能，具有反映学科发展阶段的理论结构特征。② 教材内容的范例性，也就是典型性。所选择的事例、理论和技能都应具有范例性。③ 教材内容的简约性。用最少的篇幅来阐明有关的内容，在有限的篇幅内阐明教学目标所要求的内容，而这恰恰不能反映现实生活本身的丰富性、复杂性和模糊性等真实特点。基本性、范例性、简约性等只是相对的、有条件的，而丰富性、复杂性、模糊性才是绝对的、普遍的，才是生活的本质。培养学生对丰富性、复杂性、模糊性的感受和理解在教学中意义重大，比如斯坦伯格就认为忍受模糊的能力是创造性人格的组成因素之一。

4. 教材知识结构的欠缺

教材往往强调知识的系统性、层次性和完整性，而对知识整体各部分之间的相关性、网络性、综合性则不够重视。传统知识观强调确定的、作为结论的理性知识，忽视了非确定的、过程性的感性知识，因而在教材领域，充斥着大量的概念、原理、公式，以确定的结论呈现的理性知识长期成为强势话语，而作为与人类生活密切相关的经验性知识、个人知识则无足轻重。教材内容远离生动的社会情景，疏离了学生的真切感受和经验，作为一种异己的力量"客观"地存在着，外在于学生的生活世界。即使是确定的、理性的知识，教材又能表现到什么程度呢？"道可道，非常道"，尽管事物的法则是可说可写的，可是说出写出的法则总不能和那实际存在的、自行运作的法则相匹配。

5. 教材作为一固定的文本，不可能具有普遍的适切性

教材一旦出版发行，面向广大师生，它就只能是一个被动的、静态的信息提供者，不可能具有普遍的适切性。首先，当今世界是知识爆炸的世界，科学技术与信息技术急剧地发展，社会事件层出不穷。但教材不可能随时编制，不可能随时体现出时代精神。其次，各地区的经济、文化发展不平衡，城市、乡村，山区、海边有着不同的地理环境、人文环境，一套教材很难适应各个地区的差异，满足各个地区的需要。所以，目前正在进行国家课程、地方课程、校本课程的三级课程管理体制改革，这在一定程度上弥补了上述缺陷。最后，每个学生都是独立的个体，其身心的发展及生长的环境各不相同，因而其在智力、能力、兴趣、经验、

生活环境等方面都有较大差异，教材大都是参照中等儿童的发展程度编写的，不可能关照每个儿童的心理。

6. 教材意义的不可控制性

一句古谚"书不尽言，言不尽意"几乎为所有教材编者所深深体会：我总不能随心所欲地说出写出我想说想写的话，说的是即使假定以上的偏差都不存在的话，也不能保证能把自己的意义完整准确地表达出来，还有一个语言的模糊性问题。语言本质上具有开放性、不确定性、不充分性、意义的不对等性。教材编者的意义是由语言文字构成的，同文本一旦脱离了作者一样，教材的语言文字一旦脱离了编者也便有了自己的独立性，可能生发出连编者本人都始料未及、控制不了的意义。比如有一例：求 4 与 2/3 的倒数的和，我们就很迷惑，是求4 的倒数和 2/3 的倒数两者之和还是求 4 和 2/3 的倒数两者之和，显然编者的心中是清楚的，但表达出来的意思已经不再受其控制。并且更让教材感到无能为力的是，许多教育教学的目标是无法确切地反映到教材上的，只能以隐性知识的形态出现。比如，要在传授知识的同时形成一定的技能，要培养学生积极的情感、态度、价值观，教材要反映这种教育目标就具有一定的局限性，这类教育目标的实现更多地要发挥教师的作用，要依靠教师把蕴涵在教材中的隐性知识解读出来。教材的上述缺憾在很大程度上是它自身无法解决的，因为任何文本都存在"未定点"，教材应是一种多层面的未完成的图式框架，其本身具有一种"召唤结构"，具有许多"空白点"。正是文本的这种未定性呼唤着解读主体的能动性参与行为，使其将自己的生活感情、人生体验、生命意识投入文本，从而使文本中的未定性得以确定，空白处得以填充，文本的意义和价值才能得到真正实现。所以，目前进行的课程改革，很多人过多地关注工具而不涉及其操作者——教师，这是不公正的。爱因斯坦可以把相对论讲得通俗有趣，而有的教师却有可能把本来有趣的东西讲得了无生趣，也就是说，教材要结合教师的教学水平来说，看教师以何种态度和方法去解读，不能抽象地讲是好还是坏。课程改革要在关注教材的同时也关注教师，关注教学过程，因为教育质量的提升仅仅依靠教材的提升是不切实际的。虽然教材的提升在人们看来是较易操作的教育改革的环节，能在较短的时间内显现出改革的新气象，但是教育改革若指望教材的变化甚至等同于教材的变化，则可能与事实偏离，甚至背离。

四、小学教师对教材文本解读的误区

（一）作者、编者等外部制约因素为中心的"作者中心"的解读

传统教学过程中，教师对课程文本的解读，往往谨慎地遵循着作者、编者的意图，对教材的结构和意义的解读则建立在教材文本意义的结构化和固定性、封闭性的基础之上，认为其具有唯一的意义，对文本唯一的意义只具有唯一的解读可能。所以教师的教学活动不是创造的，而是再现的和模仿的。因此，教师的教学活动并不具有充分的创造的空间和可能，教师的专业自主性还不可能得到充分的尊重。教师对教材文本的解读必须忠实于原作，忠实于编者原始的创作意图，并且由于文本的教化功能是预先决定的，不证自明的，因此教师对教

材文本的解释活动也是预成的，即在一个事实上的教学过程实施之前，教师的教学活动就已经预先规定了。这样，理性的尺度也就成为教师教材解读的基本策略，教材的解读完全概念化，文本解读在文本之上建立了一套顽固的、强大的解释体系，它刻板、教条、贫乏、单一、概念化，取代了文本。《项链》的主题除了揭露小资产阶级的虚荣心外，是否还有对小人物的同情？其主人公路瓦栽夫人的形象意义是什么？对《雷雨》一课的解读，过去教参总是从周朴园虚伪的一面来分析，却忽视人物性格的多元性、人物情感的复杂性。

（二）教师和学生为中心的"读者中心"的解读

承认文本意义的开放性、多元性并不等于读者可以漠视文本意义的存在，随意解析文本，一味凭着自己的阅读兴趣、经历对文本任意地取舍，陷入主观主义"读者中心"的泥沼。也就是说，在文本解读过程中，解读主体在充分调动自己的创造性对文本进行再创和建构的同时，也应当受解读对象即文本的制约。正如伊塞尔所说："文本的规定性也严格制约着接受活动，以使其不至于脱离文本的意向和文本的结构，而对文本的意义作随意的理解和解释。"解读的建构性和文本的规定性是辩证统一的，读者的解读创造的翅膀不可任意飞越文本所不能及的界域，否则，将导致解读的谬误，使其解读误入歧途。我们反对文本意义理解方面的纯主观主义态度，即把文本看成"绝对精神"或生命的自我表现和理解，理解的过程变异为解读者自说自话的过程。在《小音乐家杨科》的教学过程中，有学生说杨科不经过主人允许就进入主人的房间，犯错误就要受到惩罚，所以，杨科受到惩罚也是活该的。学生的这种解读完全以自我为中心，自说自话，脱离了文本本身的意义。如果被认为是对的、具有新意的话，就背离了教育、教学的目标。张扬个性的多元解读与价值取向要兼顾。比如有一例，老师问：你最佩服谁？学生答：老师，我最佩服白骨精！老师（惊讶地说）：为什么会佩服白骨精呢？学生：因为白骨精两次骗唐僧，骗不到，可她不灰心，这种坚持到底、永不放弃的精神，我十分佩服！老师：白骨精为什么要三骗唐僧呀？学生：想吃唐僧肉。老师：那是干坏事呢，还是好事？学生：干坏事！老师：那干坏事不泄气，坏事不就越干越多了！还佩服她吗？（同学这才明白自己的理解原来是不对的）从以上教学案例中我们不难看出，这位教师在张扬孩子个性，实现文本的多元解读时，不忘对学生价值取向的正确引导。新课程标准大力提倡对文本的独特感悟，做到仁者见仁，智者见智。教师要积极保护学生的个性，允许孩子对文本有不同的看法、不同的解读、不同的感悟。但保护不是庇护，更不是无视，当学生的认知、情感有一定的缺陷、偏差，或者完全不对时，教师应抓住这个教学契机进行引导，让孩子树立正确的价值观。因此在实现文本的个性解读的同时，我们还应注意正确价值观的引导。

五、小学教师对教材文本解读的基本原则

教师的教材解读也必须正确认识教材文本在理解中的地位。一方面，教材文本是作者、编者表达自己意图的媒介，是一种在一定程度上寄托着其主观心理期待的客观化作品；另一方面，教材文本又是读者（教师和学生）理解活动指向的对象，正是通过对教材文本的解读，读者（教师和学生）才得以实现自身历史性与作者历史性之间的超时空交接，让有关过去的真理融入到现时态生活之中，创生出教材文本的当代意义。离开了文本这个"作品"，作者无

从表达自身对生活的体验，也无从寄托自身的主观心理期待；同样，离开了文本这个"对象"，读者的理解活动也无从展开，当然也就谈不上什么文本的当代意义的创生了。所以，教材文本的形成是作者、编者主观意图赖以表达的客观化方式，教材文本的解读则是文本意义得以生成的必要前提，理解是主客体的交融和统一，既不是主观的也不是客观的，而是一种可能和现实、过去和现在的统一过程和关系。作者和读者这两种主体性的存在物借助于文本的媒介作用而相互连接和沟通，传统得到延续，历史得到发展。

（一）教师教材解读应关注开放性、多元性

对教材文本客观的终极意义的追求是虚妄的，根本就不存在对一个文本的所谓规范性解释，因此也不存在教材文本本身的客观的、终极的意义。事物的意义，绝没有我们传统所理解的那么简单，那么确定和单一。真理是开放的、多元的，解读也应该是开放的、多元的，不应该是"绝对真理"的表达。比如，《故宫博物馆》一课中的问题，为什么故宫雕刻那么多的金龙、蟠龙、卧龙？教参的标准答案是突出皇权的尊严。龙绝不是皇帝的专利品，而是中华民族的图腾，是中国人的象征，成为全球华裔的符号，对这一现象的解读就不能是唯一的。有老师在带领学生学习语文课文《萤火虫》时有这样一个片断：老师问学生，萤火虫燃烧了自己，怎么啦？有的孩子回答说，萤火虫燃烧了自己它就死了；也有的孩子说，萤火虫燃烧了自己，它没有怎么，这只是一种生理现象；还有一部分孩子有一些其他的理解。这时，老师无法对这些理解给予肯定，因为书上不是这样说的，书上的正确答案是，萤火虫燃烧自己，照亮了人间。所以，老师不但不能理直气壮地肯定孩子的理解，相反，还得不断运用"教学技巧"和"教学机智"，想办法一步步地"启发"孩子得出"正确"的认识，于是让同学们再想一想、再看一看。看什么呢？当然是看书上，看课文。最后，孩子们终于在老师的不断引导下，"看"出一个"共同"的认识——萤火虫燃烧了自己，照亮了人间！这种封闭、一元的解读必定会抹杀孩子的好奇心、创造力，与教育目的南辕北辙。

（二）教师对教材解读应关注历史性

一方面，人总是历史中的人。每个人的理解总是浸透着历史的印记。教师作为具体时代的人，其理解自然不能逃离于历史之外。在解读过程中，教师、学生的认识与经验等主观系统及文化生活背景等构成的"先入之见"或称"理解的前结构"必然使其按自己的逻辑来理解教材。但这正是传统教学所极力回避的，他们认为掺杂了个人经验的师生就不能再客观公正地探求教材的意义，而新课程理念则提倡师生用自己的个人经验和意义系统对教材内容进行诠释，建构基于师生生活经验的意义世界。越来越多的教育理论和实践者都认识到脱离具体教学情景的教学，最终只是教师基本功的表演，与学生的真实成长关系不大。另一方面，文本也总是历史中的文本。在教学活动中，呈现在教师与学生面前的是具体的、个别的文本，每个文本属于一个完全不同的历史，这要求教师和学生面对文本，不能局限于文本本身，必须从历史的角度理解文本，把文本放置于一定社会背景中进行理解，揭示文本的完整意义，使阅读文本的视野得到开拓。人文社会科学性质的文本与其历史背景不能脱离，对这一点众所周知，而自然科学性质的文本同样需要回归到其历史中才能被准确地解读。

首先，人必然要一点一滴地学知识，但一点一滴的知识是缺少生命的。教师理解教材要能进入一种"一花一世界，一叶一如来"的境地，还点滴的知识以完整的生命。教材解读的使命之一就是还教材知识以本来面目，还教材知识以生命。教师面对知识点，不能仅限于理解这一点，更要理解这一知识点的来龙去脉，理解它的大背景：这一知识点是经过了怎样的批判和被批判的历程成为现在的状态，而我们又应持何种批判的视角来推动这一知识向纵深方向发展。其次，知识本来不具有生命的价值，要把它变得对生命有意义，变得成为生命的力量。每一知识点的形成历史都包含着人类认识真理的动力，与人类的道德、理想、信仰等因素息息相关。教师通过对知识历史性的还原，不仅把握了此知识点从何而来、向何处去的历史脉络，同时也会形成同样重要的科学精神。

（三）教师教材解读应兼具创造性与生成性

文本解读作为一种意义再创和开放性的动态建构活动，永远不会静止和终结，总要因历史、时代和主观局限性而需要不断开拓和深化，对文本的意义的理解和解释会随时空的推移、时代情境的变化而发展，永远不可能停滞在某一点上。因此，文本解读的本质不在于只去复制历史和文本的原意，任何读者的理解和解释都要站在自己所处的特定立场，以特定的观点和视界去理解并解释历史事件与文本意义。对同一个文本，每一个时代的理解和解释都不会决然相同，都会蕴含着读者特定的局限和偏见。因此，文本的原意只是相对的，随着时代和历史的发展，人们会对它不断地做出创造性的解释。文本解读的这种动态化特征表明，对文本意义的生成与构成没有超时代的、永恒的解释，而创造性理解就是解读过程中对文本意义不断进行新的探索和新的发现的重要途径。教材文本的意义处于"待生"状态，对不同教师而言其含义是不尽相同的，其意义是教材文本与教师相互作用、互动的结果。教材文本的意义不是被理解后才呈现在师生的面前，而是随着理解被展开，不是说理解发现了这些早已存在于某处的意义，而是随着理解的展开生成了意义。教材解读是教师、学生、教材文本通过积极的对话不断形成新的意义即新的想法、新的设想的过程。教材文本的意义在师生的参与和关照下持续地涌现其新的意义，在新的历史条件下不断呈现其存在的各种可能性。教材文本的意义并不是现成的、自名的恒常存在，而是在人的关切和参与下，其意义不断涌现和生成，不断流传和延续的动态过程，文本意义的发生和展开是一个永不止息和永不封闭的过程。创新是文化不断发展前进的永恒动力，也是人文社会科学检验自身是否有生命力的标准。例如，《落花生》作为一篇经典课文，诵读不衰。新的历史条件下，教师需要超越传统的一味推崇落花生式默默无闻的人的观点，树立现代人应具备的价值观：既要像落花生那样不计名利、踏实肯干，又应像苹果、石榴那样在适当的时候展示自己的才华，最终被社会认可。这种辩证的人生观也许并非许地山当初撰文的初衷，但在现代社会，被赋予了新的内涵，使文本的解读价值长盛不衰。

（四）教师教材解读应具有反映个人体悟的个性化设计

教师身处的时代、文化背景、家庭环境、受教育经验以及教师在理解课程前所受的专业知识与技能、所形成的教育观念等构成其"理解的前结构"，这些"理解的前结构"意味着教师不是等待被填充的无思想者，而是一个有个性的主动解读者。诠释学充分肯定"前理解"的积极作用，把它看成一切理解活动的基础，个性化理解活动的基石，个人创造活动的开端。对于同样的文本材料，不同的作者会根据自己的理解、需要而创作成不同的文本，不同身份、不同时代的读者又赋予它不同的解读，赋予文本不同的意蕴。因此，决定意义的实际上是人们的"前理解"，故有"人们从文本中看到的只是他们准备让自己看到的"的说法（伽达默尔语）。读者的"前理解"会因教育、时代、文化、阶层等因素的相同而使人们的观点有很大程度的接近，文本的"共鸣""社会效果"等得以产生，同时又因人们的文化身份、气质、学识、知识结构的差异等而有所不同。伽达默尔认为，在理解中"我们从空着手进入认识的境界，而总是携带着一大堆熟悉的信仰和期望。解释学的理解既包含了我们突然遭遇的陌生的世界，又包含了我们所拥有的那个熟悉的世界"。作为解读的主体，有权根据个人的兴趣、爱好和动机对文本进行解读。这样，不同的兴趣和动机必然影响着他对文章的解读。有的人是为了求知，有的人是为了获得审美愉悦，有的人是为了实现交际，有的人是为了满足猎奇心理，而有的人则是为了某种变异的心理需求，所以解读的角度也就各有不同，这就影响了读者对文本的理解。正如鲁迅关于红楼梦的评价："单是命意，就因读者的眼光而有种种：经学家看见《易》，道学家看见淫，才子看见缠绵，革命家看见排满，流言家看见宫闱秘事。"另外，读者的人格人品、文化素质、解读能力以及其个人的独特的人生体验同样也影响着他对文本的理解和领悟。越是具有广博的文化知识和丰富的人生阅历的人，他对文本的理解和领悟可能就越深刻。

（五）教师对教材解读应兼顾现实性和长远性

教师对教材的理解应是一种意义的创造过程，现代诠释学指出，理解的目的不是要去把握文本的原意，而是要达到文本的视界与读者的视界的融合，产生对当今社会有参照价值的新的意义。教师向学生解读《哈姆雷特》的目的不是理解莎士比亚的意图，更是理解《哈姆雷特》对于我们今天的意义。教师向学生解读历史，不应仅在于了解历史，而是以史为鉴。比如，对于19世纪的中日甲午战争、20世纪的抗日战争，很多教师仅止于从背景、原因、经过、结果等方面进行事实解读，而对于今天的启示却很少涉及。如果教师解读的触角伸得更远一些，关照一下现实，就会有更深入、更精彩的解读。

六、教材文本解读的具体过程

教学过程中教师对教材的解读分为两个阶段：内化教材的过程，即静态的"解"的过程；外化教材的过程，即动态的"读"的过程。"解"的过程指的是教师面对教材文本和学生进行理解的过程，用教学术语讲就是教师备课的过程；"读"的过程指的是师生在理解的基础上进入师生互动阶段，教师、学生和文本二者展开对话的阶段，从而形成师生"视界融合"的过程，用教学术语讲就是课堂教学的过程。古德莱德将课程划分为五个层次：观念层次的课程、社会层次的课程、学校层次的课程、教学层次的课程和体验层次的课程，并且进一步把教学层次的课程分为理解的课程和运作的课程。套用这一课程分类，教师对教材的解读就属于第四层次——教学层次的课程，"解"的过程也就是教师理解的课程，"读"的过程叫作教师运作的课程。这只是便于深入分析而进行的分段，其实这两个过程是统一的，"解"的过程是"读"的过程的基础，"读"的过程是"解"的过程的升华。

（一）教师对教材的内化解读

备课过程中，教师对学生和教材文本作静态的理解时，教材是潜在的文本，而不是现实的文本。它只有在师生的理解过程中才能逐步得以实现，只有在师生的创造性阅读中才能获得现实的存在和生命。教材文本给教师提供了一个无穷无尽的意义的源泉，已经不是一个纯粹的研究对象，而是一个对话者，教师必须和文本展开充分的对话。而传统教师在教材文本的世界里，不知不觉就接受了别人的视角，逐渐丧失了对生活的感受力。如果教师一味地从教学参考书中拿取一个既定的、他人的、教条的答案灌输给学生，不与文本积极对话，用自己的眼睛去看，用自己的脑子去想，用自己的心去体味，用自己的语言去表达，就不会有对文本的真正理解和建构。以其昏昏，怎能使人昭昭？教师理解教材要能在有字的书和无字的书之间，用智慧、心灵去见人之所未见，形成新的意义，使教材成为师生进一步理解和对话的平台。

1. 教师对学生"先入之见"的感知

前面探讨的文本意义的开放性、历史性、生成性和主体参与性表明，文本的意义不是"自在"的，而是在主体的参与和关照下持续地涌现其新的意义，是读者在自己的"先入之见"的基础上通过与文本沟通而形成的。学生作为教材文本的读者，他们的"先入之见"对教材文本意义的形成同样具有存在的合理性和必要性，是教师必须关照的重要因素。教育家陶行知先生说："先生的责任不在教，而在教学生学。教的法子必须根据学的法子。"教师在备课时要充分考虑学生的生活现状和知识背景，善于找出课堂教学内容与学生现实生活的切合点，从他们身边所熟悉的人或事出发，从他们生活中所遇到的实际问题出发，从他们头脑中有可能产生的疑惑出发进行教学，将生活中丰富的教育资源引入课堂，让学生感觉到课堂并不是枯燥沉闷、远离生活、高高在上的，而是其乐无穷、可亲可近、真真切切的。

2. 教师对教材内容中科学精神和人文精神的整合

教师要领会教材中的科学精神，一切科学理论都只是猜测和假说，它们最终不会被证实，却会随时被证伪。科学的精神不是昭示无法反驳的真理，而是在坚持不懈的批判过程中寻找真理。科学的特征在于批判思维，不迷信、不盲从的批判和探索精神才是科学的精髓。科学不应如传统教学所认识的一样只是一个静态的研究成果，更应该包含动态的研究过程。科学是一种知识，同时也是一个获得及利用这种知识的态度（求真）和方法（求实）的过程，只要把握了过程——科学研究的态度和方法，科学的结果——知识与技能自然会源源而出。所以，新课程也在试图改变只注重掌握科学知识结果的趋向，向重视养成科学探究的态度和方法倾斜。在教科书传递的信息中，与科学内容相伴的还有大量其他信息，这些信息都是宝贵的课程资源，同样对学生起着潜移默化的教育作用，不能忽视。比如，大凡有成就的大学问家、大科学家，无不具有悲天悯人的情怀，我们可以从科学家们的故事中体味到这样一种可敬、深切的人文情怀。但僵化的知识怎么能激发学生内心深处的生命情操？这需要教师潜心解读文本，深层次地与文本进行对话，善于洞察教材潜在的人文价值，挖掘教材中的"人文精神"。现在普遍存在的问题是，教师对教材人文内涵的解读极其肤浅，往往只是抓住了一些表面的意义，而对潜蕴在语言文字背后的人文资源、人文价值的研究十分欠缺，有的还出现了错误的认识，这往往导致教学中人文教育的浅化、失落，甚至是变形和扭曲。

3. 教师对自己个性特征的彰显

教师对文本的理解要注重个体心理的体验性，以其独特的感性和经验模式参与对文本的把握和建构，这需要教师的切身体验而非纯粹的认知，需要结合自己的人生经历和阅读积淀，有一点独特的感受、体验和理解。"教学是一项创造性极强的工作，教师的创造性在教学上的表现就是带上鲜明的个人特色。"没有独特个性的教学，只是教科书的传声筒，终将为教学机器所取代。批文，知人，阅世，察己，是读"懂"课文的基本程序。一个教师之所以做出这样而非那样的理解，在很大程度上受教师自身条件及其所处的社会文化的影响。所以，对某一文本绝不能只有一种解读方式，不同的解读理论和解读方式会有截然不同的体验和结论，或者同一结论可以用不同的理论和方式去体验，去解读。如果仅用传统的、单一的、固执的理论去解读内蕴丰厚的文学作品，势必造成解读的概念化、片面化、单调性，造成意蕴的多层流失，更不可能去给学生的解读"导航"。

（二）教师与学生在课堂中对教材的共读

课堂教学中教师、学生和教材文本动态的对话过程建立在理解教材的基础上，课堂教学为教师、教材文本和学生提供了一个进一步对话的时空，课堂是一个活生生的、千变万化的、充满冲突的社会情景。教师、学生带着自己经验的课程走进课堂，开始了师生意义沟通中的交换、磋商的动态过程。在互动中，教师要把课程知识转化为一定的表述内容和形式，以引起学生的关注、遵从、认同乃至内化，而学生不仅仅是受教育者，他们是带着日常生活的各种理解进入课堂的，有着自己亲眼所见、亲耳所听、亲身经验的零散的、无意识的、非系统化的"理解的前结构"，与教材文本、教师对话时，他们不会不加选择地把别人的意愿和意识形态内化为自己的思维结构。在此情境中，教师与学生都有他们各自所要达成的不同目标，为避免冲突、达成和谐一致，需要师生不同的"视域"之间的融合，在这种融合的过程中实现师生精神世界的拓展和人生经验的增长。师生"视域"的融合方式和程度直接决定着教师的教材解读水平。

1. 通过教师的"读"为学生构建一个真实的课堂对话情景

课堂教学的过程同时是教师、教材、学生对话的过程，这种对话所创设的情境要有利于民主、平等气氛的形成。对话是非预期性的，其复杂性在教学中也是必然出现的，而此种"复杂性"揭示了生活的本质，种种情趣、种种智慧也隐藏其中。好的课往往就是一段精彩的对话，有对话的课堂教学必定是引人入胜的，有对话的课堂教学必定是使人流连的。教学公开课、观摩课、评比课等，都十分注重形式化的设计，按照预定的目标、预定的内容、预定的进度、预定的环节、预定的方式、预定的时限来展开，以至于提什么问题、由谁来回答等都预先规定好，这种课是"非常态"情景下教师的课堂教学。我们面对的应是充满人情味和生命力的生活化的课堂，课堂上教师用哪一句话来表达已准备好的内容和意义有很大的偶然性，教师的教学智慧，恰恰应该表现在这种日常具体的课堂中，表现在根据具体的教学情境而做出的即时的判断和处理。我们反对讲台舞台化、表演化，提倡教学生活化，不要过分突出教师的主导意识，要淡化自己的权威形象，构建民主的课堂气氛。

首先，教师要"读"出生命的激情，在课堂教学中敢哭敢笑，不要封闭自己的感情。为什么不能用教师的本色来上课呢？我们的教师很权威，把自己封闭得太紧了，应该打开心灵的窗户与学生进行交流，以平常心上好每一堂平常课。教学是揭示人的真善美的过程，师生都是大写的人，应受到彼此的尊重和关爱。

其次，要通过教师的"读"构建生活课堂。长期的应试教育使人们习惯于短平快式的"师传生受"，一味追求升学率的教学评价标准使教师们习惯了"拔苗助长"的短期行为，答案的唯一性，拼时间的强化记忆，仍使教师们惯性地主宰课堂，时间的紧迫与升学压力，使学生习惯于"智力顺从"式的单极课堂构建教育即生活，不要让课堂变成知识孤岛，教师的解读要在课堂与本真的生活之间架起一座桥梁，使学生自由地穿梭于生活世界和理性世界之间，不使学生感到课堂的枯燥、无趣，而时时为理性的生活意义所感动。教学要让学生觉得有趣、有用并与日常生活有关，必须能够引导学生关注社会现实问题，把学习教材课文与自己的现实生活感受结合起来。教学应努力将抽象的内容附着在现实的背景中，让学生去学习从生活中产生、发展、体会的价值，增进对理解和应用的信心，否则学生感受不到时代气息和亲切感就不能产生共鸣。比如，教材内容中有的生活现象过于陈旧，时间太久远，对学生来说是陌生的现象，教师可以通过让学生收集过去的一些购物票证，如布票、粮票、油票、副食本等去感受市场经济给人们生活带来的巨大变化（《历史课程标准》）。教材的内容一般是从实际环境中抽象出来的一般性的知识和技能，这些抽象化的知识和技能在学生离开学校情景之后不容易被提取出来。比如一些数据统计等抽象知识，教师可以让学生统计家庭每天丢弃垃圾袋的数量，通过学生数据收集、处理、呈现的过程，看其能否实事求是地分析调查活动的数据，能否积极主动地完成收集一周垃圾的任务，能否独立思考，提出与他人不同的见解，是否在调查报告中表现出对社区垃圾污染环境问题的忧虑，能否在调查报告中积极提出垃圾处理方式的建议，体会塑料垃圾对人类生活可能产生的危害（《数学课程标准》）。

2. 教师的"读"要体现学生在课堂对话中的主体地位，促进学生发展

接受学解读理论认为读者是解读作品文本的权威，认为意义是不断变动的，作品不是作者创作的一座永久性的纪念碑，而是一部乐谱、一首乐章，在不同的时代和地点，由不同层次的读者来演奏，会产生不同的音乐。教学要贴近时代和生活，就要从接受者出发，即学生的实际出发，允许学生在自己的生活经验的基础上对课文做出自己个性化的解读。现代教学中只有实施学生的多元解读，使学生品尝个性思想被肯定的快乐，才能充分调动学生的主体意识，激发他们的生命活力，使他们自信、自主、自我肯定，让学生在被肯定中调动主人翁意识，树立信心，敢为人先，标新立异，发展自己的个性特长，完善自己的个性品德。新课程标准同样提到阅读是学生的个性化行为，不应以教师的分析来代替学生的阅读实践，应该让学生在主动积极的思维和情感活动中，加深理解和体验，有所感悟和思考，受到情感熏陶，

获得思想启迪，享受审美乐趣，树立以人为逻辑起点，以人的持续发展为实践归宿的服务宗旨，为学生个性的彰显、思想的解放营造充足的心理空间。

教师的解读要重视文本解读中学生的主体地位，毕竟学生对文本的理解不是单单通过老师传授就能得到的，真正的理解只能是由学习者自身基于自己的经验背景而建构起来的，取决于特定情境下的学习活动过程。学生带着已有的丰富多彩的个体经验进行自我的文本解读，带着自己的眼睛和心灵去认知，并由此形成学生文本解读的自主性、选择性和差异性。教师的解读不能忽略学生个体之间解读的差异，不能忽略因经验的不同而造成的学生与教师之间的差异，应该尊重学生自己的解读过程，尊重他们自己的价值关怀，尊重他们自己的情感、个性、人格发展的过程。这要求教师在实施教学的过程中，不仅要考虑自身的特点，更应遵循学生学习的心理规律，强调从学生已有的经验出发，让学生亲身经历将实际问题抽象成模型并进行解释与应用的过程，进而使学生在获得对教材内容的理解与支持的同时，在思维能力、情感态度与价值观等方面都得到发展。学生教材解读的主体地位不是排斥教师的作用，学生和教师的重要作用并不是非此即彼的，教师作为"学习共同体"的主要组织者、指导者，其参与的热情及才智将直接影响教材解读的质量和进程。

首先，从生存教育的层面来看，教师的解读要关注学生的实际生活，关注学生实践能力的拓展，以适应现代社会和未来社会对人的能力的要求。学生在掌握知识时，如果没有理解意义，那么知识被淡忘后，就很难留下什么；如果学生在学习知识时理解了他对生命的意义，即使知识被遗忘，这种意义定可以永远融合在生命之中。但成人自明的具有价值的知识，对学生并不一定能构成意义，而且脱离了具体情境的知识不容易被再次回忆和提取，也不一定能够自然地应用于各种实际情境中。真正的理解只能是由学习者自身基于自己的经验背景而建构起来的，否则，就是被动的学习。所以，教师的解读要帮助学生的学习朝着有利于知识意义建构的方向发展，要尽可能以学生乐于接触的、有价值的题材，如生活中的问题、有趣的史实、富有挑战性的问题等，作为学习的素材。这些素材有利于学生主动地从事观察、实验、猜测、验证、推理、交流与解决问题等活动，通过这些活动，使学生在主动参与、亲身实践、独立思考、合作探究的过程中，体验成功的喜悦，增强学习的信心，发展学生收集处理数据的能力、获取新知识的能力、分析问题和解决问题的能力，以及交流与合作的能力，形成良好的情感、态度、价值观。

其次，从终身教育的层面来看，教师解读要为学生一生的可持续发展以及终身学习提供必要的基础支持和动力源泉。文本的解读要为学生后来的学习打好基础，让学生获得自我教育、自我发展的能力。当今信息时代，知识更新越来越快，培养学生可持续发展的终身学习的能力是教育最重要的任务。学生在将来会面对越来越多的信息资源，要让学生形成信息的吸收、选择、储存和使用的新体系。在教材文本的基础上，通过师生进行科学史的对话，让学生知道一切知识都只是"相对真理"而不是"绝对真理"，知识具有双重性；文本的开放性呼唤解读主体的多元解读，教师的多元解读要为教学实践中培养创造性因素服务，成为充分满足人的多元化可持续发展的奠基工程，培养创造能力，发展多元思维，这正是世界多元文化形成并发展的精神基础，多元解读思维使他们在继承的基础上，不断发现、不断否定、不断突破、不断创造。

再次，从人生教育的层面来看，教师的教材解读应发挥"人文化成"的教育功能，提升学生的文化素养、人生品位和生活情趣，发展个性，塑造健全的人格。教育的本质是塑造人、完善人、发展人。人是什么？人是一个个有血有肉、有思想、有情感、有个性的鲜活个体。教育的本质意味着尊重与发展个性生命。马克思关于教育应促进人的全面发展的理论，从根本上说，就是教育要保护人的天性，促进人的个性发展，促进人的创造力的发展，促进人格的全面发展，促进生命的全面升华。文本中的语言文字，不仅是文化的载体，还是文化本身。教师要通过文本彰显学生个性，完善主体生命。在激励求异的原则下，多元解读的课堂气氛是宽松而民主的。学生敢持己见，标新立异，有充分的心理空间和自我意识，没有被动消极的工具状态，因此，个性得以张扬，人格得以健全。

3. 教师的"读"要不断修正、重组、完善师生的"前理解"，实现视界融合

由于主体的差异性，解读的结论是千差万别的，这导致教师、学生与教材的对话并不总是成功的，有时是学生的视界与教材文本差异过大，对话交流就会产生困难；如果学生有某方面知识结构的缺陷，沟通就难办；当学生处于思绪不集中、混乱或迟钝时，对话也会受影响。解读是一种内心感悟，这种感悟也会出现偏执，或随心所欲，胡乱猜想；或走马观花，囫囵吞枣；或妄自尊大，曲解误解。当学生的理解出现错觉时，教师作为一个知识构成较完整者，占有资料较丰富者，理解感受力较强者，他的责任便是指正、引导、激励。所谓教学相长，"在对话过程中，由于视界的融合、精神的际遇和理性的碰撞，双方都有输出，有吸收，有肯定，有否定，有再现，有创造，有理解也有存疑"，教师也可以借助学生的信息资源，不断扩充自己的教学内容。也就是说，课堂对于教师来说，同样也是一种生命的成长。例如，在教《丑小鸭》这一课中，有学生问，丑小鸭本来就是白天鹅，它如果不离开家，虽然会受到别人的欺侮和嘲笑，但却可以避免很多的苦难，等到第二年的春天，它不是也可以变为白天鹅吗？我们的教师已经很少有人会去这样思考问题。因为他们经受的太多，习惯的太多，我们以为让丑小鸭经历磨难是理所当然的，而恰恰是这一问，为老师打开一扇深入解读《丑小鸭》的窗：失去了尊严，没有经历磨难的丑小鸭，即使长大了也不会成为真正的白天鹅，因为它缺少一颗天鹅的心，一颗追求自尊、永不屈服的心。教师是幸运的，因为孩子的天真让我们再一次接近真理，使我们对人生、对生命的理解在这一刹那间得到了提升。这种"视界融合"突破了教师和学生原来的视界，使师生的理解都达到了一个更高的境界。文本解读的过程，就是"视界融合"的过程。在这个过程中，那种滚动奔涌的富有冲击力的体验流是不可抵挡的。深度的解读体验，不但是情感的宣泄，而且是灵魂的唤醒，是生命的超越，给读者带来解读主体灵魂的内在震荡和剧烈的感情冲击，带来生命价值信念的苏醒，使震颤的心灵连带着整个生命获得更新和再生；或者造就读者新的思维秩序和感知方式，从而以一种新的方式去观照世界，获得一种新的认识与评价世界人生意义的标准。毋庸置疑，这就是一种通过体验而达到心灵和人格启迪效应的文本解读过程。

七、教材解读的基本步骤

（一）系统备课

对教材进行解读，首先要系统备课。系统备课的第一步，就是要对新课程标准进行系统

的研究，并且要通览教材。天津教育科学研究院王敏勤教授对此有过专门的论述："首先要把握整个学段的教材。不管是哪个年级的教师，都应该把整个学段的教材拿到手，通读教材，认真对照课程标准，知道本学段本学科的教材包括哪些基本知识，教学重点是什么，哪些知识前后可以整合起来，本套教材的编排意图和体例是什么，教材内在的逻辑线索是什么，在此基础上画出本学段教材的知识树，写出教材分析。"通览教材的要求是：专家型的教师要从小学一直到高中都能够通览，一般教师至少要通览本学段的教材；小学教师要通览小学六年的教材，义务教育阶段的教师应当通览小学到初中的教材，至少要通览初中或小学阶段的教材。这样才能对所教学段的教材体系有宏观的把握，清楚自己要教的某一课在整个教材体系中的位置，明白如何承上，如何启下，教学的重点是什么。例如：小学教师、中学教师都要教学生默读，而课程标准对不同学段的默读有不同的要求。小学一、二年级的学生学习默读，要做到不出声、不指读；三、四年级就要求学生初步学会默读，能对课文中不理解的地方提出疑问；到五、六年级的时候，就要求学生默读有一定的速度，而且规定了每分钟不少于300字，养成默读习惯；到了初中，阅读的速度每分钟不少于500字。

　　因此，教师要明确自己教的是哪一学段的学生，应该通览一下前后学段的要求是什么。如果是初中学段的教师，则首先要检查学生默读的速度是否达到小学高段的要求——每分钟300字，并以此作为初中教学的起点。总之，作为教师，首先要研究课程标准，通览自己任教学段的教材；作为学校管理者，要给教研组备上几套教材，让教师们通览。在通览教材的基础上，还要进一步对一册教材的目标要求和编排体系进行研究。对此，王敏勤教授也曾指出："新学期的开始，教师也要通过读成册新教材，对照课程标准，理解教材的编排意图和内在的逻辑线索，画出本册教材的知识树，写出教材分析。"例如，山西省实验小学的英语老师崔强，他根据上述要求，在一周之内把一册教材都研究了。他对全册教材内容进行了纵向比较，观察相同内容出现的次数，并对各次出现的不同点进行比较。他发现数词在一册教材里出现了三次。为什么出现三次？过去他不理解。经过这次系统研读，他认识到：第一次以儿歌形式出现，主要让学生熟悉一下，产生兴趣；第二次以单词形式出现，是为了让学生整体感知；第三次以问答形式出现，是让学生将其运用到生活中。通过这样的研究，他对教材的整体脉络清楚了，理解也深刻了。等再次上课时，就对每一课内容的重点和深度有了较好的把握。又如，太原市教师的职称考试，初中生物学科曾经考过这样一道题："请您以健康的生活为专题，将现行教材中有关人体健康的知识归纳成一个完整的知识网络。"这道题要求教师把一册里面有关健康生活的内容，归纳成一个完整的知识网络，这就是要求教师画知识树了。该题涉及健康生活的内容，在一册书中，从第二章到第七章都有，涉及的章节很多。要正确地回答这道题，需要通览全册内容，并把这几章的知识归纳成一个知识网络。由此可见，掌握一册的知识体系，是教师必须具备的基本功。当教师把一册的教学内容都掌握之后，还要进一步深入解读每一个单元的内容。因为教材是分单元的，语文教材分单元，其他学科分章、分节。每个单元的教学重点是什么，单元内各部分内容的互相关系是什么，都需要解读清楚。就语文教材而言，每个单元里面有自读课，又有讲读课，讲读课有第一课、第二课，甚至有第三课，自读课也有一至两课。它们各自都有自己的作用，这些都是需要弄清楚的。有的教师往往把自读课上成讲读课，这说明他们对教材的编写意图缺乏了解。

下面是一位小学语文教师进行单元分析的例子。山西省实验小学吴蕴文老师对人教实验版语文四年级上册第五单元进行了分析。该单元以"我国的世界遗产"为主题，选编了精读课文两篇：《长城》《颐和园》，自读课文一篇：《秦兵马俑》。但教材没有明确语文训练的重点。吴蕴文老师对此进行了深入的分析，发现第一课运用了概括分类法写景，第二课运用了移步换形的方法写景。前两课是讲读课，介绍了两种写景的方法。第三课自读课，是让学生自己根据前两课的写法，来分析用的是什么方法。通过分析，她就能够看清教材编写的脉络。当然，给学生教什么、怎么教，还需要将教材的特点与学生的实际结合起来。

再如，2008 年太原市教师的职称考试，小学科学课考了这样一道题：苏教版三年级下册科学教材"土壤与生命"单元，以土壤为话题指导学生运用多种方法和感官去认识土壤，主要研究了周围的土壤、了解土壤、肥沃的土壤、土壤的保护等内容。请你整理本单元主要内容，画出单元概念图。这就告诉我们，对单元内容进行解读，也是对教师的基本要求。

（二）对当前文本进行解读

在上述系统备课的基础上，进行当前文本的解读，是教材解读的关键环节。首先，教师要依据系统备课的成果，明确这一课的内容在整个教材体系中的地位和作用。例如：苏教版初三语文有一个单元，以"阅读有独特的感受"为主题，其中共有三组课文："小说家谈小说""诗人谈诗""散文家谈散文"。每一组都包括一篇文学作品和一篇文学评论。就小说这一组来说，有茹志娟的作品《百合花》，还有茅盾的评论《简单的故事 精致的情节》。根据单元要求，教学的重点显然是如何抓住特点谈自己的阅读体会，实际上就是写读后感。但是有的教师所设定的教学重点，不是茅盾如何分析《百合花》，而是重点分析小说《百合花》了。这就说明这些教师没有把握好当前的教学内容在整个教材体系中的地位和作用。其次，解读当前的教学文本，还要强调对规律性知识的理解。教师平常写教案都要写教学重点。那么什么是重点呢？笔者认为，重点就是规律性知识。按照美国教育家布鲁纳的说法，规律性知识就是结构性知识，而结构性知识就是每一课所要交给学生的概念、原理、公式、结论。布鲁纳指出："在教学中授以基本结构的知识，能最好地激发学生的智慧。""获得的知识，如果没有完满的结构把它联系在一起，那是一种多半会被遗忘的知识。"著名教育家苏霍姆林斯基也指出："思维与智力的发展，取决于'重点'知识是否巩固。这种'重点'知识，就是反映事物特性的重要结论、概括、公式、规则、定律和规律。"教学论告诉我们，教材内容一般分为三部分。第一部分是直观系统，就是教材所提供的直观情境，比如图片、事实等，诉诸学生的感性认识。第二部分是概念系统，就是这一课要教给学生的概念、公式、定理、定律、结论。第三部分是练习系统，就是教材上的例题和练习题。这三个部分中的核心就是概念系统，直观系统和练习系统都是为概念系统服务的。就语文课而言，其规律性知识就是通过阅读课文要教给学生的知识与能力。现在有些教师抓不住这个中心，或者虽然抓住了，却不够重视，引导学生推导出概念以后就轻轻地放过去了。初一语文有一个单元主题是"学习科学知识"。语文教师不是自然教师，不是物理教师，也不是化学教师，把教学目标定位在"教学生学习科学知识"，这显然是不恰当的。通过学习是要获得一些知识，但是语文教师训练的重点，是让学生获得语文知识和读写能力。上述的教材编写方法，取消了语文训练，是一种去语文化的现象。如果语文教材取消了语文读写能力的训练，那就不能叫语文课了。所以，语文的规律性知识，就是有关提高语文能力的知识。对于广大教师来说，要做到"用教材教"，解读教材还需要在教学实践中打磨和锤炼，结合具体教学内容、教学对象以及教学环境，作具体处理，针对教材的不足加以增删、修改和调整，从而达到灵活使用教材的目的。最后，要正确理解教材的编排思路。新教材有一种观点叫作淡化概念。它的编排思路是先出现一些情景、一些故事、一些材料，概念系统轻易不出来，目的是让学生自己推断。面对现在的初中政治教材，好多教师都不知道该怎么讲，因为教材中讲了很多故事，还有很多链接，而结论不明显。学生考试的时候更不知道问题出在哪里，该怎么答题。其原因就在于它的编排思路是不直接告诉学生结论，而是举一些例子，出一些练习题，让学生自己讨论得出结论。如果教师能够很好地理解这个编排思路，就会引导学生把结论推断出来，然后运用这些概念去解答一定的练习题，解释一些社会现象。也就是说，要让学生经历一个由具体到抽象的过程。

（三）发扬独立钻研的精神

有些教师备课，一开始就看教材，或者从网上下载现成的教案。这种做法非常不利于教师自身的成长。上海著名的特级教师于漪老师备课，通常分三个步骤。他在介绍自己的备课过程时说："拿到一篇课文，先不看任何参考资料，凭着自己的理解，备第一次课。第二次，找来和这篇课文有关的所有资料，仔细对照，看哪些东西我想到了，人家也想到了。哪些东西我没有想到，但人家想到了，学习理解后补进教案。哪些东西我想到了，但人家没想到，我要到课堂上去用一用，是否我想的真有道理，这些可能会成为我的特色。上课和设想的东西不是一回事，所以我会根据上课的具体情况，不断区别哪些地方顺利，哪些地方困难，对设想进行调整，再备第三次课。"教师们应当很好地学习于漪老师这种独立钻研教材的精神。首先形成自己的独到见解，再通过与他人主动交流，吸收其教学思想的精华之处，"以人之长克己之短"，不断进行反思、总结，调整自己的教学行为，形成对教材的正确认识和独到观点。

总之，对于广大教师来说，要做到"用教材教"，解读教材还仅仅是教学设计的第一步，接下来的重要工作，就是要处理教材。所谓教材处理，也是对教材的第二次开发，是指教师可以灵活地使用教材，也可以针对教材的不足加以增删、修改、调整教材。

八、教师教材文本解读的影响因素及水平的提升

（一）教师教材文本解读的影响因素

1. 社会发展的影响

教学是社会通过教师实施社会控制的一种中介，国家的经济、文化、科技发展的需要和意识形态的控制往往渗透其中。教师既是学校成员，又是社会成员，既是学生社会化的承担者，又是自身社会化的承受者。教师作为国家社会的代言人，学有专攻，闻道在先，最能够体现教育的目的性。教师的特殊地位和身份决定了其在教学过程中必须坚持和再现国家和社

会的利益要求，而国家和社会正是教材文本的选择和解释尺度的立法者，对教材的解读不能背离这一基本方向。不同的教育体制影响课堂中教师教材知识的授受。美国学者大卫·李斯迪文森和大卫·贝克尔的一项跨国实证研究表明，教师在实际教学中的内容和教育体制、社会控制有明显的关系。在我国，不少教师依然受计划经济的影响，其课堂表述几乎与教材亦步亦趋，教材仅仅是目的而不是手段。

2. 学生发展的影响

学生是教学活动的出发点，也是教学活动的落脚点。教学过程中教师对教材文本的解读不同于自己理解文本，也不是把文本的意义强加给学生，而是以学生发展的视角、接受的视角来解读教材文本。教师作为参与教材解读的其中一个主体，是帮助学生理解文本的解读者。传统教学过程中虽然也有学生对教材的解读，但基本上受制于教师教材解读的影响。这一方面是因为教师传授知识的方式是经过社会授权的，具有某种强制性、诱导性；另一方面是因为教学的基本职能之一是传递人类文化和文明的知识，在这种文化传承过程中，教师起着重要的作用。教师通过教材解读，把蕴含于教材中的符合社会要求的思想观点、价值观念、道德规范转化为备课的内容，再进而把它们传递给学生，为学生所同化，从而实现社会控制。传统教学只是过多地强调教师的解读而忽视学生也是解读者。

而在新课程理念下，教师只是参与阅读文本的一个主体，教育活动的最终落脚点是学生如何去认识文本、解读文本。教师解读的目的不是为了教师自己对文本的理解，也不是把自己的解读硬性地塞给学生，而是从有助于学生理解文本的角度来解释文本。也就是说，教师的职责是解释，任务是帮助学生理解文本，教会学生如何把自己的生活经历置于更为全面的文化背景中去解读，在解读过程中完成师生重构自身的过程。

3. 教学目的的影响

教学作为教育的核心，是有目的的活动，教师必须坚持教育的原则，担负一定的道德责任。所谓教学永远具有教育性，就是指教学不是一个价值中立的过程，学生在此过程中会形成和改变思想品德和价值观念。这要求教师在教学中要认真解读教材，深入挖掘其中的教育因素，做到科学性与思想性的统一，既保证学生获得有效的知识，形成正确的方法、态度，又能形成正确的世界观和高尚的道德情操。

4. 教学理论的影响

在传统教学理论中，对受教育者来说，文本意义的固定性和教师解释活动的权威性是预先给定的，传统教学论的研究也往往局限于文本意义的确定性、教师活动的复制性和受教育者活动的再现性所组成的封闭的循环。传统教学论的根本问题在于它鼓励了受教育者的依附性，默认教育者解释活动的复制和再现，从而使教学活动更倾向于建立在知识论哲学的基础之上，把教学活动视为可以定量定型的模式化的活动而不是一种人生化、生活化的艺术。传统的教学论认可了文本单一教化功能和模仿功能，认可了文本意义、教师解释活动和受教育者的阅读活动所组成的教学结构的单一性、封闭性和确定性，排斥了受教育者的体验能力和体验空间，教学活动也就失去了其动态性和开放性。并由于受教育者实质上的依附性地位，作为感性生命个体的受教育者本身也就为抽象的、千篇一律的、无内涵的"受教育者"概念所替代,作为人的受教育者的存在意义被隐性地遮蔽或放逐。而现代教学论所有的革命意义,正是在突破和反对这一"无人"哲学的意义上建立和表现出来的,正在逐渐地回归人性。对教学法的认识与运用也影响知识的表述。教学法是师生对于课堂知识的控制形式,也即师生互动形式。只有在师生互动中,知识、社会情境中的规范和意义才能为学生所内化。对教学法的运用可分为强控型和弱控型。强控型教师对教材的解读严密、结构化强、目标明确、层次清晰,并经常运用规则、规范来约束学生;对知识的训练异常扎实,经常考试。弱控型教师则允许学生拥有更多的自由,对教材的解读表面上是松散的,其实促进学生全面发展的主旨贯穿始终。重视发挥学生的主动性,鼓励他们质疑、提问。我国的教师常是强控型教师,他们往往运用权利来迫使学生接受他们对教材的解读。

(二)教师教材文本解读水平的提升方法

教师作为教学过程中教的主体,必须充分发挥其主体性作用。主体性就是作为社会生活主体的人在实践活动中表现出来的自主性、能动性和创造性,主体并不一定有主体性,主体性的发挥既受主体所处的社会历史环境等外部因素的影响,又受主体自身内因的制约,主要指主体意识和主体能力,提升教师的教材解读水平也要从这两方面着手。

1. 创设良好的外部环境

新课改带给我们的新课程理念既给教材解读提供了广阔的空间,又给教材解读提出了更大的挑战。新的课程增加了教学中本来就存在的不确定性:教学目标与结果的不确定性——允许学生在知识、能力、态度、情感、价值观方面的多元表现;教学内容的不确定性——课程的综合性加大,教材、教参为教师留有极大的余地,教师要花很多的时间查找资料补充教学内容;教学方法与教学过程的不确定性——教师有较大的自主性,将更为灵活地选择和使用教学方法,教学过程中教师可支配的因素增多;教学评价的不确定性——大大减少和淡化了考试得分点。因此,新的课程标准对教师教学与学业评价的影响是间接的、指导性的、具有弹性的,给教师的教学留有一定的空间。这样的设计,便于教师准确地把握国家课程标准,增强课程意识,提高对教材的驾驭能力,降低对教材的过分依赖,有利于拓展课程,创造性地开展教学。教学的多样化、变动性要求教师是一个决策者,而不只是执行者。在这种课程环境下,教师具有更多的创造新形式、新内容的空间。新的课程呼唤创造性教师,新的课程也必将造就大批的优秀教师。对照诠释学中文本解读的理论分析我国传统教学过程中教师对教材的解读,我们可以看出,传统教材解读的基本追求目标还处于"作者中心"的水平。过多地追求教材文本作者和教材编者的意义,禁锢了教师和学生的创造性。在这种背景下,本次课程改革无论是在课程设置上还是在课程内容及教材编排方式的更新上都给教师提供了广阔的个人空间,同时带来教学理念、方式的一大改变,就是要求打破原有的教学观、教材观,创造性地解读教材。创造性地解读教材要求教师在充分了解和把握课程标准、学科特点、教学目标、教材编写意图的基础上,以教材为载体,灵活有效地组织教学,拓展课堂教学空间。创造性地解读教材是教学内容与教学方式综合优化的过程,是课程标准、教材内容与学生生活实际相联系的结晶，是教师智慧与学生创造力的有效融合。在新课程标准与新教材之间，仿佛是一片不确定的开阔地，给教材解读留下了广阔的创造空间。比如，《语文课程标准》就明确指出："阅读教学是学生、教师、文本之间对话的过程。"真正的"对话式阅读"应该是对话主体间视界的融合、精神的相遇、理性的碰撞和情感的交流，是对话主体各自向对方"精神敞开"和"彼此接纳"。

2. 提升教师自身的主体意识

人的自主性表征着人与其自身的关系，它是人的自我认同感、存在体验、自我价值感等诸种自我意识或个人主体意识的整合，它根植于人的内在价值。具有自主性的人信奉自由原则和选择原则，做到自由而不放纵，选择而负责任。其实，自由并不轻松，自由总是与责任相连，自由是一种人生责任，选择就要对选择的后果负责。所以，也可以认为，自由就是一种能力、一种素质。而专业自主性正是传统的教师所欠缺的，教师被完全地职业化和角色化，每个人都按照其所从事的职业和所扮演的角色的要求来活动，他的言行举止完全地受到他所扮演的社会角色和他担负的社会职责约束和限定，别人的行为标准也就是自己的行为标准，个体丧失了对自我价值的终极追求，自我沉沦于他人之中，沉沦于角色之中，沉沦于整个社会关系网络之中，同样，实践中的教师也大多是用着别人的概念、别人的思路与推理重复验证别人的经验，在书中、在文字世界中重复他人的生命，拘谨成为教师真实的写照，传统的教师一直虔诚地践行着"教教材"的职责。要放任"无为"才能一切"有为"，以消极求积极，因为如果约束太多，教师会失去很多其本该具有的灵性。要让教师意识到，教学是自己的一种生存方式或存在方式，是生命的表现形式。既然这样，就有探求这一生产方式、存在方式的意义和价值。如果我们教师不能为教学活动注入真实的情感，我们就不可能体验其中的意义和价值，那么教学就只是这种手段，只具有一种工具性价值，教师的一生也是遗憾的。教学不仅是手段，它本身更是目的，是与我们生活的幸福分不开的，因此，我们为教学付出真诚努力的过程也是我们挣脱教学工具价值观的羁绊，真正体验到教学幸福的时候。新的教育理念已经在关注这一问题，并通过各种途径提升教师的个人价值，找回主体的尊严，比如校本课程的实施。新课程改革背景下提升了主体意识的教师很多还是不能进入新课程所期望的状态，用他们的话说：非不为也，而不能也。这就像在园子里待太久的狮子、老虎，即使被放逐野外，在一段时间内，也会失去其捕食小动物的能力。也就是说，还有一个主体能力提升的问题。在这种情况下，提升教师的教材解读水平是我们要面对的又一重要研究课题，研究教师如何汲取与时代契合的精神、理念，充盈"理解的前结构"，提高自己的解读水平。

3. 建构与时俱进的价值体系

黑格尔曾警告我们，"熟知未必真知"，教师理解教材要追求一种陌生化的境界，陌生化使我们去思考，使我们在生活中学会观察——永远带着新奇的目光去审视，与习惯拉开距离，不沉溺于其中，保持清醒，认识到原来曾按部就班、理所当然的价值观念其实并非如此。比如人类一直引以为荣的"人类中心主义"的价值观，其实是偏颇的，它已经给自然和人类自身带来巨大灾难，人类对自然的态度更应该如老子的"以辅万物之自然而不敢为"，这才应该是现代人应有的姿态，应然的价值取向。

4. 形成新的知识观，优化知识结构

知识结构的改变首先要改变教师的知识观。知识观指对知识的看法。知识观的改变主要表现在以下方面：① 知识的本质由绝对真理到生成建构性。② 知识的存在状态由公众知识到个体知识。传统知识观认为，知识是一种客观存在，独立于学习者之外，与学习者的认知方式无关，学习者的主要任务是认识、掌握知识。而现代人们认识到，知识不仅是客观的、公共的，更是个人的，因此它存在于每个个体的心中，对同一种现象，每个人都有基于自身经验的不同理解，并因此建构了对事实的不同认识。③ 知识的属性从价值无涉到价值关涉。④ 知识的范围从普适性知识到情景化知识。自从培根提出"知识就是力量"以来，追求真理，实现知识的价值一直是人类的神圣职责。在人与自然的矛盾冲突中，知识给予人无穷的力量，满足人类驾驭和支配自然的欲望，给人类从未有过的自信："只要给我一个支点，我就可以把地球撬起来。"知识使人成为宇宙的中心，自然成为人们顶礼膜拜的对象。人们根据所拥有的知识，总结出了知识的共同点：客观性、普遍性、价值中立性。知识的这些性质告诉人们，知识可以被人们完全地占有和发现。在这种背景下，教师自然把学生对知识的完全占有和发现作为自己的神圣目的，导致课堂中教师长期把确定的结论呈现的理性知识作为强势话语，不可动摇。可是在经过了对知识的狂热之后，人们发现事情并不是如想象中的那样发展，拥有大量知识的人们反而越来越无法解决今天人类面临的生存困境：生态危机、环境污染、资源枯竭、核战争，其中任何一项都搞得人们焦头烂额。在精神生活方面也日益异化，越来越走向与人性背离的另一端。人们开始冷静地审视知识，发现知识也有"保质期"，今天看来是正确的知识，在明天看来就是无效的甚至是错误的。牛顿的力学三定律能被爱因斯坦相对论所取代，相对论也被李政道、杨振宁继续修正。波普尔进一步明确指出，所有的知识，不仅是科学知识，在实质上都是"猜测性"知识，都是我们对于某些问题所提出的暂时的回答，需要在以后的认识活动中不断加以修正和反驳，因此，没有一种知识可以一劳永逸地获得，科学知识观所谓"终极的解释"是根本不存在的，知识开始被放在历史的长河中考察，它是流动的，而不是静止的。知识开始走下圣坛，回归人性。如休谟所说，任何知识，包括科学，均与人性休戚相关。人在求知的过程中，必然将自己的欲望、理想意志投射到对象世界，人所创造的知识涵盖着人类的价值取向、目标理想和审美尺度，表征着人的本质特征，知识总是烙有人类主体精神创造的印记。爱因斯坦也认为，数的概念也是一种人类自己创造的，用以整理、简化某些感觉经验的工具。无论是科学知识还是人文知识，都是人类心灵的创造，均是人类智慧、情怀、美感的结晶并且会再生出智慧、情怀、美感。

知识观的改变带来知识结构的改变，在科学知识方面，教师不能仅仅拥有事实性的结论性的知识，科学史、科学哲学应成为教师智慧的一部分，从而使教师在教学中不仅可以展示科学结论，更可以通过这些结论追溯科学家——伽利略、牛顿、法拉第——的观察和判断失误，使学生能通晓科学研究的过程，内化科学精神，而不是仅仅把握科学事实，变单纯的"占有知识"为"建构知识"，防止他们过早地、肤浅地接受他人的意见和断言。教师的知识结构不

能囿于"书本世界"，远离学生的现实生活，应建立与学生的经验有意义关系的知识体系，以形成文化的、情境的、具有价值倾向的知识。

第二节　课堂教学组织能力训练

教育要面向现代化、面向世界、面向未来。由应试教育向全面素质教育转变既是迎接新世纪我们国家教育的一种战略思考，也顺应了世界教育发展的总趋势。教师要想适应教育改革的要求，必须转变思想观念，注意改进教学方法，并通过教学实践，不断提高自己的素质及相应的教学水平。

一、课堂教学组织能力的内涵

所谓课堂教学组织，是指教师在一堂课的教学中，善于发挥管理效能，调节教师与学生、学生与学生之间的关系，师生共同完成教学任务的种种活动。所谓组织课堂教学的能力，是指教师为了完成教学任务，设法创造课堂气氛，把学生带进教学过程，并要鼓励学生积极、主动参加获得知识和能力的活动、参加知识的发现和创造过程，让学生根据自己的经验充分发挥自己的聪明才智，圆满完成教学任务时所施行的一系列组织管理手段。

教师必须有扎实的基本功才能具有较强的课堂组织能力。教师除钻研教材、研究传授知识的方法外，还要掌握学生的学习心理，了解学生年龄特点以及学生掌握知识的程度和学习的方法与习惯。教师只有对学生诸方面情况有了了解和研究，才能做到心中有数，才能根据课文实际对学生进行有效的指导与讲授，使学生达到"我会学"的要求。特别是遇到学生对所讲的内容有争议或有疑问时，教师必须具有较宽的知识面和较强的应变能力，才能因势利导，打破僵局。这样不但使学生的疑难得到解决，而且也将进一步激发他们探求知识的欲望和获取知识的积极性。每当学生被充分调动起来的时候，对教师的课堂组织能力必然会提出更高的要求。教师只有不断加强教学基本功，才能适应教学改革的需要。显然，教学改革过程，也是教师提高素质，进而不断提高教学能力的过程。

教师的工作和其他行业的工作一样，对一个人的能力有一定的要求。而且这种要求指的并不是一种能力，而是一套综合的能力。这套专门的综合能力就是教师能力。教师能力涉及的内容很多，教学的组织能力是其中的一种。教学组织能力是教师为达到教学目标、取得教学成效，在教学过程中表现出来的一种操作能力。它是教师业务素质的一个重要组成部分，对于保证教学工作有条理、有系统和实现教学目标有着重要的作用。教学组织能力不是一种不可捉摸的抽象概念，而是由许多具体的因素所组成的。如果我们对课堂教学的过程进行考察，可以发现，对任何一个教师来讲，所有的课堂教学的流程基本上是这样的：首先要进行备课，并形成教案；其次，根据教案具体组织课堂教学的活动；最后，根据课堂教学活动的结果，判断教学效果与教案中提出的课堂教学目标是否吻合（其结构如图 2-1 所示）。在备课、上课和评价这三个环节中，至少要涉及教学内容的组织、教学活动的组织和教学活动的控制等三个方面的内容。这三个方面的内容就构成了教学组织能力的三个主要组成因素（或组成成分）——教学内容的组织能力、教学活动的组织能力和教师的语言组织能力（起着对教学活动的控制作用）。

图 2-1　课堂教学流程结构简图

二、课堂教学组织能力的具体构成

（一）教学内容的组织能力

教学工作是按一定的教学大纲（要求）和教材（内容）有计划地进行的。对于具体的一堂课来讲，教师必须根据教学大纲的要求、教材的特点、学生的实际情况，确定课堂教学的目标、具体教学内容的安排和准备教学活动所需要的其他材料。这就是教学内容组织的主要工作。教学是师生的双边活动，教师的教是为了学生的学。教学目标必须经过学生的内化才能变成学生的学习目标，教学内容必须在教学活动中向学生呈现、被学生理解后才能成为学生的学习内容。因此，在教学内容的组织过程中，教学目标的合理性和教学内容安排的层次性就显得十分重要。如果教学目标定得过高，游离了学生的"最近发展区"，就会使学生感到这种目标是可望而不可即的，即使跳一跳，也摘不到果子。于是，学生对于这种教学目标就不会内化成自己的学习目标。这样，教学目标便成为教师强加于学生身上的施加物，学生的学习积极性自然要受到影响。如果教学目标定得过低，学生虽然能够内化，但他们会感到这种学习比较简单，很快可以完成，根本没有学习的挑战性。这样，学生时间全部花在低层次的学习上，学习的质量和效率都不高。

教师向学生呈现的教学内容，如果安排得层次分明，学生就能容易理解学习的内容。反之，学生会感到莫名其妙。例如，在应用题教学的过程中，对于一个例题，如果教师直接以"设××为 X，则……由题意知，……所以，可得方程……"的方式组织教学内容，呈现给学生后，学生会感到很奇怪。但是，如果用"先分析题目的类型，再寻找等量关系，然后设未知数，最后列出方程并解该方程"的方法组织教学内容并将其呈现给学生，学生就很容易理解。两种不同的教学内容组织方法，会产生不同的效果。

（二）教学活动的组织能力

就具体的课堂教学而言，教学活动的组织包括两个方面的内容：一是教学活动的设计，即根据教学内容的组织和学生学习的心理学原理，设计具体的课堂教学活动；二是教学活动的操作，即根据教学内容的组织和课堂教学活动的设计所形成的书面结果——教案，在实际的课堂教学过程中，具体地组织学生开展学习活动。教学方法是为实现教学目标而组织的一种有秩序的教师工作方式和学生学习活动方式的总和。因此，教学活动的具体设计，也就主要是从大量的教学法中选择对于教学内容和这些学生最适宜的教学方法。显然，教学方法的选择确切与否，直接影响学生的学习效果。毫无疑问，在课堂教学的实施过程中，教师如果能够根据学生已有的认知发展水平及知识的准备状态呈现知识（书面或口头）和有条理地组织具体的学生学习活动，其教学效果肯定会好。一些心理学家的实证研究已经证明了这一点。

（三）教师的语言组织能力

一般来讲，课堂教学活动的实施过程，是教案具体落实的过程。但是，这种落实的过程又不是一个"按图（教案）施工（教学）"的过程。其理由有二：其一，教案仅仅是一个体现教学内容的教学活动组织的书面计划。在这个计划中，不可能（也没有必要）将教师在课堂教学过程中的每一个操作细节和所讲的每一句话都写进去。课堂教学的过程，必须根据这个计划在操作层面上详细地展开。其二，教案"在上课的过程中可以进行修正。这取决于课上形成的情境：学生的准备程度、对新知识的感知程度、情绪等"。因此，课堂教学的过程，既是教学活动的操作（组织）过程，也是教学活动的控制过程。课堂教学活动应该是一个有序的活动。为了保证课堂教学活动的有序性，教师在课堂教学的过程中，就要对这种活动实施控制。教师对课堂教学活动的控制，主要体现在三个方面：一是使课堂教学活动按照教学目标的指向展开；二是使学生在课堂教学的过程中始终处于良好的情绪状态；三是根据学生学习的结果反馈，对课堂教学活动进行调控。在实际的课堂教学中，教师对教学活动的控制主要是通过语言来实现的。所以，教师的语言组织能力是对教学活动实行控制的工具。教师的工作主要是通过口语交流的形式把人类所创造的知识财富传授给学生。在课堂教学的过程中，教学内容的讲述、学习任务的布置、教学气氛的创设、问题行为的处理等教学活动的操作（组织）和控制无不是通过语言的组织和表达来实现的。"一般认为，教师恰当的言语组织和清晰的表达能促进学生对知识的理解。只有当教师把教学内容勾画成鲜明的表象，学生才能形成正确的概念，顺利地由形象思维转化为抽象思维。教师恰当的言语组织和清晰的表达也能诱发学生的求知欲，激发学习兴趣，吸引学生的注意。富于情感的语言能以声传情、以音动心、陶冶情操，使学生处于良好的情绪状态。"因此，操作（组织）和控制都离不开教师的语言。

教学内容的组织能力、教学活动的组织能力和教师的语言组织能力，作为教学的组织能力的主要组成成分，不是孤立地表现出来的，也不是孤立地起作用的。它们是彼此之间联系着的，并形成一定的结构，在教学的过程中综合地起作用。如果站在教师教学组织能力的角度来考察教学的过程，那么，我们认为，合理的教学工作的流程应该是这样的（以一堂课为例）：根据学生的实际情况（包括学生的智力水平、学习态度和原有的知识基础）和学科教科书及学生学习的心理学原理，组织具体的课堂教学内容和设计课堂教学的活动（这也就是备课工作，其结果是形成教案）；在课堂教学活动的实际开展过程中，教师按照教案的原则性安排，使用语言具体地组织学生开展学习活动和对教学活动实施控制（这也就是"上课"工作）。其结构如图2-2所示。

图 2-2 教学工作组织流程和组织能力结构示意图

三、组织课堂教学应遵循的基本原则

组织课堂教学总的原则应该是"管而不死，活而不乱"，既要严格管理，严格要求，又要爱护学生，尊重学生；既要严肃紧张，又要生动活泼。具体要从以下三方面注意。

（一）坚持以教师为主导，学生为主体的原则

按照实践是检验真理的唯一标准这一马克思主义观点看，学生学习的优劣应该是检验教学质量高低的标尺。而学生学习的好坏，关键又在内因，教师的教只是外部条件，所以，教学的主体应该是学生，而不是教师。以学生为主体的教学，绝不是在课堂教学的某个环节上，让学生站起来根据教师的意图配合一下，而是要把整个教学过程组织成学生主动学习的过程，也就是学生自己获取知识、增长才干的过程。这就要求从教学目的到教学过程的设计，到教学活动的安排，直到教学效果的检查，全都应以学生的学习为核心，教学中的任何环节都不能脱离这个核心。以学生为主体，教师还必须真正发挥其主导作用。在整个教学过程中，教师应成为教学程序的设计者，学生求知的启发者，学习门径的指引者，学习纪律的监督管理者，等等。教师必须克服"满堂灌"，必须从教材和学生的实际出发，精心确定每篇教材、每次作文、每道练习题及课堂上每项教学活动的要求、重点、难点，尽量减少无效劳动或重复劳动。在组织教学中，教师对学生要循循善诱，激发学生自觉学习，鼓励学生质疑问难。在教学过程中，教师要主动对知识的疑难点给以指导，精微处给以启示，必要时还要传授新知。在学习方法上更要使学生开窍，培养良好的学习习惯，从而使全体学生都有长足的进步。

（二）组织课堂教学应坚持静中有动，动中有静，动静结合的原则

为了使学生能够在课堂上"静"悄悄地从事紧张的脑力劳动，不因受外界干扰而打断思维活动，课堂必须有一个宁静的自学气氛。但是这种静并不意味着"松松垮垮，没精打采"，或者"死气沉沉"，而是静中有动。此时，由于探求知识、寻找新知的需要，学生脑海中翻腾着智慧的浪花，这个紧张思维的脑力劳动，必须有一个良好的学习气氛，这个学习气氛必须由教师组织安排，对一些影响教学气氛的不良因素，教师应主动排除，保证学生安静地学习，这就是我们所说的"静中有动"。比如语文课是基础工具课，必须通过生动活泼的练习活动才能掌握。在课堂教学中必须把听、说、读、写、演等练习活动同想结合起来。在课堂上，学生用耳听，用眼看，用嘴讲，用手写，或者进行必要的表演等，这些都是"动"，这些都是理

解教材、提高语文能力的渠道或手段，其目的还是要学生能够准确地运用语言文字表情达意。所以课堂每项练习活动之后，都应该要求学生冷静地思考课本中的范文为什么看起来顺眼，听起来悦耳，读起来顺口，讲起来引人入胜，引导学生认真领会范文的优长，不断丰富自己的语文知识，提高语文能力，这就是我们说的"静"。"动中有静"这个原则掌握好了，不仅可以克服"满堂灌"或盲目训练的弊端，而且能活跃课堂气氛，激发学生的学习兴趣。

（三）坚持"放中有收，收中有放"的原则

这是课堂组织集体活动的一条重要原则。如集体讨论、集体辩论、集体交流、小组对测等，要既不浪费课堂时间，也不影响教学进度，就必须掌握好放和收的原则。所谓"放中有收"，就是在知识领域内（即讨论范围）的"放"，在教学过程一定发展阶段上的"放"。学生可以在教师所控制的知识范围内敞开思路，畅所欲言。所谓"收中有放"，是说教师所控制的知识范围也不是一成不变的，有时还可根据教学进展的情况，适当放宽或者缩小知识尺度，同时也允许学生独立思考，冲破知识"禁区"，向更广泛更深入的领域探索。教师要善于发现学生萌发出的新知的幼芽，及时给予支持和鼓励。这样组织的课堂集体活动必然是生动活泼的。

四、组织课堂教学的基本步骤

（一）准备阶段的组织管理

有经验的教师，上课未开始，组织教学就已经开始了，因为课前做好充分准备，是保证胜利完成教学任务的前提和基础。要求学生在上课前准备好课本、作业、笔记本，帮助学生做好上课前的思想准备，当学生准备书籍文具时，就会自然地联想到教材的进度、老师的提问等，有助于完成教学任务。每节课前进行的组织管理工作，往往直接影响着本节课的成败。要培养学生做好上课准备的良好习惯，要提出具体要求，如书籍文具的放置，复习上节课的教学内容，检查上节课作业完成情况等，要求做到的一定要经常检查，坚持到底。

（二）启示课阶段的组织教学

启示课阶段的组织教学，是整个组织教学的关键环节。教师上堂讲课要精神饱满，语句精炼，语言和谐且有韵律感，教态大方且又和蔼可亲就会赢得学生敬慕。教师上课如能讲得有声有色，就能产生极大的吸引力，学生就会听得津津有味，这是最有力的组织，也是教师组织教学的进攻手段。

（1）恰当提问法。这是这一阶段组织教学的好办法，是了解学生、复习巩固、检查教学效果常用的方法。但在启示课阶段用，对集中学生注意力，排除干扰，促使学生认真听讲作用更大。

（2）使用眼神制止法。有些班级课堂纪律不好，总有少数人不能集中精力听课，对这种现象不宜都以训斥解决问题，教师充分发挥眼神的威力，往往可收到意外的效果。教师的目光、眼神，可以是关切、希望，也可以是斥责、制止等，不用过多的时间，而能达到教育目的，还会防止因过多批评而伤害到学生，也能节约时间。教师在讲台上目光四射，学会用眼

睛说话，使每个学生都感到老师在对他讲课，这样学生就不会分心了，这是一种最经济而有效的组织教学法。

（3）突然沉默警告法。在组织教学中，有时的确有有声胜无声的感觉，在某种情况下，无声比大声疾呼更有效。如上课刚开始，教师正在聚精会神地讲导语，但有个别学生却在下面东张西望，有的翻纸弄笔，无目的地乱画乱写；有的交头接耳，议论个不停等，这时教师在讲解中可来个"戛然而止"，停十多秒乃至半分钟，就会立即抓住学生的注意力。

（三）授新课阶段的组织教学

授新课是一堂课教学的核心，而组织教学也应围绕这个核心进行。授新课若使用单一的讲述法，让学生长时间静坐听讲，注意力就容易涣散。要根据学生的年龄特征、教材实际，灵活选用恰当的教学方法，调动学生积极主动地参与教学过程中的各种活动，这就是平常人们说的寓教于乐。在一节课内，如能将讲解、板书、提问、朗读等，再加上听写、背诵、复述等方法交换运用，学生就不会感到过分疲劳。

（1）要组织全体学生都参加获得知识的实践。课堂上应使每个学生每分钟都有事干，要组织他们动手、动脑、动嘴、动眼，参加获得知识的实践活动。切忌把注意力集中在少数几个"冒尖"学生身上，进行"一对一"的教学。即使在某段时间里，只有个别学生参加教学实践，但同时必须提醒其他同学，让其想、看、做或者读，不能闲着无事观看别人。中学低年级学生刚从小学过来，上课要求他们长时间保持一种姿势，或重复一种动作，这对他们来说是难以忍受的。因此，教师必须采用灵活多样的方法组织教学，使他们有时听，有时看，一会儿读，一会儿写，适应其活泼好动的心理特征，不断调节他们的身体姿势，既能强化实践效果，又能使身体各方面平衡发展。

（2）留心观察法。授新课阶段由于教学任务繁重，留心观察就成为许多教师进行组织教学的有效方法。教师上课要随时观察学生的情绪、表情、动态等。学生听课时面部表情常常是讲课质量的"晴雨表"，它可以告诉你讲课的效果：能听得懂而且感兴趣者，常常面带微笑，个别学生还要点头示意；不注意听讲者表情凝视，有时眼望顶棚或窗外，表情为心不在焉，或若有所思的样子；听不懂者，则表现为侧目、双眉紧锁或发呆等。遇到这些情况，教师就应调整进度，采取措施。课堂如发现多数学生注意力松弛，就应把新课停下来进行整顿，设法集中学生的注意力，或者提出一些问题，要求学生看书、思考、回答，或者变换讲课方式，尽量使多数学生听懂。

（3）课堂间隙过渡的组织法。教学过程中常常有间歇、空余或者过渡，这时尤其要注意组织安排。如教师有时需要转身面向黑板，板书重要的资料，或者悬挂图片，此时此刻常有个别学生做鬼脸，或搞其他小动作，乘机扰乱教学秩序。教师就要提醒，给学生安排一定的活动，或默读课文，或抄写词语，或思考问题等，避免个别学生扰乱课堂秩序。

（4）应变式组织教学法。这种办法是指教师要根据课堂上出现的不测事件，变换方式，灵活机动地组织教学。教学有法，但方法绝不是一成不变的。教师设计的任何完美的教学方法，在千变万化的教学实践中，常常会因某生"发难"，或课堂出现某种突然事故而无法实现，这就要求教师因势利导，变换教学方式，以达到教学目的。

（四）结束课阶段的组织教学

组织课堂教学要善始善终，对于新任教的师范生来说，最苦恼的还是总结课阶段的组织教学。如下课铃一响，特别是上、下午最后一节课，教师正在总结本节教学、布置作业，许多学生就不耐烦了。我们必须教育学生，要讲文明讲礼貌，要尊重老师的劳动，教师向学生反复强调，总结课是一节课教学的重要环节，它对本节课和下节课常起着承上启下的作用，对课后复习及作业起着重要作用。最后，教师还要下功夫设计结束语，唱好"压台戏"，紧紧吸引学生的注意力。

五、课堂教学组织能力的提升途径

（一）课堂组织管理

管理是一种特殊行为，它一开始就具有"掌管""处置"的意思，后来引申为了实现目标而实施的组织、控制、协调、促进等行为。构成管理行为有三个基本要素。首先是目标，管理是一种指向组织目标的积极行为。它是在一定的目标指向下追求高效率地达成目标的行为。其次是组织人员。管理者按照不同职责、岗位将人员安排到相应的位置，以此确立组织中不同人员之间的身份关系。最后是人员的协调配合。要想高效率实现组织目标，管理必须由所有组织人员共同实施完成，组织中人员之间相互协调配合，形成工作合力，最终实现组织目标。管理的"1+1>2"原理含义就在此。对于课堂管理，人们往往从管理职能的方面来做出界定，认为课堂管理是教师的调控行为，是对课堂环境的控制，是对学生学习行为的促进等。

我国学者对课堂管理进行了较为系统的研究，认为课堂教学和管理是密切联系、不可分割的有机整体。如果说"教学效率考虑的是获得教学效果所付出的成本的大小"的话，那么，课堂管理可以理解为是一种提高课堂教学效率的努力。具体而言，课堂管理就是指管理者（教师）与被管理者（学生）双方为了提高教学效率而共同建立并完善课堂教学的环境，是以两个相互参照的事物来进行决定的。在一节课堂中，教学行为的发生也伴随着管理行为的发生。相对于课堂教学行为来说，一切的管理行为构成了教学环境要素；同理，相对于课堂管理行为来说，一切的教学行为也就变成了管理的环境要素。它有如下含义：首先，课堂管理是一种师生都需要付出的成本努力。这种成本努力的付出主要是脑力付出。其次，课堂管理目标可以按照不同标准划分。最基本的目标是为课堂教学顺利进行保驾护航，提高教学质量。换句话说，就是通过一定的管理成本投入，保障和实现课堂教学过程顺利、高效地进行；其间接目标是最终实现学生的全面发展与进步，并且使教师的管理能力和管理水平实现新的提高。再次，积极构建和维持教学环境是实现课堂管理目标的基本方法。

（二）课堂组织管理的有效性

我国学者对中小学课堂管理研究起步较晚。很多人把课堂管理简单地理解为维持课堂纪律，认识上比较肤浅，把课堂仅仅看成单一的教学活动，忽略了管理的存在。因此，我们有必要重新审视课堂活动，来思考课堂管理活动的本质。有效课堂管理的本质是对"管理"行为的管理，是"通过运用行为管理的一般原理、原则和方法，促进课堂管理行为的规范化和在规范行为的基础上的创造性"。它与课堂中教学行为的区别主要有以下几个方面：首先，二者的目标不同。课堂管理目标是保障课堂教学顺利进行，课堂教学的目标是完成教学任务，实现学生的全面发展。其次，二者的行为方式不同。课堂管理属于管理学范畴，主要通过计划、安排、调控等管理方面的职能来对课堂实施管理；而课堂教学行为主要是教师灵活运用各种教育教学手段，对学生传授知识、技能、情感和价值观。最后，二者的实施对象也不同。课堂实践中，课堂管理把教学活动之外的一切其他要素作为管理对象进行研究；课堂教学的对象是整个教学过程本身。二者恰为互补关系，共同维系着整个课堂，缺一不可，即不存在脱离课堂教学的课堂管理，也不存在没有课堂管理行为的单纯的课堂教学。教师要完成课堂教学的完整过程，有效的课堂管理是基本的保障。过去人们认为课堂管理就是教师在课堂教学中处理和调控学生的不良行为，维持好课堂纪律和教学秩序。其实，加强纪律、维持课堂秩序仅仅是课堂管理的一部分内容，而课堂教学中教师为促进学生的发展与进步所实施的所有行为和活动都是课堂管理所包含的范畴。课堂管理系统和教师的教学系统二者有机联系，密不可分。教师如果不重视课堂管理而一味要求学生在课堂中服从，做个"听话"的学生，这种狭隘的"听话"是极其危险的，最终会影响到教学效果。

管理要有艺术性，课堂教学中不仅要让学生学会管理和控制自己的行为，还要让学生学会管理和控制认知。教师要实现课堂教学的有效性就必须掌握课堂管理的技巧，实现课堂管理的有效性。课堂管理是教师在课堂教学过程中据教学目标或任务要求，运用教育学、心理学、管理学的知识和技能，遵循一定的原则，采取一定的方法和措施，建立良好的课堂教学环境，调动学生的兴趣、情绪、求知欲，对教学活动实施调控的行为。

课堂管理的有效性是指教师为了有效地合理利用和分配课堂时间、保障课堂教学顺利进行，营造积极的学习氛围，采取一定的方式方法组织课堂活动、教学、课堂环境等诸方面因素。课堂管理的目标是教师运用教育艺术，随时洞察学生掌握情况，引领学生思维探讨，让学生有更多的时间高效率地投入学习，让更多的学生投入课堂学习，实现学生自我管理。

（1）教师要加强对时间的有效管理。教师能在课堂上进行管理的时间主要指教学时间及其所包含的学生投入时间和学生学业学习时间。课堂时间中最重要的是学生专注于学习的时间，这方面时间投入越多，学习效率和课堂效率就越高。教师的课堂管理应努力使学生在单位时间里争取更多的时间用于学习。

（2）教师要加强对学生的有效管理。要使课堂管理有序地进行，要特别加强对人的管理，尤其是对被管理者学生的管理。学生作为课堂管理的直接对象，存在鲜明的个体差异，诸如性格、接受能力、理解水平，等等。教师要充分调动这些形形色色的学生共同完成课堂教学目标的积极性，要让每一名学生尽可能多地投入课堂学习。

（3）教师要加强自我教学的有效管理。课堂管理除了学生之外，还应该加强对自我教学行为的监控管理。教师的教学手段灵活多样，富有实效，课堂教学环节紧凑，教学过程流畅，学生的积极性被充分调动，专注于课堂学习，课堂管理的效率自然大增。所以，教师要加强对自身教学行为的有效管理，实现课堂教学目标。

（4）帮助学生实现自我管理。"授之以鱼不如授之以渔"，课堂管理的终极目标在于把管理者——教师的管理理念内化为被管理者——学生自觉的行为和潜移默化的习惯化的自我控制能力，从而实现课堂教学的顺利进行。课堂管理中，教师要加强对学生自我管理能力的培养，加强对自主、合作、探究学习能力的培养，让学生真正成为课堂的主人，把教师的管理理念内化为学生自己的行为方式和习惯，这样的课堂才是理想的课堂。

（三）课堂组织管理有效性的特征

有效的课堂管理应具备如下鲜明特征：

（1）课堂严谨科学、井然有序，师生关系和谐、民主、融洽。在我们传统的课堂管理中，教师处在管理者的权威地位，主宰课堂，师生之间的关系是"教与被教""管理、控制与被管理、被控制"的关系，教师处在知识的拥有者、管理者、传授者的高高在上地位，学生处在被动地接受知识、被动地服从管理的地位，不动脑子，思维训练较少，课堂低效，师生之间存在着不可跨越的沟壑，极大的差距形成了师生关系的不平等，教师常常把学生放在"我教你学""我讲你听"的地位，课堂教学追求管理者（教师）唯一的解读并以统一所有被管理者（学生）的认识，学生很少根据自己的理解发表见解。这种管理者指挥被管理者，教师牵着学生走、学生围着老师转的"以教定学"的方式，使学生被动学习，学习兴趣减弱，缺乏自主性，大部分学生经常处于被动接受的地位，学习出现死读书现象，学习的快乐感受少，形成了教师指挥学生的尴尬局面。师生之间缺乏平等、合作、交流，课堂教学与管理缺乏生机和活力，实效性更是无从谈起。在有效的课堂管理中，教师结合新课标的学习要重新进行角色定位，"教师应该明确为是学生学习的组织者、引导者、合作者、帮助者"，是始终与学生平等的对话者，教师是平等中的首席，是学生学习的引路人。新课标强调要树立学生的主体地位，明确指出学生才是学习的主人，学生是有能力学习好的。同时，学生是相对独立的个体，教师在教学管理中一定要尊重学生，从学生的需要出发，教师要看到学生与教师在课堂管理体系中是平等的，学生应当受到格外的尊重。有效的管理只有深入学生内心，和学生做朋友，打开学生的心扉，学生才能够热爱学习。

（2）课堂教学过程完整、生动、流畅，学生思维活跃，注意力集中。现实课堂教学中，个别教师时常会因为维持课堂纪律、组织教学、介绍课堂活动规则等原因，中断了课堂教学，导致课堂教学目标没有如期实现，教学任务没有按时完成。学生掌握知识、获取能力也受到不同程度的影响。有效的课堂管理应追求课堂教学方法得当，教学手段灵活，教学过程完整流畅；学生学习积极性得到充分调动，思维活跃，注意力集中，课堂气氛活跃，学生能力能得到全方位的提升。

（3）教学结果实现师生双赢，教学相长。教师和学生是课堂的主体，课堂管理的最终目的是实现人的发展，也就是学生学习能力、学业成绩的提高和教师教学水平的提升。有效的课堂管理应该使学生和教师都能从中受益，实现师生双赢，教学相长。师生共同实现了课堂管理的目标与任务。

（四）提高教师课堂教学管理有效性的基本措施

1. 课堂教学方法的有效性

教师的课堂教学方法是否有效直接影响课堂管理的有效性，决定着课堂教学质量的高低。

教师可以采用学生喜欢的教学方法来提升课堂管理的水平。如体验式教学方式。教师精心创设活动情景，通过游戏体验、角色扮演、情境体验、现实体验，让学生深度参与课堂教学。体验教学有其独特优势，在体验过程中，学生的学习不仅要用自己的脑子去想，而且要用眼睛看，用耳朵听，用嘴说话，用手操作，用心灵感悟，它收获的不仅仅是对知识的理解，而是学生在亲身体验中真正实现了对知识的内化和认同。通过这种方式，学生的注意力集中在学习上，课堂管理问题就会迎刃而解。情境式教学也是深受学生欢迎的一种教学模式，它对于调动学生学习的积极性、参与性，对于提高教学的实效性起了重要作用。巧妙的情景创设，可以吸引学生注意力，调动学生参与学习的积极性。教师必须要转变教学方式，随之学生的学习方式也会发生变化。学生变被动听课为主动参与，影响课堂秩序的行为就会减少。从实际出发，围绕教学目标，多为学生创设积极有效的教学情境，把学生学习知识的过程变成探究问题、小组合作的过程，激发学生的好奇心、求知欲，使学生真正成为课堂的主人。这样，课堂就变得生动、精彩、有新意。教师教法上灵活多样，有变化，可以让学生更多地参与教学，主动学习。可以应用讨论、质疑、竞赛、表演、查阅资料、访问调查、学生讲课等学生喜欢的方法。同时，注重教学手段的多样化，板书、模型、投影、录音录像、多媒体等要适时应用；在教学语言上应生动、活泼、简洁、幽默、有感染力。在课堂上，学生充分参与，形式多样，那么学生对课程也会兴趣盎然。一节课堂纪律好的课，也必定是一堂精彩的课。这样的课堂不仅学生注意力集中，发言踊跃，教师也一定是妙语连珠，穿针引线。要想我们的课堂上也如此，应该从以下几点努力：加强教学节奏、课堂段落和学生注意的管理调控。改进课堂交往结构、提高学生参与比率。满足学生自主学习的需要，让学生设置学习目标、体验成功，教给学生好的学习方法、提高学生的自我效能感。精心设计每堂课的内容和活动程序。利用问题控制课堂行为，但问题必须丰富多彩，意味深长。运用模式控制、目标控制和评价控制等控制方法，培养学生自我控制的能力。随机应变，提高课堂应变技巧，合理运用注意转移法、随机发挥法、幽默法、宽容法、设疑法等方法灵活处理课堂教学中发生的偶发事件。从实际出发，围绕教学目标，多为学生创设积极有效的教学情境，把知识变成问题，把过程变成探究，把练习变成合作，把检测变成竞赛，从而引发学生的好奇心、激起学生的求知欲望、点燃学生的学习热情，把课堂还给学生，让学生带着急切的心情投入到新知识的探索中。这样，课堂就变成了生动的课堂、互动的课堂、精彩的课堂、创新的课堂。

2. 课堂时间管理的有效性

课堂时间管理是教师管理能力的重要方面，教师课堂时间管理的效率直接影响到学生的学习效率，进而影响到学生的学业成绩。因此，教师要通过有效的课堂时间管理，确保不同个体差异的学生都能够高效地利用课堂时间，高质量地完成学习任务。

课堂时间管理就是对课堂单位时间的合理分配、利用，以期顺利、高效地完成课堂教学目标。西方学者早在上世纪初就提出了课堂时间管理的研究课题，认为时间是影响课堂教学成效的重要变量。这其中对课堂时间管理进行系统而富有成效研究的首推卡罗尔（J. B. Carrol），他在 1963 年发表的《学校学习的一种模式》中提出课堂时间管理包含如下三层含义："一是教师要具备教学时间管理理念，合理分配既定教学时间，充分有效地利用学生的'用功时间'；

二是教师要熟知学生的个人能力倾向，做到因材施教，减少在同步教学中因学生的个体差异而造成的无谓时间消耗，如同样的教学内容和同样的教学时间，个人能力强的学生会感到时间多余，而个人能力弱的学生则感到时间不足；三是教师要努力提高自身的教学水平，延长学生乐于学习的时间。"

课堂时间管理存在着很多问题，主要表现在教学实践中，部分教师对课堂时间的管理认识模糊，理解不到位。具体如下：

一是时间分配不合理。个别教师对课堂时间的管理认识比较肤浅，通过延长学生的学习时间来达到提升学习效果的目的，不注重时间分配的主次性，经常延长下课时间。这种做法只能是给学生增加额外的学习负担，对于提高其学习质量来说收效甚微。

二是学生注意力集中、专注时间不足。学生注意力集中、专注学习是教学质量的根本保障，也是学生知识、能力发展的基础。有些教师过分追求课堂教学方法的多样性和课堂气氛的活跃，课堂教学环节设计安排了各种各样的学生活动，课堂气氛十分热烈，教学手段也多样，但却过多地占用了有限的课堂时间，教学环节一带而过，流于形式，学生专注学习的时间不足，特别是留给学生自己表达、练习、运用、探究的时间太少。

三是不必要时间消耗过多。个别教师自身教学和管理水平不高，不会有效合理的安排课堂教学环节，课堂教学枯燥乏味，造成课堂秩序混乱，教师常常要中断教学来维持秩序。还有的教师课堂教学重点不突出，课堂活动又挤占了过多的时间，冲淡了主要教学任务，学生必要的接受学习时间得不到保证，影响到了教学的整体质量。

四是时间利用效率偏低。课堂教学中的任何一种时间管理都涉及效率问题，像组织教学、引导学生自主学习、维持课堂秩序等，低效率是不可取的，教学活动中如果时间利用效率过低必然会影响其他的教学环节。

课堂时间管理的对策。课堂时间是固定的45分钟（抑或40分钟），如何有效地利用好有限的时间完成教学目标？笔者认为应从如下几个方面解决：

（1）科学合理分配教学时间。一节课，教师要合理分配时间，留给学生较充足的学习时间，要注意把握好时间的"度"，学习时间过多，学生就会疲惫、厌烦，时间利用率就会降低。同时，所有的课堂活动，教师都应引导学生围绕教学目标进行，减少课堂管理、组织教学的时间。课堂管理的目的是保障课堂教学的顺利进行，如果教师将过多的时间用在了组织教学和课堂管理上，就会挤占学生的学习时间，学生的学习效果就会大打折扣。

（2）"专注学习时间"要得到有效保障。学生"专注学习时间"对学习效果有着决定性作用。教师应通过设置悬念，进行生动形象的教学，充分调动学生学习积极性，培养学生的课堂学习注意力，促使学生的课堂时间尽可能多地转变为"专注学习时间"。

（3）无谓消耗的教学时间要最小化。教师要确保课堂时间的高效利用，必须减少一切与课堂教学无关的时间消耗。具体而言，一节课开始，要使学生迅速进入学习状态，尽量减少教学活动的过渡时间。教师要恰当地安排不同教学环节，课堂节奏紧凑有序，以免浪费课堂教学时间。此外，教师要提前做好各种课前准备工作，以保障教学活动的顺畅。

（4）既定教学时间利用要高效。教师要善于把握最佳教学时间，关注每个学生的"最近发展区"。现代心理学认为，"学生在课堂上的学习是一个不断获得并加工信息从而不断调节、完善认知结构的过程。课堂信息量过少，环节松散，会导致时间的浪费；信息量过多，密度过大，超越学生的接受能力，学生因不能吸收消化而有挫折感，会使其丧失学习信心，教学效益自然低下，也是浪费时间。"因而，教师要采取分层教学，注重学生的个体差异，保证不同程度的学生都能够获得能力的发展。

3. 课堂组织的有效性

良好的课堂气氛，能使学生学得轻松，学生思路开阔。积极、良好的课堂氛围应该是教师全身心投入，学生全神贯注，师生之间交流融洽，学生思维活跃，教学效果良好。这就要求教师通过一定的有效的方式方法，营造出一种民主、和谐的课堂氛围，进而提高课堂管理的效率。

（1）注重培养学生学习兴趣。兴趣是最好的老师。学生有了兴趣，就会积极主动去学习。学习是一件苦差事，需要投入很大的精力，如果学生对所学科目或内容产生了兴趣，学习中遇到了难题，就会想方设法去思考、去解决，学习就会转化成为学生内在的需求。精彩的课堂导入，可以激发培养学生学习的兴趣。通过巧设悬念、名人轶事、名人名言、时事热点问题等方法导课可以创设情境，引人入胜。此外，教师的课堂提问、课堂教学环节设计、合作、探究式学习等，都可以激发和培养学生的学习兴趣。

（2）注意教学方法的创新。"教学有法，但无定法。"在教学中使用新的方法，能够调动学生的无意注意，教学中发人深省的提问、巧妙的板书设计、新颖的直观图示，无不具有引人入胜的魅力。

（3）注意赏识、鼓励学生。训斥只会压抑心灵。只有欣赏、激励才能开发人的潜力，只有把赏识的教学理念运用到实际的活动中，一定会取得成功。记得班里有个孩子，性格很内向。语文数学英语三科成绩都是在三、四十分徘徊。老师们经常给他补课，成绩就是上不去。后来，我发现他对学习不怎么敏感，干脆就不补了，但是在课堂上我经常会关注他。比如：很简单的问题，别人已经回答过了，我再让他回答，趁此机会表扬他。由于他语感不强，发音不准，我经常会在他回答问题后说："嗯，不错，差不多对了，加油。"这时不仅把全班同学逗乐了，他也很开心，经常会在回答问题之后，信心满满的听课。一段时间过后我发现经常他会在我提前到教室上课的前几分钟，和我说他记住了哪些单词，我也会趁此机会让他读给我听，然后说："嗯，比上次读得好。"其实，他的读音离标准读音还差很远。但是我想抓住他对英语短期成就的好奇来培养他对英语长久的兴趣。真的在我的意料之中，在一次单元测验中，他竟然及格了。再到了期末考试他竟然考了七十多分的好成绩。那时，我感到很欣慰。有时，老师一个肯定的眼神、一句赞美的话语足以成就孩子的一生。有时也因为老师的一句责骂、一次体罚毁了孩子。营造良好的课堂气氛的方法不胜枚举，最重要的是教师要充分发挥主导作用，转变教学观念，优化课堂结构，充分调动学生的学习积极性，用良好的课堂气氛取得最佳的教学管理效果。

4. 课堂规则制定的有效性

如何维持课堂秩序，如何掌握课堂秩序的"度"，一直都是摆在大多数教师面前的挑战。

课堂规则或者说课堂规范，是学生进入课堂和参与课堂各项活动应遵守的一种规范。课堂规则是课堂管理中最普遍、最经常遇到的问题。师生进入课堂，就不可避免地会涉及课堂中的规则，并自觉不自觉地受到课堂规则的影响。活动必须有规则，有了规则，活动才会有序和有效，形成心理上的稳定感；规则可以极大地释放师生的主体性、创造性和教育性，提高课堂管理效率；规则可以重树老师管理课堂的威信，产生积极的教学效益。制定课堂规则前，教师首先要和学生一起讨论为什么制定全体学生一致遵守的课堂规则这么重要。讨论的主题，应围绕学生遵守这些课堂规则得到的益处展开，比如，如果每个人都各行其是，课堂就会变得一片混乱，不能进行有效地学习。有些教师让学生参与到课堂纪律的制定过程中来，以提高学生作为纪律制定人的荣誉感和对自己行为的责任感。制定课堂规则，要在观察学生表现的基础上，针对性地提出初步方案，并组织学生共同讨论。学生必须一致遵守这些由全班共同认定的行为标准。这样做不仅是为了符合民主程序，更在于让学生了解规则制定的价值意义，了解规则的内涵，进而实现认同、接纳、内化，成为自觉的行动。不理解、不认同，也就谈不上自觉地执行。建立课堂规则要明确：规则不能模棱两可，不是暗示做什么，而应该清楚地说明做什么。课堂规则以正面引导为主，多用积极的语言，表现出对学生的尊重和期望。规则应该少而精，抓住最基本的东西。如果一次订得太多，学生一下子难以把握，很容易出现反感，教师也难以控制，规则的执行就会落空。没有规矩，不成方圆，课堂也不例外。但是，课堂上的规则并不单是为了维持秩序，除此之外，它还具有更多的作用。

（1）减少组织教学的时间。组织教学的课堂时间过多就会造成学生的学习时间相应减少。其实，每节课不需要重复的组织教学，过分的强调注意事项，教师之所以反复强调，是因为学生还没有形成规矩，养成习惯，因而做得还不是那么好。一旦有了好的规则，学生又通过训练掌握了规则，这些时间是完全可以节省下来的。因此，高效的课堂一定要制定有效的规则，并且让学生习惯于这些规则。

（2）提高学生学习的效率。一般情况下，对于教师安排的学习任务和提出的学习要求，总会有一些学生弄不清楚或理解不到位，如果教师的表述能力不强，弄不清楚的学生就会更多。而有了明确、细致的课堂规则，学生熟知课堂教学环节的程序安排和学习要求，即使教师的组织不到位，学生也会知道如何按既定的要求进行活动，不会出现学生不知所措的情况。另外，课堂上许多学生接到教师的指令之后，总要磨蹭一段时间再开始行动，进入状态比较慢。出现这种情况，教师要通过规则对学生加以约束，让学生明白如果老师发出指令后不立即行动是违反规则的行为，此外还需要通过专门的强化训练使学生形成对指令快速作出反应的条件反射。

（3）形成良好的学习环境。在良好的学习环境中，师生人际关系是平等、自主和谐的，充满心理安全感，有积极向上的情感态度。以往的很多课堂上，教师就是规则的化身，这就使得规则不仅带有非常浓烈的个人色彩，而且具有很大的随意性。这种情况下，学生会自觉不自觉地去迎合教师，因此，师生之间的平等不会存在，学生也不可能有真正的自主。只有制定好规则，在规则面前人人平等，学生才能最大限度发挥个人的主观能动性。课堂上很多学生发言不够积极并非是没有把发言当作应该做的事情，而是没有当作必须做的事情。规则的作用之一在于强化课堂行为，理想的状态是把规则逐步内化为学生的自觉行动，而当学生专注于应该做的事情的时候，也就无暇于不该做的事情了。积极向上的学习环境自然生成，在这样的环境下，每个学生都会产生积极的学习动机，掌握学习的主动权。

（4）提高学生的道德水平。制定规则不是为了抓住学生的错误，对他们进行惩罚，而是为学生检查自己的行为提供指导或参照。如果没有这样的观念作为指导，规则就会沦为对学生制裁的辅助工具，而不是对学生教育的有效手段。从提高学生道德水平的角度来说，理解规则比执行规则更为重要。当有违反规则的行为发生后，教师应该帮助犯错误的学生分析发生行为的动机以及该行为会产生的后果，让学生更加深刻地理解规则。过分强调处罚通常会掩盖动机和态度方面的问题。从某种意义上来说，以处罚为主的教育不利于孩子们形成高尚的、更具社会价值的道德水准，它只会使道德水平的发展维系在一个较低的水平上。

第三节　综合实践活动组织能力训练

综合实践活动课程作为一门国家必修课程，没有传统意义上的"教材"，即使有"资料包"，也不能按照传统方法进行讲授，教师必须引导学生共同设计。设计前必须作大量的准备，包括了解学生、课程资源调查及相关条件的准备，教师自身相关知识能力的准备。这是综合实践活动设计的基础工作，也是综合实践活动获得成功的前提条件。

一、小学综合实践活动课程设计的现实反思

综合实践活动是新课改催生的新的课程形态。因其充分回应了素质教育的现实要求，遂成为新课改的一个亮点。然而，由于没有课程标准（只有指导纲要）、教材、教参，没有专职教师，如何设计和实施一直是一个难题。检视综合实践活动课程设计实例可以发现，许多学校在综合实践活动课程设计中存在两种取向：一是"年级本位"取向，即立足于某一年级设计课程，年级与年级之间缺乏关联，缺乏衔接；二是"阶段本位"取向，即立足于小学、初中、高中某一阶段设计课程，三阶段之间互为壁垒，各自为政。这两种取向的课程设计均没有从整体、从全局出发设计综合实践活动课程，致使综合实践活动课程条块分割，无法有机联系。条块分割设计会人为割裂综合实践活动课程本身的完整性，其弊端显而易见。首先，不利于综合实践活动课程的发展。综合实践活动课程常态化实施是其持续发展的动力。"综合实践活动课程作为从小学到高中设置的一门必修课程，必须走'常态化'之路。只有开成像语文、数学那样的常规课程，综合实践活动课程才有生命力，才有可持续发展的动力。"常态化实施要求从整体上规划课程，确定较固定的指导老师、活动场所和课时（每周3课时），并纳入学校常规课程管理。条块分割设计会造成年级之间、阶段之间彼此割裂，影响其常态化实施。其次，不利于学生的发展。教育是有目的、有计划地培养人的社会活动，课程作为教育内容，必须系统安排、精心规划。条块分割设计由于缺乏全局规划意识，所设计的课程难以切实适应学生身心发展，从而影响学生的发展。鉴于此，探讨综合实践活动课程纵向衔接就十分有意义。

目前，有的教师片面地认为综合实践活动就是让学生到教室外、校外去调查、访问、考

察、活动，结果学生盲目活动，缺乏真正的深度体验；有的根据综合实践活动课程课时集中与分散灵活使用的原则，将综合实践活动集中在寒暑假开展，结果缺乏教师过程指导；有的教师以学科教学方式指导综合实践活动，导致课堂教学预设过多；有的教师将课堂全部交给学生干部主持，缺乏及时指导，学生课堂活动流于形式。

二、小学综合实践活动课程组织的方法及程序

（一）主题确定阶段的组织形式及教师指导

1. 学生自主汇报从实践中发现问题

教育家陶行知说过："发明千千万，起点是一问。"综合实践活动的开始，也是"问"，问题从何而来？怎样引导学生提出问题，是综合实践活动指导教师在准备阶段面临的第一个问题。

综合实践活动的主题来源于学生的问题，而问题则来源于如下三个方面：① 学生的兴趣。常言道：兴趣是最好的老师，有了兴趣，就会去关注、去观察、去思考，就可能提出问题。为此，综合实践活动指导教师要充分地关注学生感兴趣的话题。教师可以从平时的观察中将学生的兴趣汇集起来，从中选择受关注面比较大的话题，作为综合实践活动的问题。② 学生的生活经历。在学生生活经历中处处蕴藏着问题，为此，综合实践活动指导教师要积极引导学生认真体验身边的事和物，就能提出许多问题。③ 学生对周围环境的观察与思考。

（1）引导学生留心观察体验自身生活，形成问题意识。

首先，教师引导学生留心观察周围的生活，对每一事物提出为什么，逐步培养学生的问题意识。如教师可通过调查问卷的形式，了解学生的兴趣方面，帮助学生确立主题。学生问卷可设计如下一些问题：你对什么事物最感兴趣？你想从研究这些事物的哪些方面？你打算怎样研究这些问题？你认为研究这个问题你有哪些有利条件？研究这个问题时，将会有哪些困难？你希望有哪些方面的帮助？你想自己独立研究还是与其他同学合作？通过调查问卷（见表2-1），教师根据学生填写的内容分析学生所提的问题是否密切联系生活实际，是否切实可行，从而帮助学生确定综合实践活动的主题。

表 2-1 调查表

班级		姓名		回答
你想研究什么事物？				
你想研究这些事物的哪些方面？				
你打算怎样研究这些问题？				
你准备独立研究还是与他人合作？				
你预计研究这一事物最大的困难是什么？				
你希望得到哪些帮助？				
教师指导：				

（2）开设问题讨论会，提供学生提出自己感兴趣或关注的问题的机会。

在实施综合实践活动过程中，教师应当鼓励学生多观察生活，善于在生活中发现问题，

提出自己认为有意义的活动主题。教师及时召开讨论会，让学生自由提出自己感兴趣的问题。如，有所学校处于拆迁区的住处正面临着拆迁，学生对拆迁中出现的一些问题很好奇。教师发现学生关注的问题后，及时召开拆迁区学生讨论会，让其提出自己关注的、想了解的问题。学生提出了许多自己疑惑的问题，如，有些拆迁户为什么不愿意拆迁？政府的拆迁政策究竟如何？为什么有的拆迁户明明知道就要拆迁了，还忙着装修要拆迁的房子？通过讨论，学生决心自己去弄明白这些问题，于是，他们以"关于拆迁的话题"为题，开展了系列活动。

（3）开展自己感兴趣的社会调查，在实践情境中发现问题、提出问题。

综合实践活动密切联系学生自身生活和社会生活，培养学生在实践中发现问题、分析问题、提出问题的能力。让学生开展社会调查，了解社会，是产生问题意识的有效途径。在社会调查中，学生可发现自己好奇的现象，发现不良的社会问题，发现自己不明白的问题，并往往能从中引发出综合实践活动主题。如有位教师开展了一次"下海活动"，即让学生根据自己感兴趣的问题到社会中去进行社会调查。通过一段时间的社会调查活动，学生发现了许多问题。如不规范运用汉字问题、不文明经商问题、某些街上的流浪狗问题、交通线路不便民的问题等社会不良现象，以及对肯德基为什么那么火爆、超市的伊利牛奶为什么那样畅销等现象的探讨。学生根据自己发现的问题，选择开展综合实践活动。

（4）创设情境，引导学生发现问题、提出问题。

学生问题意识的培养，离不开教师的引导，教师有时可创设一定的情境，引导学生发现问题。

（5）引导学生随时记录自己提出的问题。

在引导学生提出问题的同时，教师还要引导学生随时记录自己提出的问题。可让学生准备一个问题记录本，随时记录自己的问题。有时，还可将发现问题的过程和情景记录下来。有位教师让学生将自己发现的问题以及发现问题的经过和学生当时的感想用周记的形式写下来，并每周按时让学生朗读自己的周记，既培养了学生的问题意识，又培养了学生的写作能力。

2. 指导学生将问题转化为主题

在第一环节中，有时学生提出的问题很多，但是，并非每一个问题都可作为综合实践活动的主题，教师要引导学生在此环节中将问题转化为研究的课题。一方面，教师可通过教学生学会将问题归类的方式，确定哪些问题可转化为综合实践活动的主题。另一方面，教师还要帮助学生分析主题的价值，通过比较分析的方法，确定最有价值的主题。学生在学习生活中有许多的问题，但并非每个问题一开始都能成为探究的主题。如何将问题转化为可探究的主题？

（1）确定主题的基本方法。

● 问题剔除法与归纳法

教师可通过教学生学会将问题分类的方式，确定哪些问题可转化为综合实践活动主题。所谓问题分类，即将学生的问题按"是什么？""为什么？""怎么做？"三方面归类。对于"是什么？"这一层次的问题，解答比较容易。而对于回答"为什么？""怎么做？"这一层次的问题，研究比较复杂，研究的时间也较长，一般都可作为综合实践活动的主题。

【案例1】

对下面一些问题，可按照表 2-2 归类。

（1）我们每天的饮食中需要哪些营养？

（2）这些食物从哪儿来？

（3）人们饮食为什么要注意营养的搭配？

（4）怎样合理安排饮食，才会使营养均衡？

表 2-2　有关饮食的问题归类

问题	回答"是什么"	回答"为什么？"	回答"怎么样"
问题 1	√		
问题 2	√		
问题 3		√	
问题 4			√

在表 2-2 中，问题 1 和问题 2 可以通过文献资料的查阅或者网络资料的查阅就可以得到答案，一般不将其作为研究的主题；问题 3 和问题 4，分别要回答为什么和怎么办，解决这一类的问题需要学生在设计研究方案的基础上进行深入的研究，有一定的深度和广度，值得研究，一般可作为学生研究的主题。

全班师生还可以进行进一步梳理，归纳出全班同学共同感兴趣的话题，找出其内在的联系，整理成一个个次主题。

● 分析比较法

在主题确定阶段，教师还要帮助学生分析主题的价值，通过比较分析的方法，确定最有价值的主题。

【案例2】

《来，我们一起做游戏》主题价值分析与确定

"围绕'玩'，你想做什么？"我抛出这个问题后，教室里炸开了锅。"我要发明更好玩的游戏！""讨论玩时要注意什么问题。""我想知道游戏是怎么来的。""我们怎么玩才最有意思、最有意义。""外国人最喜欢玩什么？""哪些游戏最好玩？""人为什么要玩呢？为什么我们不玩就不舒服？"孩子们兴奋地提出一个又一个问题。有的问题引来大家的阵阵笑声。我让孩子们把提出的问题写在纸条上，用磁铁贴在黑板上。孩子们的选题情况错综复杂。看来，三年级孩子的思维是成人无法估计的。这么多问题，到底该用什么作为研究的子课题呢？看来还得发动群众。"现在，我们已经将主题分解成了一个个的小小子课题，你认为有哪些子课题不太适合我们？对哪些子课题又比较感兴趣呢？"一位同学首先发言："有些问题根本没有办法研究，如'调查世界上什么游戏最好玩？'，每个人的想法都不一样，你怎么能知道所有人的想法呢？"这个说法得到了大家的认可。"'人为什么需要玩？'这个问题根本就是废话嘛。人一生下来本来就要玩！"一个大大咧咧的声音。"就是，就是！"这个说法引起了一些同学的共鸣。我注意到这个问题的提出者——一个内向的男孩子悄悄地红了脸。我反驳说："这个说法我可不同意，我觉得这个问题看似荒谬，但实际上涉及人的生理、心理等多方面的内

容，非常深奥哟。"于是，大家又把赞许的眼光投向了提问的同学。这个孩子笑了。我继续说："只不过这个问题涉及的知识比较深奥，对我们三年级的同学来说难了一些。我们把这张纸条存起来，等以后如果大家有兴趣再来研究，好吗？""好！"这次，全班的意见统一了。

经过筛选，同学们选择了"过去的游戏：调查爸爸妈妈、爷爷奶奶小时候的游戏""制定'班级游戏公约'：游戏中要注意的问题""发明新游戏""游戏大比拼""游戏的帮手：玩具探密""游戏中产生的成就""大家一起玩游戏"等几个子课题。主题终于确定了。

一个主题活动确定后，还不能最终将每个学生研究的问题确定下来，还需要教师通过组织学生联系自己的兴趣爱好和自身生活经验，开展讨论，从而找到主题的切入点。每个学生切入点不一样，研究的小主题也不一样，这样，有利于将一个大主题研究得比较深入、全面。如何引导学生找到研究的切入点，帮助学生分解主题，确定自己研究的小主题，教师也要提供相应的指导。

（2）分解主题。

第一，引导学生从自己熟悉的领域入手，分解主题。当活动主题确定以后，围绕活动主题，学生可从自己熟悉的领域入手，从自己最熟悉的角度进行研究。以"了解家乡传统历史文化"这一主题为例，教师首先让学生谈谈自己熟悉的方面，后根据学生的交流，确定了如下主题开展活动："家乡的一些著名风景""家乡人的生活习惯""家乡方言的特点""家乡的一些古迹""家乡的风俗习惯""家乡人的娱乐活动""家乡的寺庙""家乡的房屋建筑特点""家乡的特产""家乡的开发建设情况"。

第二，引导学生向人与自然、人与自我、人与社会三个向度拓展、分解主题。在综合实践活动实施过程中，不管是哪个主题，教师都从人与自然、人与社会、人与自我三个方面进行整体关注，在进行某项主题活动时，从课程开发的三个维度（自然、社会、自我）切入，充分挖掘主题活动中所蕴涵的自然因素、社会因素、自我因素，可以帮助学生分解主题。如，有位教师在引导学生探究"挖掘巴陵的历史文化"这一主题时，将主题分解为这样三个方面：人与社会：岳阳城建规划是"东移北扩"，而岳阳楼是在岳阳城的西边，如何能让市政规划时重视老城区的文化遗址的保护和开发；人与自然：老城区沿湖一线长期被湖水浸泡，不断出现垮塌现象及环境卫生的脏、乱、差现象，影响了城市的形象，有什么办法进行补救；人与自我：吸血虫病的重现，会给旅游者造成什么样的危害，如何才能防止游客得吸血虫病。

第三，引导学生向所学课程拓展，分解主题。综合实践活动分解主题也可以采用向学科渗透的方法进行，对每一个活动主题，都向学科延伸，从中挖掘出小主题。

【案例3】

在"了解家乡的交通"这一主题活动中，为了找到研究的小主题，教师采取向学科渗透的方法，将大主题进行分解。具体情况如下：

1. 向数学学科渗透的活动：本地区公路交通现场观测

关于本地公路交通现场观测的主题，主要开展如下的活动。其一，车流量观测。统计单位时间内道口直向、左向、右向驶出（入）的车辆数，了解能用哪些数量指标来描述交通繁忙景象。其二，通过某段道路汽车的运输效用观测。统计单位时间内载客（货）与空驶的车辆数，思考可用怎样的数量指标来描述这种状况，以及这种现象反映了什么问题。其三，道路行驶（行走）的违章行为观测。如车辆或行人在道口"闯红灯"，自行车逆向骑车，自行车在机动车道抢行等。当学生获得这些数据后，要求用确实的数据来支持自己的观点。

2. 向社会学科渗透的活动：公路沿线十里行

公路沿线十里行活动，让学生走访公路沿线的工厂、企业、集镇居民点、菜篮子工程基地、饭店、游乐景点等地，了解公路开通给当地工农业生产、旅游事业、群众生活带来的改变，感悟速度、效率在现代社会中的意义。

3. 向语文学科渗透的活动：公民安全意识调查

该活动要求学生通过对学生家长、亲友、邻居的调查、考察、访谈，了解本地区群众掌握交通安全知识和交通安全意识的程度。然后撰写建议书，向当地政府和交通主管部门提出普及交通安全知识、降低交通事故率的具体建议。

4. 向品德学科渗透的活动：走近交警

交警是交通安全的守护者，在人们心目中有着美好的形象。活动要求学生通过了解交通民警的职责任务、值勤表现，体悟他们敬业爱岗的精神。研究交警对酿成交通事故的违章行为的分析与事故处置过程，总结出公民应具有哪些交通安全防范意识，以及突遭交通事故时可采取的应对措施。

5. 向劳动与技术教育领域渗透的活动：自行车突击检查

本活动可以以班级为单位，检查某天进入校园的所有师生员工的自行车。检查项目如车辆制动系统、车铃性能、防盗装置、牌照挂示等情况。检查完毕后，对不合要求的车主发出整改建议书，同时对制动失灵的自行车提供加固刹车部件的服务。

3. 学生根据自己感兴趣的课题自然分组

经过以上两个环节，确定活动主题后，学生可根据自己喜欢的主题自由分组，组成小组。在此阶段，教师一般引导学生简单汇报自己小组研究的活动主题，并说说选择本主题的原因，其目的是给全班学生一个整体印象，并增强目标的针对性。下面，我们看一段这一环节的课堂实录。

师：请每个小组汇报自己研究的小主题，并说一说主题生成的原因。

生：我们小组研究的主题是"无公害蔬菜的优缺点"。我们了解到各种蔬菜中毒事件很多，为了避免类似事件，就决定调查无公害蔬菜的优缺点，向广大群众进行介绍宣传。同时也让更多的农民改种水稻为种无公害蔬菜，让所有的人都能吃上新鲜无毒的放心菜。

师：听了你们组的汇报，让我感受到了你们能从社会生活中发现问题，进行实践活动。这说明大家很有社会责任感。

生：我们调查"无公害蔬菜使用的农药"。我们发现，菜农们把打有化学农药的蔬菜销向市场，而人们吃菜后只要没病、无异常现象，就以为没事。但是，毒素进入人体后，有的并不马上发作，如果沉积在人体的毒渐渐增多，就会引起各种疾病，所以我们想了解一下，什么是化学农药，为什么有害；什么是生物农药，它有些什么优点。

师：你们研究的主题很有意义，注意到了人们的健康问题。

（二）活动策划阶段的组织形式及教师指导

活动策划阶段是活动具体的实施过程，也是整个活动过程中不可或缺的部分，在活动策划阶段，教师要指导学生制订合理可行的活动方案，以培养学生的规划能力。规划和设计活动方案，也是学生发展的过程。

怎样制订综合实践活动方案？活动方案的制订，是由教师指导下的活动成员共同商讨完成。在制订活动方案时，要注意几点：第一，要向学生进行方法教学，如，撰写计划的基本格式要提供给学生，并且要具体细致。制订活动整体方案时，要力求具体细致，如活动时间的安排、组织形式、人员的分工合作，活动内容、活动总目标和分期目标，都要一一细化，便于在活动中有的放矢。第二，要组织学生讨论每个小组的计划是否确实可行。有时学生确定的活动方案只是为了达到活动目的，而缺乏对主、客观因素的充分估计与分析，这样制订出来的方案不具有可操作性，无法保证活动的顺利进行。因此，作为指导者的教师，要对活动从人力、物力、财力、时间等多方面进行审视，并适时给予相应的指导。综合实践活动是跨学科、网络式的，它要求指导教师知识面广，实践能力强，能从多个角度看问题，这样，在制订活动方案时，学生有可能会设计邀请一些与活动有关的其他学科教师、社会人士、学生家长等做活动的指导者来参与活动。那么，这些人士在时间、精力上能否保证，对活动的指导能否落到实处，都需要考虑。制订活动方案时，要考虑在学生的能力范围内。制订活动方案，要关注小组成员的特点，根据他们的优势、特长分配任务。

1. 指导学生了解活动方案的基本格式

活动方案包括以下基本要素：

（1）主题的题目。主题的标题应准确、简洁、具体、新颖，能反映研究的对象、范围和研究方向，一般最多不超过10个汉字（包括标点符号）。

（2）研究目标。即为什么要研究，解决什么样的问题，有何理论意义与实践意义。

（3）主要研究内容。阐明本课题所要研究的具体问题和范围，真正找到课题研究的切入口，较大型的课题还必须列出所包含的子课题。

（4）研究方法。根据研究内容选择研究方法，常见的研究方法有：观察法、实验法、调查法、文献资料法、比较法等。有的课题需要采用几种研究方法，同一课题可以采用不同的研究方法。

（5）研究步骤和时间安排。列出完成研究内容的步骤，具体在什么时间内去完成。

（6）本课题已具备的工作基础和条件。主要包括课题组成员组合的合理性、研究工作的资料准备和研究手段。

（7）课题成果的形式及使用去向。常见的研究成果形式有：实验报告、调查报告、研究论文等。说明成果的使用去向和范围。

（8）课题组成员分工。对课题组成员作明确的具体的分工，使之明确各自的工作职责。

一般来说，方案都采用表格式。教师要注意在活动开始前进行方法指导，教学生制订格式规范的活动方案（又称活动计划书、活动计划）。活动方案的一般格式见表2-3。

表 2-3　小组活动方案

活动主题：	
小组活动成员几及分工：	
活动时间：	活动地点：
活动目标：	
活动方法：	
活动内容及分工：	
活动步骤：	
预期成果及成果形式：	

　　在制订活动方案时，我们可以参照以上表格的格式，根据实际情况来选择其中的项目，制订可行的计划。活动方案中要确定好本次活动的人员、组长的名单。根据活动的需要，学生还可以找一位指导老师，以便解决活动中可能遇到的而自己又不能解决的问题。指导老师的职业可以是各行各业的。活动的地点、形式应根据活动的主题来确定。可变换不同的地点和形式。活动中所要用到的任何物品都可能成为活动的辅助工具，要充分地利用这些辅助工具。

　　2. 让学生明确活动方案撰写的具体要求

　　（1）内容要清楚、翔实。在活动方案中，"活动内容"一栏要写清楚活动的具体内容有哪些。也可以分步骤把活动的各个环节写出来。在多数情况下，我们可以把活动内容和分工安排在同一栏里，合并为"活动内容及分工"。

　　（2）分工要细致、具体。小组的分工很重要，它关系到活动每一个环节的落实。活动中哪些事情具体由谁负责，哪些事情由几位同学合作完成，都要在方案中体现。这样，活动结束时也便于总结、检查每个同学完成活动任务的情况。

　　（3）目标要明确、全面。在制订活动方案这一环节中，活动目标的确定最为重要，它直接影响到活动的成败。综合实践活动的课程目标是发展学生的综合实践能力、创新精神和探究能力，增强学生对自然、对社会和对自我的责任感。但对具体的活动项目和活动主题来说，应有具体的活动目标。

学生在确定活动目标时，往往重视技能目标、知识性目标，容易忽略情感目标。教师如果发现这一问题，一定要对学生进行适当的启发，及时加以引导。例如：在"我来赚队费"主题活动中，活动目标不能简单地确定为"赚取两元钱特殊队费"，还应该有知识目标、能力目标和情感目标。如："卖报纸活动小组"的活动目标可以确定为：① 赚取两元钱特殊队费；② 学习、总结推销技巧；③ 大胆、大方、礼貌地与陌生人交流；④ 学会做成本预算；⑤ 不怕苦，不怕累，体验赚钱的辛苦和乐趣。

3. 指导学生进行活动策划

【案例：活动策划指导实录】

一、谈话激趣，案例导入。

每个主题活动小组除了选好了活动主题外，接下来的关键就是做好充分的活动准备，如：活动的时间、地点、活动人员、分工、活动内容、辅助性的工具等。这些内容可以综合罗列好，这就是活动计划。一份详尽的活动计划是完成好活动的前提条件，也是我们同学活动的行动指南。有了完备的活动计划，就能做到活动有条不紊的进行，发挥事半功倍的作用。

二、出示部分活动计划，学习活动计划的撰写格式。

（1）出示部分活动计划，学生认真观看。

（2）学生谈各自的看法。

（3）教师引导抓住活动计划的关键：内容明确，条款明晰，对活动有导向作用。

（4）学习活动计划的撰写格式。

（5）提示重点：

a．活动计划内容应详尽，但语言要精练。如：活动的内容条款应用简明的文字写清楚。

b．活动组成员分工应明确，发挥各自的特长爱好。如：不善于言谈的同学可进行资料收集、整理等工作，而外向的同学可进行人际交往或调查采访这样的工作。

c．计划书分为小组活动计划书和个人活动计划书。组长应先与各位组员达成共识，撰写好小组活动计划书，各小组成员再根据各自的分工、活动任务撰写好个人活动计划书。

d．撰写活动计划时，小组成员应相互尊重各自的意见或建议，对于自己不赞同的想法，不要用"我不同意""这样不行"等语言对待别人，建议用"我不太认同你的想法"或"你看这样好不好"等亲切的话语，会使气氛融洽，避免产生不必要的误会。

三、学生开始撰写活动计划。

四、将活动计划与其他组交流。

（1）学生开始自由讲述计划内容，组与组之间互相交流。

（2）对其他组的活动计划提建议。

（3）教师根据学生的具体表现情况分析，指出存在的问题，共同探讨下一步活动的步骤。

五、教师小结：

小组间的交流是互相学习的一个过程，要在认真倾听他人的活动计划的同时，既吸取他人计划中的闪光点，在此基础上不断创新，并融合成为自己的想法，还要学会对他人的不足之处提出自己独到的见解，取长补短，这样才能使各自的计划更完善，活动时才会更顺利，活动的效果才会更理想。希望同学们能认真听取他人的意见，将自己的独到见解与大家分享，让活动圆满成功。

在活动策划阶段，教师的指导应重点围绕如下几个方面展开。

（1）学生进行活动策划。这一阶段的活动策划主要是在小组之内进行讨论。在此期间，学生要进行小组分工，完成活动计划。教师可在各小组之间巡回指导。为了帮助学生将活动计划做得较规范，在起始阶段，教师可给予一定的方法指导。如，提供撰写活动计划的表格。

（2）学生将本组方案计划在全班汇报交流。在此环节中，学生小组派出学习小组长，将本组活动策划在全班汇报，与其他同学交流。

（3）学生针对各小组方案计划情况展开讨论。学生分组汇报本组的活动策划后，教师要组织学生对每组的活动计划进行讨论。论证方案的可行性，帮助完善活动计划。

（4）学生根据讨论情况完善计划。此环节在学生小组之间进行。主要让学生在与人交流的基础上，学习其他小组的方法，反思自己计划的不足，进一步完善计划。

4. 指导学生制订活动方案

【案例呈现】

学生自由分组后，聚在一起合作完成小组活动方案。十分钟左右，第一个完成计划的小组交上来一份活动方案的初稿，见表 2-4。

表 2-4　活动方案初稿

活动主题	我来赚队费		
活动目标	赚得两元特殊队费		
活动时间	20××年 2 月 21 日	活动地点	烈士公园
小组成员	松阳（组长）　晓舜　晓哲　——　小凯 昊昊　小懿		
活动内容	（1）到烈士公园内卖《当代商报》； （2）煮一锅绿豆汁装入热水瓶中带到烈士公园去卖； （3）带好擦皮鞋的工具，在烈士公园为游客擦鞋赚钱。		

看到这份计划，我发现，他们的方案存在两点明显的不足之处：活动目标单一，缺乏情感目标；活动内容过多，难以落实。

之后，我提出以下几点讨论意见：

（1）活动目标只有"赚两元特殊队费"吗？是不是还有其他目标呢？例如：你们怎么向不认识的人推销你们的报纸？

（2）活动内容这么多，你们讨论了它的可行性没有？你们之间具体是怎么分工的？如果不分工，能达到活动的预期效果吗？

被我这么一问，刚才还兴高采烈地交来方案的学生站在我面前只摸着脑袋。我说："没有关系，你们的方案只有一些小的问题，你们再下去讨论讨论，一定能把方案改好！"

几个同学活蹦乱跳地下了讲台，几个脑袋又凑到了一起……

这一次，他们交上来的方案大不一样了（见表 2-5）。

表 2-5　活动方案修改稿

活动主题	我来赚队费		
活动目标	（1）赚得两元特殊队费； （2）学会与陌生人交谈，锻炼口头表达能力； （3）小组成员分工合作，能够互相帮助； （4）克服活动中遇到的困难，体验赚钱的辛苦和乐趣。		
活动时间	20××年 2 月 21 日	活动地点	烈士公园
小组成员	松阳（组长）晓舜　晓哲　一一　小凯 昊昊　晓懿		
活动内容	（1）2 月 21 日上午 8 点半在《当代商报》报社门口集合； （2）《当代商报》每份进价 3 角，零售价 5 角，每人需带 6 元钱作为进 20 份报纸的成本； （3）一一将一锅煮好的绿豆汁装入热水瓶中，带到烈士公园去卖。		
活动成果预计	每人进 20 份报纸，每份可赚 2 角钱，若全部卖出，每人可赚 4 元钱，除去往返的 2 元交通费，正好每人赚得 2 元特殊队费。带上绿豆汁促销，1 元钱买一份报纸和一杯绿豆汁，正好不要找零。若赚的钱不够，回来时一起走路，每人节约 1 元钱交通费。		

学生的第二份计划不仅对活动目标、活动内容两个方面进行了修改、完善，而且增加了一项"活动成果预计"。由此可见，在学生制订活动计划这一环节，教师的指导是不可缺少的。

5. 方案设计过程中教师要注意的问题

（1）尊重学生研究的意愿。综合实践活动实施的准备阶段、开展的过程、总结与交流等环节都应该尊重学生的实际，关注他们的兴趣、爱好和需要。在综合实践活动方案设计过程中，有时教师会从自身认识出发，给学生研究的主题一些建议或提出修改意见，但一定要尊重学生的自主选择，允许学生进行与指导老师观点不一致的探索，尊重他们的意见，让其在实践中学会自我判断、选择。

（2）帮助学生进行活动计划的完善。

各个小组合作完成了活动计划之后，还要在全班交流。如果大家在讨论后发现计划还有需要完善的地方，往往要对计划的初稿进一步修改。方案制订阶段教师指导具体的方法，教师的指导任务是指导学生制订合理可行的活动方案，培养学生的规划能力。在学生制订活动方案之前，应该通过讲座的方式，向学生介绍一个完整的活动方案应包括哪些内容，有什么注意事项。这样能使方案制订得更规范，更完整。活动方案包括活动名称、活动实施者、活动指导者、活动时间、组织形式、活动分工、活动的背景依据（即主题来源）、活动目标、活动实施步骤、预期成果及表现形式等。在这里，有几个问题需要阐述一下。

● 关于活动指导者

综合实践活动在活动空间上，不局限于教室与校园，而是需要走出校园，走入社会，活动空间广阔；在时间上，也不是几个课时或几天所能完成的，往往持续时间较长，需要几周几月甚至跨年度完成；由于是跨学科、网络式的，要求指导教师知识面广，实践能力强，能从多个角度看问题，这就需要大量的教师或其他有关人员参与。同时，在校园内，有不同知识背景、兴趣爱好、专业特长的教职工，社区内有有关领域的专家、政府机构官员、有一技之长的居民、形形色色的学生家长等，又为这种需要提供了可能。因此，在开展综合实践活动时，倡导协同教学，即指导教师可由有关的学科教师、社会人士、学生家长等组成。当然，至于究竟选择谁作指导老师，应给学生一个选择的自由度。

● 关于活动目标

活动目标决定了活动开展的方向，制订时要注意以下几个方面：要有活动总目标和活动开展过程中各阶段的分目标。切忌将活动总目标代替具体活动的目标。目标的设定要有层次性。一般来说，目标包括情感态度目标、能力目标、认知目标。要处理好预设性目标与生成性目标的关系。在方案设计阶段确立的活动目标，是活动开展的方向，在活动开展阶段，要不断地实现或达到这些目标。但随着活动的开展，会出现新的问题，活动目标也要进行相应的调整，即形成一些生成性主题。

● 活动方案可行性分析

时间安排是否合理。开展综合实践活动，时间安排要合理。时间安排不能太紧，因为活动中有很多不可预测的因素，要留有回旋的余地。时间跨度也不宜太大，否则时间一长，学生热情减退，积极性难以调动，倘若其中再有人员（指导老师、学生）的变动，则更不利于活动的实施。同时，在时间使用上，还要防止前紧后松或前松后紧的现象。

方案制订是否具体细致。活动方案制订得越具体，对一些细节性问题考虑得越周到，实施起来就越方便，碰到的困难也就越少。因此，在论证活动方案时，要仔细考虑方案制订是否具体，如时间的安排、地点的安排、组织形式、人员的分工合作、活动内容等，都要一一细化，便于在活动中有的放矢。

当然，活动方案不可能一下就制订得十分详细具体，需要一个逐步完善的过程，因此可以采用逐级制订方案的方法。

如"保护家乡河"这一主题活动方案可以这样制订（见表 2-6 至表 2-8）。

【案例："保护家乡河"主题活动方案】

表 2-6　一级活动方案：保护家乡河

我想做的事	调查家乡河的现状	了解家乡河的历史	宣传保护家乡河
我准备这样做	（1）实地考察，了解污染情况； （2）采访沿河居民	（1）访问上年纪的人； （2）查阅有关文献资料	（1）立警示牌； （2）编儿歌； （3）画宣传画； （4）向有关部门递交建议书

表 2-7　二级活动方案：了解家乡河污染情况

活动内容	活动成员	活动时间	活动地点	指导者
练习照相技术	小凯	3 月 12 日	家里	小凯爸爸
设计考察表	小组全体成员	4 月 2 日	教室	欧阳老师
实地考察	小组全体成员	4 月 8 日	湘江	刘老师 欧阳老师
化验水样	小杰、妮妮	4 月 8 日	第二污水处理站	李阿姨

表 2-8　三级活动方案：考察分工

负责人	小凯	晓豫	小杰、妮妮	洋洋、思远
任务	照相	采访过路人	取水样	观察记录

（三）综合实践活动总结交流阶段的教师指导

当一个活动结束后，进入总结交流阶段。活动主题、活动类型不同，活动过程也千差万别。总结交流的形式也多种多样。可以是静态的交流，如一次作品展，甚至一盆植物、一件小制作的展示；也可以是动态的，如一次成果交流会、一次答辩会。在这种交流中，既有多样的作品展示，又有丰富的情感体验；既有方法的交流，又有热烈的讨论；既有活动的总结，又有活动的反思；既是前段主题活动的总结，又从中生发许多新的主题。

1. 在学生们进行总结交流时，教师指导主要从哪些方面入手？

以下案例为"社区的交通"活动总结交流阶段的某个片段，在阅读时，请重点关注教师的引导，看在总结交流阶段是如何引导学生交流方法，关注过程的，是怎样关注学生的情感体验、及时发现问题，生成新的活动主题的。

社区的交通
活动总结交流课堂实录

一、活动第一阶段（前期活动成果展示）

老师：同学们，大家好！前段时间我们围绕"社区的交通"这个主题开展了一系列综合实践活动，在这次综合实践活动中，各小组表现得非常积极。同学们走出教室，融入社区，走遍社区的大街小巷，相信大家都是满载而归，怎么样，今天把我们的收获和大家一起分享吧！

第一小组（海博）：让我先来说一说，这次我们小组主要调查社区内主要交通要道的车流量、人流量。平时呀，我们在路上和同学们一起说说笑笑，根本没有注意马路上 1 分钟有多少汽车通过、有多少行人走过，自从开始调查后，我们可多了个心眼，大家来看看我们调查的八一路的统计吧！（出示学生调查表）

海博：1 分钟有这么多车通过，大家可不要横穿马路。

老师：嘿！你们的调查数据可真多，连我们没有学过的统计表也用上了。

第二小组（欢欢）：车多，人多，大家都应该遵守交通规则，可是我们这组却发现违规的现象可真不少，你们光听我说还不行，这次我们组给大家带来了照片和我们在芙蓉路上调查1分钟内有哪些违规现象的统计表。（出示照片、统计表）

老师：这么多违规现象！真是不看不知道，一看吓一跳。

第三小组（玲玲）：陈老师，我们小组想考考大家和在座的老师，行吗？

老师：当然可以。

第三小组（玲玲）：（出示路标指示牌，考同学、听课老师）

这些路标平时挂在路边，我们没怎么留意，也不知道这些路标到底是什么意思，通过这次调查，我们发现路标十分重要，如果没有它们，交通一定会乱套的。

老师：谢谢你们这组同学告诉我们一个交通知识，第四组你们的活动成果呢？

第四组（青青）：我们就给大家回放采访社区居民的录音吧！（采访社区居民对社区交通的看法）

晓翔：我们进行了采访，不过我们采访的对象是交警叔叔。（两人演采访交警的过程）

老师：咦！你们这组怎么不上来汇报呀？

第六小组：我们这一小组与众不同，我们主要是调查家长对这次活动的反响，你们瞧。（出示家长的回条）

二、活动第二阶段（学生谈体会）

老师：家长对这次活动有这么多感想，那么同学们，你们的感受一定更加丰富，下面是自由议论时间，大家把自己在这次活动中遇到的问题，怎样解决的，以及体会、感想说一说，老师来给你们当助手把同学们发言的几个重点记下，行吗？

同学们：行！

同学们的自由发言：

小玮：这次活动我是调查车流量、人流量的，在活动中，我发现车辆特别多，而违反交通规则的也很多，我呀，以后一定要告诉我的子女们，要遵守交通规则。

汀笛：长沙市区的"摩的"最近是交通的"心腹大患"，我认为"摩的"不光是十分不安全的交通工具，也对经济有危害。"摩的"什么时候"下台"呢？

巍巍：通过这次综合实践活动，我知道了现在的交通违章的现象很严重。交通违章是车祸的主要原因，因此，治好交通违章是治车祸的前提。

莹莹：我不但学会了拍照，辨认了交通指示图标，还看到了马路的不足之处。

晓弋：这次调查让我体会了"无往而无胜"这句话的意思，这是说"不去就不会胜利，去了等于胜利了一半"。

青青：在采访前，我很害怕，没有胆量，而且又怕别人泼冷水，就每天早上起床到五一大道去锻炼胆量，到了最后，我的采访终于成功了，这时我才知道，当记者也不容易。

晓毅：我发现路标所挂的位置要进行调整。

云云：我深深地体会到了长沙人民的素质有待提高，古人云"退一步海阔天空"，人们常为一点芝麻绿豆的小事大呼小叫，弄得鸡犬不宁之后才拍拍屁股走人。

晓翔：我发现在许多条路的旁边，有好多的小摊小贩，弄得马路经常堵车，发生交通事故。

安琪：上次我舅舅带我去上街，非要我横穿马路，可是我不肯，我要走地下通道，舅舅拉着我非要我一起过马路，我是死活也不愿意，我对舅舅说："你一个大学生，亏你读了这么多书，连这点交通知识都不懂，像什么话。"最后，舅舅还是听了我的，走了地下通道。

欣欣：我觉得应该让长沙市市民学习一下交通知识，这样才能提高市民的素质。

吉吉：我觉得有一句话说得很好："假如你抛弃了生命，生命就会抛弃你。"

玲玲：我觉得现在人们的素质太低了，真应该想想办法才行。有一次，我到五一路去玩，来到人行道旁，看见一位四五十岁的伯伯爬那铁栏，然后再横穿五一路，见到此情景，我真是很担心，觉得人们要一时有急事而抛弃生命吗？我又觉得有地下通道不走，那地下通道还有什么用？就像吉吉说的那样："假如人抛弃了生命，生命就会抛弃你！"

欢欢：我的体会：通过这次综合实践活动，使我看出了一个严重的问题，每当汽车开动时，从排气管中排出大量的废气，对空气有着严重的污染，我认为：科技在不断地发展，各方面的研究都有了成果，为什么没有科学家研究尾气的问题呢？假如把汽车烧汽油改成太阳能该多好啊！

佳佳：我虽然是采访小组的，但我对路标指示有些不满：1. 在芙蓉路，这条主要大道上，路标指示竟然那么少，还没超过十个呢；2. 路标指示放的位置不当，有些放在高高的地方，在远处看得见，可一到它前面，就"不翼而飞"，有些被遮住了，有些被毁坏了。我想，应该加强管理。

小番：通过这次活动，可见人们的素质低，希望人们能提高素质，就是上次我和肖雨帆一起去五一路拍违规照片，一对中年夫妇，正准备横过马路，他们有地下通道不走，置自己的生命于不顾。我们正准备拍下来，他们发现了我们，骂了我们一顿，后来，我们还是偷偷地拍了一张。

小许：我的体会：通过这次综合实践活动我觉得要让长沙的天空蓝起来，要做到这几个方面：① 不再使用煤；② 让超标尾汽的汽车去使用绿色油。

云雁：通过这次当小记者，我真正体会了记者的累、记者的苦，虽然这次我是在邻居家采访张阿姨，是个初级阶段的采访，但记者的认真态度，是我无法办到的，我应该学习得更好。这次当小记者，我还知道了一个市民对交通的看法以及建议，真是受益匪浅呀！而且还锻炼了我的思维能力呢。真希望学校多开展这些实践活动，训练自我。

彬彬：在开展了综合实践课后，我走出教室，走进社区交通，从中有着许多体会和感受，比如说：有一些机动车总是从车后排出尾气，这不仅影响了市容，更影响了我们的身心健康，对我们造成了身体方面的害处。还有，最近几年，有些中巴车慢慢介入我们的生活当中，本来已规定，不准中巴车进城，但由于他们爱赚钱和其他原因，在长沙市又有一列中巴车队进入市区，我由此发出感叹：这些车子和司机，就没为我们市区美化着想吗？我希望你们能够停止这一切，让我们共同来绿化我们的长沙市。

三、活动第三阶段（后期活动部署）

老师：同学们刚才说的都有真实的感受、独特的思考和自己关注的问题，我们自己能不能让这些思考停留在活动中，让这些问题成为我们的遗憾呢？（不能），那么我们要在后期的活动中继续进行研究，陈老师把刚才大家的体会概括成几个大的主题，那么同学们对哪个主题有共识，就自由组合，对后期活动进行策划吧！

（学生自由组合进行后期活动策划）

附主题：①汽车尾气污染；②摩的、中巴车问题；③如何提高人民素质；④路标安放问题。

在综合实践活动总结交流阶段，指导学生进行成果展示交流的目的，首先是让学生有机会展示自己的收获。在活动过程中，学生收获的有能力、情感、知识技能。这些都是学生在活动中通过实践得到的非常珍贵的体验。其次，展示成果，也是学生体会成功的喜悦的过程。得到别人的肯定，给别人提供可学习借鉴的过程，通过总结交流，使学生能够体会到自我价值实现的喜悦感受，也为下一次活动提供情感上的动力。再次，在展示交流活动中，教师要让学生选择新颖恰当的形式展示自我，要求他们认真考虑、筛选成果展示的内容、策划成果展示交流的形式，以适当的表达方式将信息用最为快捷合理的方式传递给他人，从而使学生学会处理信息，在活动中不断变得成熟、自信。最后，通过展示交流活动，教师们也可以及时地了解到学生的学习状况，及时调整自己的引导策略，使课程的实施处于不断的优化过程之中。案例中教师引导学生通过互评这一渠道去启示自己的自我反思性评价的做法很好。从课堂效果来看，学生很积极地表达了自己对某一具体事件的具体看法，因此，可以说，学生确实实现了自我反思性评价。与此同时，教师设计的组内交流环节能起到缓冲学生的情绪压力、完善学生自我评价的作用，值得肯定。

2. 怎样指导学生多样化表达活动结果？

成果展示与交流要求学生在他人面前进行演示或生动的表演，这样能充分地展示自己的独特性和表达能力。在展示与交流中，学生也能学习他人的探究成果，激发起进一步探究的欲望。成果展示与交流可采用学生的制作、绘画、文章展示以及口头演说、答辩、讨论会等形式。成果展示的方式是多种多样的，教师们可以根据具体情况，给学生以建议，让学生创造与众不同的展示方式，在展示方式的设计过程中，培养学生的创新意识与创新能力（见表2-9）。

表2-9　成果展示方式建议

作品展示的形式	展示中应该注意的问题	展示后应该做什么
报告会	报告不宜太长，切忌一个人宣读，缺乏互动；可让孩子们就报告中的内容提出自己感兴趣的问题	将报告的记录收入个人档案袋或班级综合实践活动成果集
表演会（演唱、舞蹈等形式）	学生参与面要大，让内向的孩子有表演的机会，切忌少数孩子一演到底	将照片、音像资料进行保存
知识竞赛	应全班参与，竞赛的内容由学生根据自己活动中的内容自己确立；最好由孩子自己组织，锻炼学生的组织能力	竞赛题是活动成果之一，应收入资料袋

作品展示的形式	展示中应该注意的问题	展示后应该做什么
资料展示如科技报告、调查报告、调查表等	可以组织现场展示会进行资料展示；要提醒孩子珍惜别人的学习成果	将材料收入资料袋保存
模型和地图	可组织现场展示会进行资料展示；提醒孩子珍惜别人的学习成果；欢迎孩子们彼此提出修改意见	将材料收入资料袋保存
演讲	个人占用的时间不宜太长；注重培养学生的演讲才能	注意评价方式。可在班上选出小评委
画图和制表	可组织现场展示会进行资料展示；提醒孩子珍惜别人的学习成果；欢迎孩子们彼此提出修改意见	将材料收入资料袋保存
摄影	可以组织小小的摄影展，也可以引导孩子用摄影的方式记录活动的过程，讲一讲"照片里的故事"	可以将照片贴在班级的学习园地
艺术作品	如雕塑、手工等；组织艺术作品展示会	注意艺术作品的保存
电子文本展示	可以引导孩子们将自己要汇报的内容、活动的过程性资料、照片等做成演示文稿，声像并重，提高大家交流的兴趣与质量	有条件的可以设计班级主页，然后将综合实践活动的电子成果作为班级网络资料的一部分
情景模拟	以小品剧、学生自编的短剧为载体，展现学生的活动成果	注意保持原生态

综合实践活动成果表达方式有多种多样，一般来说，综合实践活动的成果包括看得见摸得着的研究论文、调查报告、实验报告、读书报告、项目设计书、活动日记、心得体会、绘画作品、实物模型、音像制品、多媒体作品和网页等，也包括那些看不见摸不着，只是在活动过程中才体现出来的创新意识和探索精神的发展，自我管理能力和人际交往能力的提高，学习信心和团结协作能力的加强，搜集、分析、利用信息能力和运用所学知识解决问题的能力的进步等。活动成果的展示方式也是多种多样的，如办展览、开讨论（辩论、答辩）会、出墙报、编刊物、制作网页、做演示、搞表演、举行竞赛等。

活动主题不同，活动的过程和方法也会有差别，同一活动不同的探究者也会有不同的体验、发现。因此，展示形式要根据主题特点也要根据学生的自身特点和独特体验、收获来选择。每个学生各有所长，刚开始的展示交流，最好是发挥自己的优势，树立自己的自信。如："家乡的特色经济"这一主题，有的学生家里藏书多，搜集的资料也多，他就自编资料集来展示。有的学生能说会道，在展示时他以小小推销员的身份来推销家乡产品，有的学生还学会了做风味小吃、手工艺品，当场展示作品或当场炒作。总之是扬长避短，各显其能。另外，每一主题不同，学生的感受也是不尽相同，应让学生把自己感受最深、收获最大的一面展示出来。如在"社区调查"中，有的学生收获最大的是胆量大了，你就让他尽情地说一说；有的学生调查表一塌糊涂，无法展示，但他却对调查中的一个小故事感受颇深，不妨让他讲讲这个故事；有的学生对健身器材情有独钟，竟然还自创器材，相信他对介绍这一点定会津津乐道。

　　展示形式从另一角度可分为动态和静态，在进行成果展示时，则应注意有动有静，动静结合。有些学生的成果展示是静态的，例如：一篇小论文、一份调查报告、一幅绘画作品、一件模型、一些体验日记或报纸等；而有的展示动态的，例如：一场主题演讲、一次口头报告、一个节目、一场比赛、一次讨论、演示操作过程或谈心得体会。静态展示可以充分发挥墙壁和橱窗的作用，如把报纸摆出来，把小制作放在教室里展示出来，举办论文、报告、摄影展，静态展示利用课余时间，可小组也可全班组织。如：有组学生在"研究植物的一生"这一主题活动总结时，有的小组办了一份报纸，内容是观察日记：白菜的生长，有一个小组则办了摄影展，他们把植物的生长变化全拍下来。有的展示的方式也可动静结合，例如：在让同伴欣赏一件模型时，还可介绍甚至动手制作这个模型；在展示调查报告的同时，可以谈谈调查的结果，在展示时还应特别注意互相合作。如：在研究"奶牛养殖"这一主题时，研究"牛奶与包装"这一主题的学生上台展示，一个同学当场动手做包装盒，另两位同学介绍材料和他们的探究，做完后还冲泡奶粉试效果，他们组的展示由于动静结合，分工合作非常成功。

　　由于学生开展一个活动，最后的活动成果以什么方式来呈现、表达，存在多种可能性，所以教师要对学生的展示交流进行必要的指导，帮助学生选择恰当的呈现方式。展示交流既是对学生在综合实践活动中的各种表现和活动产品（如研究报告、模型、主题演讲等）作一个小结，同时也是一种师生之间、学生同伴之间共同学习和交流的机会，是学生学会发现自我、欣赏别人的过程。教师在组织学生进行交流时务必要认真、灵活。展示交流既是对学生在综合实践活动中各种表现和活动成果的一个小结，也是一种师生之间、生生之间共同学习和交流的过程，是学生发现自我、欣赏别人的过程。

　　3. 怎样组织总结交流的课堂？

　　综合实践活动主题活动结束后，教师要组织学生进行总结交流。总结交流的方式很多，有静态的交流，但更多的是综合性的交流活动。既有实物的呈现，又有方法的交流，还有情感体验的分享。下面主要介绍综合交流的课堂组织形式。

【案例】

"湘雅路的明天"主题活动课堂总结交流实录

"湘雅路的明天"是一堂综合实践课，它由若干课时组成，前期主要进行了以下几次活动：

活动一，学习关于道路设计的理论知识；

活动二，组织参观芙蓉北路，作好调查报告；

活动三，分小组调查五一路；

活动四，分小组考察湘雅路。

本篇课堂实录，是本次活动的第五部分，记录的是利用前面的调查结果，为湘雅路的明天作的设计。它是一节室内活动课，整堂课由学生甲、乙主持，全班分成四大组，下面是这堂课的课堂实录。

主持人甲，主持人乙（以下简称甲、乙）：同学们，大家好！

甲：前面几节综合实践课，我们已开展了一系列活动，让我们先来做一个简要的回顾。

乙：请大家看大屏幕。（由一学生操作电脑，放映出活动简要。）

在这几次活动中，同学们表现可积极啦！相信大家也有很多的收获，现在请各小组上台来汇报你们活动的精要部分。

甲：先请第一小组来汇报。

第一小组代表上台发言：我们这一组拍摄了参观芙蓉北路的录像，供大家欣赏。

（学生操作电脑，放映录像，主要有芙蓉北路的美丽景色及学生采访路人的情景。小组代表边看边讲：这是芙蓉北路的一个休息小公园，我们在那儿玩得可开心了……这是采访路人的情景……）

甲：这段录像拍的真好，又把我们带到了当天那热闹的场面。

乙：看，第二小组的同学已迫不及待了，还是看看第二小组的杰作吧。

第二小组的代表上台汇报：这是我们小组做的调查报告。（发给每小组一份调查报告，调查报告制成两份表格，第一份主要调查的是芙蓉路的路面宽度、路旁设置、行人过马路的情况、日车流量；第二份表格是关于芙蓉路拓宽前后的对比。）各小组分别看调查报告，第二小组代表讲解调查报告的内容。

甲：下面请第三小组来汇报成果。

第三小组的代表上台：（手拿录音机）我们这一组就回放我们的采访录音吧。

学生：采访一下您，好吗？

路人：你是小记者吧？

学生：是的。请问您对拓宽后的五一路有什么感想？

路人：拓宽后的五一路宽敞了，使人心情舒畅，也改变了长沙的面貌，使它向现代化新城又靠近了一步。

路人：好啊！现在过马路再也不用东张西望，不要担心出交通事故了。

乙：请第四小组同学上台。

第四小组代表：我们这一组利用星期日去拍摄了五一路的情况。

（学生放录像，录像所摄为五一路远景，主要表现的是五一路的道路现状，道路两边地下通道、五一绿化广场的休闲情景。）学生边看边讲解：同学们现在看到的就是五一路，它由原来的四车道拓展到八车道，道路畅通，司机叔叔不再为堵车而烦恼了……看！那就是五一绿化广场，晚上还有音乐喷泉呢！

甲：长沙的变化可真大呀！

乙：是呀，可是在这次活动中，我们也考察了老城区的街道，那里就没有那么美丽了。

甲：是呀，就拿离我们学校最近的湘雅路来说，就有很多不尽如人意的地方。

乙：让我们一起来看一段录像。

（学生操作电脑，放映录像：湘雅路的现状。主要拍摄的是湘雅路的各个路段现状，有破烂的街道、坑坑洼洼的路面，小巷里的臭水沟、行人乱过马路、车辆乱停放等情景。）

甲：同学们，你们看到湘雅路现在的样子，对照芙蓉路五一路，你有什么感想呢？（学生下台采访）

学生1：我觉得湘雅路太陈旧了。地面坑坑洼洼，亟待整修。

学生2：湘雅路没有人行道，因此行人乱过马路现象严重。

学生3：整条路没有美丽的花坛，也没有文化景点。

学生4：车辆乱停放，有碍交通，成为交通事故发生的隐患，我觉得只有拓宽，才能解决这个问题。

乙：是呀，看到湘雅路的现状，我们的心中十分难过。我们作为生活在湘雅路边的小学生，也该为湘雅路的明天做点贡献呀！

甲：同学们，开动脑筋，设计明天的湘雅路吧。讲台上有各种材料，请组长来选。

（学生讨论，上台领取材料。）

（学生分组设计，活动时间为20分钟，电脑屏幕上显示出活动要求，并有湘雅路的布局图，引导学生设计。）

20分钟后，学生分组上台讲解设计意图。

（第一组，采用画画的形式，主要画的是一座立交桥。）

学生讲解：这是位于湘雅路与黄兴北路交界处的一座立交桥，他以后将是连接南北的一条主要干线。在桥下有一个绿化公园，这里有专为盲人设计的盲人道，有一个喷泉，还有设计新颖的垃圾桶。有一个电视大屏幕，可以看足球赛呢！

（第二组，采用的材料是吹塑纸，设计的是湘雅路与沿江大道交界处的小花园，道路之间用小花园隔开；用吹塑纸剪的小花代表花园。）

学生讲解：我们设计的是湘雅路与沿江大道交界处的小花园，道路之间用花园隔开，很漂亮。在这里，我们设计了一条鹅卵石道，赤脚踩在上面可以锻炼身体；在它的旁边，我们设计了孩子们玩的"淘气堡"，里面有各种各样的卡通人物；在湘江边，我们还准备建造一座老人院，可以让老人们享受一个幸福的晚年，天天欣赏到美丽的景色。你们说我们的设计好不好？

（第三组，采用橡胶泥模型设计。）

学生讲解：我们设计的湘雅路是这样的，这是一个休闲小公园。它由三个机器人管理，白色的机器人专门打扫卫生，红色的机器人主要陪人聊天的，绿色的机器人主要用于管理交通，这样交警就不用天天风吹雨淋了。在休闲小公园里，还有一个大型的文化走廊，它有天天更换的各种各样的报刊栏，有名人的杰作，也有老百姓的作品。未来的湘雅路一定是一个集休闲与文化于一身的新型大道。

（第四组，采用陶土，设计湘雅路的大型建筑的布置和安排；最显著的是一座桥。）

学生讲解：未来的湘雅路有八条车道。据我们调查，交通事故的发生有很多与学生有关，所以未来的湘雅路上，我们专门建造了一座桥，它专供小学生上学用，桥上有很多玩具，放学后，可以在上面玩益智玩具，开发智力，也可以做作业，有业余老师辅导。我们相信它是继五一路、芙蓉路之后又一新的创举。同学们，我们的设计还有很多不尽如人意的地方，希望大家批评指正。

甲：同学们的设计真棒！

乙：下面请贺老师对我们的活动做总结。

老师：你们的这次活动开展得很成功，对于你们懂得大胆运用想象力和丰富的创造力，我由衷地感到高兴。在这里我总结两点：

1. 这一系列活动，提高了你们调查的能力，培养了你们的动手能力。希望以后多开展这样的活动。

2. 我建议，将这一次活动的图片、构思整理成资料，寄到长沙城市规划部门，让我们也为长沙的建设出一份力，好不好？

学生：好！

以上案例是一堂综合实践活动总结交流阶段的课堂实录，从中我们了解到了丰富的信息：教师引导学生调查、参观改造好的五一路，创设了一个学生体验生活、了解社会、产生问题意识的情境，使学生自发生成了"湘雅路的明天"这一活动主题。这种引导，为学生的问题意识提供了广阔的空间，使教学过程成为师生互相交往活动、不断创生与开发的过程。案例中，教师引导从课程开发的三个维度（自然、社会、自我）切入，充分挖掘活动中所蕴含的自然因素、社会因素、自我因素。如，学生从比较五一路与湘雅路的环境开始到设计明天的湘雅路的身体力行，四大指定内容领域在活动中获得自然延伸，使活动过程呈现方式多种多样（录像录音、调查报告、手工模型等），其整合也水到渠成。学生关于"湘雅路的明天"的设计方案也许显得幼稚，并不符合成人的要求，却是学生在实践的基础上挖掘自己的智慧、展示自己的认识、表达自己的创意与遐想，是学生活动过程中探究、体验、想象所得，是儿童心灵世界的旅游。

4. 怎样指导学生建立综合实践活动过程档案袋？

综合实践活动在实施过程中，会有许多的原始资料，有文本材料（各种读书笔记、调查问卷、实验数据、活动日记等），有音像制品（录音带、光盘、软盘等），有实物（标本、模型等）。这些原始资料，是活动过程的真实记录，也为活动总结阶段寻找规律、得出结论、撰写各种报告提供重要依据，同时，这些资料本身是评价的重要依据。因此，教师要指导学生做好这些资料的积累保存工作。

【案例：学生的档案袋栏目设计样例】
小洁同学本学期综合实践活动档案袋栏目

一、我的自画像

我叫小洁，白嫩的皮肤，小小的丹凤眼一笑就眯成了一条缝，我喜欢歌舞、做手工，说得一口流利的普通话，作文也写得不错，综合实践课是我最感兴趣的课程。

二、亲切的足迹

本学期，我一步一个脚印学会了在实践中锻炼自己，请看看我参加了哪些综合实践活动吧。

三、我有一双灵巧的手

四、我的"八宝袋"

1. 采访记录_____篇

2. 调查实录_____则

3. 数据统计表_____张

4. 实践照片_____张

5. 手抄小报_____份

6. 伙伴、老师、家长评价_____次

7. 专题录音带_____盒

五、我最值得自豪的事

六、我给自己提意见

七、我眼中的综合实践活动

　　学生自三年级第一学期始，就要建立成长记录档案袋，在档案袋中一般放入过程性资料和方法性资料。其中，过程性资料主要有这么几个方面：活动主题确定阶段的资料，包括主题确定的背景、原因等方面；活动策划阶段的资料，包括活动策划方案、小组活动计划等；活动实施阶段的资料，包括活动实施的每个阶段的记录、活动实施过程中的问题发现、体验反思等；活动成果交流阶段的资料，包括活动成果类型记录、活动总结报告等；方法性资料方法性资料包括如何进行调查、如何设计调查问卷，如何进行小实验，如何撰写总结报告等的方法记录，学生伴随活动过程的实施，会有很多方法性资料，教师要指导学生将这些资料进行规范、整理，并做好管理工作，综合实践活动平时的过程性评价形式多样，但作为一门课程，如何进行学期总结性评价呢？评价结果以什么方式进入学生成长记录档案呢？为了通过引导学生进行自我反思性评价，通过前后评价结果引导学生了解自己的进步，指导教师设计了一些评价工具。上述案例实际是一个自我反思性评价工具：学生通过"我的自画像、亲切的足迹、我有一双灵巧的手、我的'八宝袋'、我最值得自豪的事、我给自己提意见、我眼中的综合实践活动"等 7 个栏目，将全期经历的综合实践活动进行全面反思。那么，如何建立综合实践活动过程档案袋，如何运用好综合实践活动过程档案袋，发挥其记录、展示、反思、评价的功能，是值得我们每位综合实践活动指导教师需要思考的问题。

　　如果要问"在综合实践活动中，教师让学生做得最多的事是什么"，让学生自己去选择研究课题，自己去选择学习方式，自己去选择活动方案……诚然，综合实践活动课要求学生积极参与、自主实践，但它不是学生纯自主、自发的过程，教师的有效指导是必要前提，活动中尤其应该加强对学生的活动方式和研究方法的指导，对活动进行宏观调控，将能力的培养、方法的掌握摆在与知识的积累同样重要的地位。教师可以在活动实施中适时地进行专题式的指导，如举办"如何搜集整理资料""如何处理信息""如何总结交流"等。这些指导可以让学生在探究路上的每一步都走得扎实，从长远来看，更是帮学生掌握了以不变应万变的学习法宝。综合实践活动课的推广和深化是教学方式变革的重大标志。作为这一课程的实践者、开拓者，我们有责任有义务指导学生开展好综合实践活动。当学生迷路时，教师不是轻易告知方向，而是指导他们怎样去辨别方向；指导可以表现为一种激励：当学生畏惧的时候，教师不是拖着学生走，而是唤起他们内在的精神力量，鼓励他们自己去攀登！

本章练习

1. 教材解读的主要原则是什么？怎样提升小学教师的教材解读、组织能力？
2. 课堂教学组织管理的基本内容是什么？怎样实现课堂教学的有效组织管理？
3. 请对比分析小学综合实践活动在组织设计上与课堂教学有何不同。
4. 请从小学教材中，自选一节课程，完成课堂教学设计。
5. 请从小学教材中，自选一个实践活动内容，完成实践活动设计方案。

第三章　小学教师语言表达能力训练

教师是人类文明的传播者、智慧的启迪者、美好心灵的塑造者，在整个教育教学过程中，教师的语言起着一种重要的中介作用，它是教师履行神圣职责的重要条件和基本手段。因此，作为一名教师，要想获得教育教学的成功，不但要有渊博的知识、深邃的教育思想和娴熟的教育教学方法，而且应重视语言表达能力的培养。良好的语言表达能力对于人们交流思想、传播信息、表达情感的作用是不言而喻的。对于传道、授业、解惑，肩负着教书育人职责的教师而言，良好的语言表达能力则是从事教育职业的基础条件，是教育工作者必备的职业素质。语言表达能力的强与弱决定其教学水平的高与低、教学效果的优与差。不断提高语言表达能力是每一名教师需要终身锻造与修炼的技能。

 本章学习目标

1. 了解小学教师语言表达的基本要求。
2. 完成语言表达基本功的训练。
3. 熟练掌握小学课堂教育语言的应用技巧。
4. 熟练掌握小学教育活动语言的应用技巧。

第一节　语言表达基本能力训练

教师提高语言表达能力是履行教育职能、提高教学质量的必然要求。苏霍姆林斯基指出："教师高度的语言修养是合理地利用时间的重要条件。在较大的程度上决定着学生在课堂上脑力劳动的效率。"语言表达能力是教师教学素质与教学水平的重要组成部分，是实现教育目标、完成教学任务、提高教学效果的手段与依托。对教师来说，无论是授课传播知识、理论、技能，还是指导、辅导学生，都需要用语言表达来实现。因而在一定意义上讲，语言表达能力的强与弱、语言表达水平的高与低决定了教师教学水平的高与低，决定了教学效果的好与差。教师的语言表达能力不强，或者很差，在其教学过程中学生将很难听清楚、听懂他讲解的知识、内容，教学效果就不会优良。而具有良好语言表达能力的教师能将枯燥的内容、抽象的道理讲得深入浅出、通俗易懂、妙趣横生、生动形象，使听者易于理解，愿意接受。不同教师讲解相同的课程内容，其教学效果却大相径庭，原因在于教师的语言表达水平的差异。因此，教师提高语言表达能力是其从事教育、教学活动，实现教学目标，完成教学任务，提高教学质量与效果的重要手段与依托，是履行教书育人职能的必然要求。

教师提高语言表达能力需要达到的目标：教学语言作为一种专业性的语言，与其他门类、行业的语言相比具有特殊性，在整个教学过程有其自身的规律性与要求。教学是传授知识、理论、技能、经验，开启学生智慧、思维的实践活动。其要求教师的教学语言要达到准确、规范、严谨、清晰、明亮、生动、形象，富有感染力，扣人心弦。这是专业教学语言的标志，是教师的教学语言应达到的标准、目标。教师的语言达到了这些标准要求，其授课学生就能听得清楚、听得明白、理解得透彻，愿意听、喜欢听并能激发起学生的学习热情与兴趣。

然而在教学实践中，一些教师在语言表达上往往存在以下问题：一是语言不规范，学生听不懂。原因是有的教师普通话水准不高，家乡方言色彩浓烈，导致学生听不懂，跟不上教师的思路。二是语言表达不清晰，声音含糊，使学生听不清教师在说什么，讲的是什么。三是语言表达不流畅，使语言表达打折扣。有些教师在讲课过程中前言不搭后语，语言不连贯，时而卡壳、断句、口头语太多，"啊、是吧、这个……"四是语言逻辑性不强。生搬硬套，缺乏逻辑性。五是语言缺乏色彩。语言呆板、生硬、不生动，缺乏美的色彩与生动形象的感染力，不能激发与调动学生听课的情趣，让学生感觉乏味，昏昏欲睡。教师在语言表达上存在的这些问题，制约与影响着教学质量，在进行语言能力训练时应该予以注意与改进。

一、语言表达基本能力训练的意义

1. 教师较强的语言表达能力是课堂取得成功的重要因素

教师较强的语言表达能力能创设情境，激发兴趣。著名教育家苏霍姆林斯基指出："教师的语言修养极大程度上决定着学生在课堂上脑力劳动的效率。"教师风趣幽默的语言表达能创设出一种动人的情境，驱除学生学习的疲劳，激发学生的学习兴趣，使课堂上思维处于紧张状态的学生神经得以松弛，学生听起课来兴致盎然，有利于学生对知识的理解和掌握。

2. 教师语言表达能力的高低将直接影响学生对知识接受的多少

在教学过程中，学生通过教师的语言表达来系统地、透彻地理解书本知识。学生掌握知识的多少，一方面受学生个体主观努力的影响，另一方面，教师的语言表达又是一个重要因素。教师只有具备较强的表达能力，才能把书本上比较"死"的书面语言转化为学生易于接受的教学语言，才能把深奥的道理形象化，抽象的事物具体化，才能使学生理解和掌握更多的知识。

3. 教师较强的语言表达能力是培养学生多种能力的重要途径

著名科学家爱因斯坦说过："一个人智力的发展和形成概念的方法在很大程度上是取决于语言的。"这就是说教师的语言表达能力将直接影响学生能力的发展。教师较强的语言表达能力有助于促进学生思维能力、表达能力的发展。有关研究表明，语言表达能力强的教师教出的学生，由于获得了丰富的艺术性教育教学语言的刺激，对事物分析判断的敏感程度高，思维能力较一般学生强，其表达能力较一般学生要高。教师较强的语言表达能力有助于促进学生审美能力的发展。苏霍姆林斯基说过："假如在言语旁边没有艺术的话，无论什么样的道德训诫也不能在年轻人的心灵里培养出良好的高尚的情感来。"教师在教学中如能恰如其分地进行富有感情色彩的讲述，这种美的语言必能以自身丰富的审美特征吸引学生，使学生在美的语言的熏陶下情感得到陶冶，灵魂得到洗礼，精神境界得到提升，从而逐步变成具有审美能力的人。

二、新课标对教师语言表达能力的要求

2001 年，教育部下发了《基础教育课程改革纲要（试行）》（以下简称《基础教育课程改革纲要》）的通知，标志着我国迎来了新一轮基础教育课程改革。《基础教育课程改革纲要》在教学过程、教材开发与管理、教学评价等方面对小学教师提出了更高的要求。在新课程理念逐渐为广大师生所接受的今天，培养出来的学生如何才能符合新课改的要求，也是小教专业在培养过程中必须解决的一个问题。《基础教育课程改革纲要》在"基础教育课程改革的具体目标"中指出："改变课程实施过于强调接受学习、死记硬背、机械训练的现状，倡导学生主动参与、乐于探究、勤于动手，培养学生搜集和处理信息的能力、获取新知识的能力、分析和解决问题的能力以及交流与合作的能力。"在"教学过程"中指"教师在教学过程中应与学生积极互动、共同发展，要处理好传授知识与培养能力的关系，注重培养学生的独立性和自主性，引导学生质疑、调查、探究，在实践中学习，促进学生在教师指导下主动地、富有个性地学习。教师应尊重学生的人格，关注个体差异，满足不同学生的学习需要，创设能引导学生主动参与的教育环境，激发学生的学习积极性，培养学生掌握和运用知识的态度和能力，使每个学生都能得到充分的发展。"从以上引言可以看出，《基础教育课程改革纲要》不但要求教师提高素质、更新观念，也给了教师角色一个全新的定位。就是教师要从传统的知识传授者变成教学活动的设计者、组织者，学生学习过程的参与者、合作者、引导者和促进者。教学过程不应只是教师向学生的单向信息输送而更应该在师生的沟通与"对话"中进行。

教师角色的转变、观念的更新首先在于教师口语的转变。传统的"一言"的课堂模式所体现出来的是教师在教学过程的绝对统治地位，教师的口语多是讲解性的。而新课程要求教师的口语主要是组织、指导、激发学生学习，能调控课堂的学习速度和节奏。这就要求教师必须要具备更强的教师口语技能，才能较好地完成教育教学任务。

三、教师语言表达能力的相关前期研究

在国外，教师语言艺术其实很早就受到重视。比如，在古希腊教育中，辩者派就很重视论辩的技术，常采用两难式、譬喻试教学。把说话训练作为学校的专门课程，也早在中世纪就开始了。当时基于宗教宣讲教义的需要，研习话术与演讲，被列为当时教育的主要课程之一。这些课程被称为"七艺"（即文法、演说、逻辑、算学、几何、音乐与天文）。文艺复兴时期，说话训练仍然是学校教育的一个重要项目，其目标是培养学生能用拉丁语进行熟练演说的能力。但是，第一次明确提出教师语言技艺是教学艺术之一的是夸美纽斯的《大教学论》。他认为"教育是艺术中的艺术，因为人是一切生物之中最复杂、最神秘的"，因此，教育人使用的语言，应当是艺术的语言。俄国的大教育家乌申斯基从心理学、生理学和哲学等综合视角研究了教学过程之后得出了一个结论：教学的艺术胜于科学，教师的语言应当力求满足人类最伟大的要求——人的本性的完善这一目标。现代教学艺术论的创始人赫修特更是提出了

"如果语言善于表达，即使他是一个二流学者，也可以是一个优秀的教师"的说法。在日本，培养教师的部门——教育学部和著名的学艺大学，则把教师语言课程分为"课堂语言技术""谈话、训话的艺术""与家长的谈话"等专题进行授课训练。与此同时，还组织学员研习日本一些著名教师的语言艺术，作为模仿、借鉴的蓝本。而美国则把教师语言能力的培养列为取得教师任职合格证必须通过的考证项目。包括语言的清晰度、流畅度、可懂度、鲜明性和语言的幽默性五项口语技巧，都要经过测试并给出成绩，由主讲教师签字，列入申报教师资格的文件中。

在我国，早在先秦时期，孔子就主张在教学中运用适合学生不同个性的语言，启发思考，因材施教。他还为他的弟子们设立了"言语"一科，培养口头表达技巧。我国第一部古典教学论《学记》也主张运用教学语言的艺术在于简略而透彻，精致而含蓄，善于譬喻使人顿然开朗。魏晋南北朝时期佛教大兴，在进行传经说法的同时也一定程度上进行了口语教育。明代大教育家王守仁在谈及教育少年儿童的教育语言时，提倡一种"时雨春风"的美的语言。清代的王筠在《教童子法》中特别强调教师的语言应以启发和诱导为主。清代的唐彪在《读书作文谱》《父师善诱法》中也记录了大量的有关教学艺术的经验与论述，其中有一些关于教师口语的经验，值得我们关注。在近现代的一些论著中，也可以见到有关教师口语的论述，如毛泽东、蔡元培、叶圣陶等都有论及。但有专门研究教师口语的论著是在 20 世纪 80 年代以后才有的，影响较大的有张锐、朱家《说话训练》（1986），万里、赵立泰《教师口语表达学》（1990），吴天锡等《教师口才修养》（1990），董兆杰《教师语言艺术》（1987），郭角明等《教师语言艺术》（1990），司君恒等《教学语言》（1991），周建设《教学语言艺术》（1991），蒋同林、崔达送《教师语言纲要》（2000）等。近年来针对教师口语进行论述的论文也比较多，较为重要的论文集有国家教育委员会师范司编的《师范院校教师口语课程建设论文选编》（1994）一书，其他还有很多散见于各类期刊的论文。

这些论文的研究内容大体可以被分为两类：一类是关于教师口语整体的研究。这方面的研究主要围绕传统高等师范院校教师口语课程的建设进行探讨。比如袁蕾《教师口语课教学结构的探讨与实践》、叶竹筠《试论"教师口语"课程的改革和建设》等。这些文章从不同的层面探讨了教师口语课的定位、组成、教学方法、课时分配等。另一类是关于教师口语教学的其中一部分——普通话教学的研究。这一类论文定位在普通话的训练上，而没有涉及教师口语课程中的其他两个部分——一般口语交际和教师职业口语。如杨兆翼《师范院校教师口语课程中的普通话训练》、龙翠云《普通话三级教学模式初探》、杜丹妹《普通话教学中存在的问题及对策分析》等，这些论文主要研究了普通话教学中存在的问题、教学方法、考核方式和教学模式。

四、语言表达能力培养的基本方法

语言表达能力的强与弱是一个人综合素质的体现，是由多方面因素构成的。教师要想具有良好的语言表达能力，就必须具有广博的科学文化知识、较高的理论水准与哲学修养、深厚的文学修养，同时还要掌握一定的语言发声知识技能。

1. 不断丰厚文化底蕴，具有广博的知识

良好的语言表达能力来源于丰厚的文化底蕴、广博的知识。知识是语言、口才的基础。不具有广博的文化知识，不通晓哲学、文学、历史，对所从事的专业理论业务知识不能透彻掌握，就难以旁征博引、论古说今，就不能口若悬河。口好比闸门，知识是水，含量大，水才能源源不断地流出。否则即使是能说会道，没有广博的知识，语言表达也是无源之水、无米之炊，言之无物，巧舌如簧。作为一名教师如果不掌握丰富的理论、文化知识，不通晓自己的专业知识理论，就不能在教学过程讲解得流畅透彻、深入浅出、挥洒自如、精彩纷呈。因而要想提高语言表达能力必须不断丰厚文化底蕴，具有广博的科学文化知识。

2. 具有较高的理论水准与哲学修养

理论是认识问题、分析问题、解决问题的钥匙。没有较高的理论水准就不能高屋建瓴、富有建树，就不能正确地认识问题、科学地阐述事理。无论是讲解自然科学原理、方法、程序还是讲授社会科学，特别是哲学、思想政治理论、文学艺术等课程、专题，只有具有较高的理论水准与哲学修养才能站在一定的理论高度认识、分析问题，讲述得透彻、精彩，让人听后茅塞顿开，有所启迪。作为教师如果具有较高的理论水准与哲学修养就掌握了理论思想武器、科学的思维方法，就能思维敏捷、思路清晰、思想开阔，说事论理富有逻辑性、正确无误，就能够在理论的高度、从不同的角度对所讲的教学内容阐述明晰、分析透彻，使听者易于理解、掌握。具有较高的理论水准与哲学修养的教师在教学过程中能得心应手，自如地组织、驾驭语言，整个教学过程必然是语言自然流畅、说事论理有条不紊。相反如果教师理论水准与哲学修养不高便会思路不清、逻辑性不强，势必思路混乱，前后不连贯，牵强附会，语言表达不顺畅、不清晰、不生动。因此，无论是讲授自然科学知识的教师，还是从事社会科学研究的教师，都需要具有较高的综合理论水准，具有一定的哲学修养，才能出色地驾驭本职专业，促进自身语言表达能力不断地提升。

3. 吸取文学艺术营养以滋润语言

深厚的文学修养潜移默化地滋润着语言，令言辞生动形象，富有诗情画意。熟读唐诗、宋词、明清小说，满腹经纶的人诗情画意会自然流淌在口中，其语言表达会流畅自如，用词恰如其分，其言辞会闪烁着美的光辉。同样分析一个句子、说一段话、阐述一个道理，由于文学艺术修养不同、表达方式不同，产生的效果会大相径庭。具有深厚的文学艺术修养的教师词汇丰富，信手拈来，用词准确、恰当，运用自如得体。教师讲解知识、传授道理用词准确、表述正确、符合语言逻辑是最基本的要求。否则用词不当、不贴切，表意含糊其辞，不符合语言逻辑，句子成分搭配不得当，语句自然不会通顺。语言表达不流畅，表达效果不佳也就在所难免。具有深厚的文学艺术修养的教师讲解的知识、道理通俗易懂，生动形象，富有美感。在教学过程中恰到好处地引用一段诗词、生动形象地讲述一段故事、用优美的语言展开联想、引人入胜地推理能使教学语言生动美丽，激发学生的兴趣、热情，把单调的知识、抽象的事理、枯燥的数据变得生动有趣。因此要使言辞优美、富有表现力和美感，增强语言表达能力，就要多读文学艺术作品，吸收文学艺术养分以滋养自己的语言。

4. 学习语言发声知识，提高语言表达技巧

一个人的语言表达能力的强与弱与先天生理因素有一定关系，但主要取决于后天的学习与锻造。学习语言发声知识，掌握一定的语言发声技巧对于增强语言表达能力、提高语言表达效果是大有裨益的。

（1）声音明亮、清晰、圆润、优美。这是播音、主持人的语言发声标准要求，也应该成为教师教学语言应达到的标准。作为教育工作者应学习、掌握一定的播音、主持知识、技巧。教学过程中发音准确、规范、清晰，声音明亮、圆润、生动、优美，会增添教学语言的色彩与魅力。

（2）语速快慢得体，强弱适宜。演讲、作报告，特别是授课，如果语速太快如放连珠炮会使听者听不清楚，跟不上思路，不知其所云；相反，如果语速迟缓，断断续续，前言不搭后语会令听者感觉其语言表达不流畅，对讲解的内容理解得不透彻、不熟练。语速快慢不得体都会影响语言表达效果。因此，在讲课过程中要恰当地把握好语速的节奏，防止语速过快或者迟缓。而声音的强弱在语言表达过程中也要处理得当，方能增进表达效果。

（3）声情并茂，富有感染力。授课、演讲感情充沛、激情洋溢会增强语言的表达效果，富有感染力，扣人心弦，并能激发听者的兴致，点燃听者的激情。如讲到革命先烈为了祖国的独立、民族解放而抛头颅、洒热血、舍生取义的崇高壮举时就要激情喷涌，敬仰之情油然而生；讲到我们伟大的祖国科技突飞猛进，经济腾飞，综合国力日益增强，中华民族正走向伟大的复兴时骄傲与自豪感就要油然而生，溢于言表。这样会使授课、演讲声情并茂，富有感染力。因而在授课过程中要使自己富有感情，充满激情，感情真挚，情真意切，以增强讲课的效果。同时声情并茂的讲解能够激发学生听课的热情、兴趣，达到事半功倍的效果。提高语言表达能力，让言辞准确、清晰、流畅、优美、生动、富有感染力不是一朝一夕的事，需要长期的修炼与探索，这是一个坚持不懈的学习与实践的过程。任何一个论辩大师、演讲家、知名教授的成功都是经过长期的探索、千锤百炼而取得的。作为一名教师要想不断地提升自己的语言表达能力，不断提升自己的讲课效果，就要不断地学习、探索、实践，最终一定会不断地超越自己，不断地取得进步。这也是每一名教育工作者，特别是有志于提高教学水准、提升教学效果的教师思考与探寻的课题。

第二节　课堂教学语言训练

课堂教学语言是教师在课堂教学领域中的具体运用，是传递教学信息的载体，是课堂教学活动的必备手段，也是教师完成教学任务的重要工具。课堂教学语言不同于日常生活语言，它是教师这一职业所独有的语言，因此，课堂教学语言能够体现教师的基本素养和教师的语言艺术。教师想要课堂教学的效果更上一层楼，就必须提升自身的语言表达能力，遵循课堂教学语言自身的特点及基本要求，根据教学内容、学科特点及教学阶段等方面的要求，力争做到课堂教学语言规范、科学、准确、幽默等。课堂教学语言表达是教学艺术的一个基本且重要的组成部分。教师向学生传道、授业、解惑以及师生之间信息的传递和情感的交流，都

离不开运用教学语言这一有力的工具，正如著名教育学家夸美纽斯所说"教师的嘴，就是一个源泉，从那里可以发出知识的溪流"。在课堂上，教师通过情趣盎然的表述，鞭辟入里的分析，恰到好处的点拨，把学生带进知识的海洋，开启他们的心智，陶冶他们的情操，使他们获得精神上的满足。因此，要成功地上好每一堂课，教师应不断提高自己的语言修养，熟练掌握教学语言运用技巧和艺术。

作为一名教师，其课堂教学语言不但要力求规范清晰、准确严密、生动形象，而且还应该符合学生的接受心理，把握合理的速度、响度、节奏感技巧，以激起学生学习的欲望和兴趣，达到调动学生学习积极性的目的。"教师的嘴，就是一个源泉，从哪里可以发出知识的溪流。"这句话，隐含了教师课堂教学语言的重要性。当今世界，经济全球化趋势日益增强，现代科学和信息技术迅猛发展，新的交流媒介不断出现，给教师的课堂教学语言带来巨大变化，对课堂教学语言的规范带来新的挑战，同时也提出了全面的要求。教师的课堂教学语言特点及要求致力于规范教师的语言，提升教师的语言表达能力，为提高课堂效率打下基础，进而打造高效课堂。

一、教师课堂教学语言的特点

（一）规范性

规范性，是指符合汉民族共同语明确、一致的标准。在学生看来，教师是知识和智慧的化身，他的一言一行都是可以效仿的。因此教师的语言必须具有规范性，以期产生语言的正面示范效应。教师的语言规范性主要包括两个方面的涵义：第一，教师必须用国家宪法规定的"全国通用的普通话"；第二，教师的语言在遣词、造句方面不要有错误，尽量避免用词不当、语句不通、颠三倒四等语病。

（二）科学性

教师所教的各门学科，都是科学知识，必须用规范、科学的语言来表达。各门学科之间有一定的联系，但它们来自不同的知识领域和知识系统，因此教师所讲的科学知识都必须符合各门学科的科学性要求，做到准确、无误、科学，不向学生传播错误、含糊、迷信的信息。

（三）简明性

教师语言的简明性是由教育教学的特殊任务所决定的。教师的语言不简明，势必给学生吸收教学信息带来极大的困难。教学语言的简明性也是由其特定的环境和表达方式所决定的。一节课时间有限，在有限的时间内要把较多的知识传递给学生，语言的表达必须简明扼要。另外，教学语言诉诸学生的听觉，转瞬即逝，冗长的语言会使学生抓不住重点，影响学生的情绪。

（四）教育性

教师的职责是教书育人，作为教师凭借完成教学任务的重要工具的课堂教学语言，应该始终贯穿着教育性。课堂教学语言的教育性要求教师自身的语言要健康、文明，禁绝低俗、肮脏，要时刻记住自己是一名教师，担负着对学生言传身教的重任。教师，不仅仅是教课本知识，重在育人，应该遵循教育性，培养出一代又一代德、智、体、美、劳全面发展的人才。

（五）启发性

我国古代教育家孔子最早提出"不愤不启，不悱不发。举一隅不以三隅反，则不复也"，意思是只有通过学生积极思维和自觉学习，才能对知识融会贯通，举一反三，教学才能达到预期的效果。这就主张教师通过启发式教学，开发学生的智力，增强学生的自学能力、理解和应用知识的能力。因此，教师要善于用启发性语言调动学生学习的主动性、积极性，发展学生的智力，把学生引进到一种力所能及的、向他们预示着、并使他们获得成功的脑力劳动中去，最终达到预期的教学效果。

（六）鼓励性

课堂教学语言的鼓励性是指教师通过肯定、称赞、赞许、表扬等各种方式来激发、鼓励学生不断进取的激励性语言。无论在东方还是在西方，人们都把由衷的夸奖和鼓励看作是人类心灵的甘泉。作为学生，他们更希望得到教师的认可，得到教师的高度赞扬，而不是批评。教师的鼓励性语言不仅可以增进师生间的感情，还可以提高学生学习的主动积极性，促进学生心理健康成长；反之，过激的批评性语言不但救不了学生的学习，甚至给学生造成不可估量的伤害。因此，教师在课堂教学的过程中要善用鼓励性语言，用好鼓励性语言，将会达到一石激起千层浪的效果。

（七）趣味性

作为一名教师，他的课堂语言是不是满足了以上的七个特征就行了呢？当然不是，哪怕你的课上得再好，内容再丰富、再精华，如若遇到"说者有心，听者无意"的情形，原本预期的效果也会无形中大大削弱。同样一节课，一位老师讲，学生学得兴趣盎然，忽而眉飞色舞，忽而屏气凝神，觉得上课是一种享受；换一位老师讲，学生学得索然无味，忽而闭目养神，忽而惊觉欠伸，上课简直成为一种受罪。

爱因斯坦曾说："兴趣是最好的老师。"我国古代最早和最有影响的教育家孔子也曾指出："知之者不如好知者，好知者不如乐知者。"这正说明兴趣在教学中的作用是很重要的。既然兴趣在学习中起到如此重要作用，教师便应该正确地驾驭课堂教学语言，用生动、有趣的语言来弥补教学内容本身的呆板、枯燥，使学生能从原以为无趣的课堂中得到意想不到的享受和乐趣。

二、教师课堂语言应用的基本类型

（一）引入阶段的课堂教学语言

俗话说，好的开端是成功的一半。作为一堂课的开头，课堂教学的引入环节直接影响着课堂教学的实效性。引入环节的教学语言必须简明扼要且具有启发性，既要做到激活学生已有的知识，又能激发起学生的求知欲望。本环节的教学语言不能占用过长时间，一般不应超过五分钟。否则，就会使课堂主次不分，并分散学生的注意力，也很容易使课堂产生前松后紧的现象，导致达不到课堂预设的效果。全国语文特级教师于漪讲朱自清的《春》，用了这样一段话开场："我们一提到春天，眼前就仿佛展现出阳光明媚、东风浩荡、绿满天下的美丽景色！一提到春，我们就会感到无限的生机，有无穷的力量！所以古往今来，很多诗人就曾经用彩笔来描绘春天美丽的景色……"这样的导语，用诗一般的语言吸引了学生的注意力，激发了学生的学习热情。

（二）讲解阶段的课堂教学语言

讲解阶段是课堂的核心部分，是整节课最重要的组成，学生所学的全部知识都在这一阶段，因此，教师在进行课堂教学时，不仅要精心设计课堂教学过程，还要精心上好课堂的讲解阶段。有人认为："教师的任务就是传授知识，只要能把知识传授出去，学生能听清楚就万事大吉了，还谈什么语言技能的重要性。"但在实际工作中，许多课堂教学的失败，并不都是教师知识贫乏或资历短造成的，大多原因是讲授缺乏应有的语言技能。那么，究竟怎样来选择教师在讲授新课时的语言呢？这一阶段应从思考学生已掌握的知识及知识本身的内在联系和系统性开始。把学生的具体的已知内容纳入教材的未知体系中去，使已知与未知有机地联系起来。总的看来，此阶段的教学语言主要体现在逻辑性、精辟性和启发性上。

在课堂讲解阶段，学生很容易产生人在教室心在外的现象。要想学生在课堂上思路紧跟老师，积极参与到各项教学活动之中，教师必须运用形象、生动、幽默的教学语言，把学生带入到教学情境之中，并非一味地使用"安静""坐好""别走神""认真听""别睡觉""做笔记"等要求命令的语言达到表面上稳定的课堂秩序。在教学过程中，要结合教学内容，用严密的逻辑和科学的思维指导教学语言，不能信口开河。良好的语言习惯、与时俱进的语言积累、深入浅出的语言讲解，可以使教师将教学内容讲精、讲深、讲透、讲活，从而取得良好的课堂实效。

（三）课堂小结的课堂教学语言

课堂小结是课堂教学的一个重要环节。本阶段的教学语言不仅要精炼准确，而且要高度概括本节课的主要内容，促使学生准确把握所学的新知识，帮助学生完成课后作业，并对以后要学习的内容产生期待，争取达到"课已尽，趣未尽"的效果。

三、小学教师课堂教学语言的误区

（一）言而不清

教师的课堂教学语言应该避免表达含糊、吐字不清的情形。在教学中，教师课堂语言的清晰度直接影响学生的听课效率。教师的课堂教学语言如果表达清楚、明了，更容易让学生接受和理解，吐字清晰可以培养学生善于倾听、勤于做笔记的习惯。否则，让学生难以理解，腻烦听课，导致学生开小差，甚至会因教师课堂教学语言的含糊、不清晰而影响课堂纪律。

（二）少而不精

有的教师在课堂教学时教学语言出现言辞短、效应低、无话可讲的情况。出现这种情况的主要原因大致为：一是知识储备不足，只能照本宣科地讲读或者照移书面知识；二是对教材的钻研不透彻，把握不住知识的重点、难点、关键点；三是由于新教师经验不足或是不够重视。

（三）多而不当

有些教师为了让学生学得更多、记得更牢、听得更懂，就什么东西都讲、抠住字眼重三倒四地讲。那是不是这样呢？其实不然，教师讲得多、重复得多，学生并非能学得到更多，记得更牢。教师课堂教学如果超出课标所指定的内容，讲得太多反而增重学生的负担，减弱学生的学习兴趣，同时这样的教师在他们的心目中是个话唠，听得腻烦，学生也不愿学、不易记住。因此，教师在进行课堂教学时，应遵守课程标准安排的知识范围进行教学，教学语言做到精细、清晰、有含量，不给学生留下消极心理和想法。

（四）快无节奏

教师的课堂教学语言应该有节奏感，富有音乐美，即便是快速的教学语言，也应该酣畅淋漓，教师语言缺乏节奏感，主要表现在以下几个方面：一是授课语言快，教师教学无视学生的接受能力，只顾自个儿地讲解；二是教学进度安排不当，前面安排的教学内容多而使教学语言快，导致整个学期的教学出现前紧后松的情况。所以，教师需精心恰当地安排学期教学进度，在课堂教学语言上势必调整速度，做到教学语言富有节奏感。

（五）慢无要领

教师在讲授知识的重点、难点、关键点时，放慢语速让学生理解和接受知识是合理的。但有的教师，教学语言该慢的时候不慢，该快的时候又不快，这将导致课堂教学内容或教学目的无法完美达成。如果教师的教学语言长期缓慢就将意味着占用学期教学的时间，最后导致前松后紧。教师担心教学任务难以完成，就只能面面俱到的一掠而过，教学内容不分轻重，学生学习不得要领。

（六）乱而无序

有的教师在黑板上虽然表明了题目，心里也有个教学目的，但抓不住教学的中心，理不出头绪，一讲起来信口开河、语无伦次，看起来振振有词，实际上却东拉西扯、不着边际，学生听完课，雾里看花，不解其意。像这样的教师大多为欠缺教学经验的新教师，他们在不熟悉教材的基础上，没有解读教材就进行教学，加上内心的紧张使得他们的课堂教学语言乱而无序。

（七）淡而无味

教师课堂教学语言的特点明显指出：教师的课堂教学语言应具有趣味性，教师用生动有趣的语言进行教学，对学生的学习起到至关重要的作用。在课堂上，教师如果只是一种冷面孔，一种强调，一种表情，不但影响学生的接受能力，而且也影响学生的听课情绪。久而久之，学生的学习成绩下滑，产生厌学的结果。因此，无论是从教多年的老教师，还是刚刚进入教育事业的新教师，切记不要让自己的课堂教学语言单一，而是应营造生动有趣的课堂氛围。

四、小学教师课堂教学语言应用的主要原则

（一）教师的授课语言要"甜"

有些教师的课堂语言比较生硬，语气粗重，平板冷淡，少情寡味，犹如教堂里扯长嗓音的诵经声，既不能引起学生的听课兴趣，也不能调动学习积极性，对教学质量的提高很有影响。为此，有必要强调一下，教师的授课语言要甜一点。这里的"甜"，是指充满教师的激情，饱含知识营养，能激发学生求知欲的言语，是让学生在甜美、欢悦的感情所造成的氛围中，集中精力，认真学习的言语。

第一，语言的"甜"，源自对学生、对教师这个职业的爱。只有爱学生，与学生打成一片，才能了解到学生的喜怒忧乐、兴趣爱好、希望要求。作为心声的语言，才能温和、亲切、甜美。倘若对教师这个职业没有感情，对工作抱敷衍态度，动辄生气，迁怒于学生，又怎会有"甜"言奔涌？只有热爱教师这个职业，才会看到学生像看到自己的孩子一样喜欢他们。缘于这份爱，教师的课堂语言才能甜而亲切。因此，首先要爱学生、爱职业。有道是言由中出，甜自爱来，就是这个道理。

第二，要注意心理修养，善于控制和表现自己的情绪。无论在课外遇到什么不顺心的事，在走进教室之前，一定要使自己恢复常态，不能把自己恶劣的情绪传染给学生，更不能向学生流露甚至发泄。这种高度的情绪控制力首先来自于平素的心理修养，来自于高度的职业道德。在教室里，每个教育者，都是属于教育事业的，属于教育对象的；即使在课堂上碰到了学生回答不出问题，甚至有不遵守纪律的状况，也应该冷静，保持良好的心绪，和蔼、亲切，讲出"甜"的话语来。如果一看到学生捣乱，就怒上心头，禁不住狂风骤雨训斥一番，肯定不会有和风细雨的语言。我们有义务教育他，但是也要维护学生的尊严，注意方式。可以把他叫出来用甜的语言教导他，这样即维护了他的尊严，同时也会赢得他的感激和尊重。

第三，注意揣摩言语技巧，运用语气、语调、节奏等把话说得更"甜"一些。甜的言语，除了浸透了感情之外，一般还表现为语气亲切，柔软，但不失庄重感；语调低一点，但不失其速度与生气；语感儿童气足一些，又没有矫揉造作之嫌。话中洋溢着与学生一道探寻知识奥秘的兴味。这就需要学点儿童心理学和儿童语言，尽量把自己失去的童心寻回一些来，使自己的口语对儿童的口味。唯其如此，才能使学生听出"甜"味来。

第四，要注意表情的运用。人们的面部表情是丰富多彩的，它最复杂、最敏感，也最微妙。甚至很难用语言表达的细微深刻的感情，都可以通过面部表情惟妙惟肖地表达出来。课

堂上，学生不但要听，还要看。要让学生感觉出语言的"甜"味来，无疑表情可以帮你大忙。如果你面目慈祥可亲，情感表露丰富，会大大加强言语"甜"的效果。有些课的知识深奥晦涩，但是学生们整节课都听得很专注，而且能学会。为什么呢？因为老师和蔼可亲，眼神中含着笑意和鼓励，循循善诱的语言洋溢着快乐，像叙家常一般，在不知不觉间，每一个知识点像潺潺的泉水一般流进学生的脑海。因此，且不可忽视面部表情的作用，特别是眼神的运用。要让学生从你的眼神中看出深厚而动人的感情，倾心而热烈的嘱托，热情而深沉的关怀。

（二）教学语言的速度要得当

教学语言的速度"快些慢些"，是不是合理，是不是科学，对于教学效果的好坏有直接的影响。并且，这"快些慢些"之间有不少值得研究的学问。日常生活中，每位教师各有自己的语言习惯，彼此说话的速度总是有差别的。比如，年轻教师说话比较快，连珠炮式；老年教师说话往往缓慢，"挂慢档"；女教师讲话，常常比男教师快。这些都是指"生活语言"来说。至于"教学语言"则属于一种专门的工作语言，它在许多方面与生活语言不同。就拿速度来讲，不论是什么年龄、性格、籍贯、性别的教师，一旦进了课堂，上了讲台，就不应该用日常的生活语言习惯速度去讲课，而必须受课堂教学自身规律的制约，受与教学有关的诸多因素的支配，不得有随意性。凡有事业心、责任感的教师，都应该对自己的教学语言速度进行一番科学的分析与检验，都应该认真地探索和把握最科学、最合理的教学语言速度。教师上课时说话的速度过快，看起来滔滔不绝、口若悬河，而其实学生听课的效果并不好。

讲课的语速太快了。上一句尚未听清，下一句又叽里咕噜出来了，学生们总是处于高度紧张状态来听课，久而久之就疲惫不堪了。这正是因为发送信息的频率太高，使听课人的大脑对收取的信息处理不迭，势必形成信息的脱漏、积压，导致信息传收活动的障碍甚至中止。反之，假使教学语言速度过慢，远远跟不上学生大脑处理信息的速度，弊病同样很大。因为，那不仅会浪费了许多宝贵的教学时间，更坏的结果是将导致教学对象精力涣散。例如，老师说话的速度太过缓慢，慢悠悠说完了上句，沉吟片刻又说出了下句，时常有的学生听着听着就睡着了。这是因为学生大脑对所收到的信息已经完成了选择，进行了反馈或储存的处理，如果这时仍然没有新的语言信息传送过来，一再地脱节、等待，持续时间一长，感官和大脑皮层细胞就会引起倦怠，从兴奋转入半抑制状态，在心理上也会呈现出厌倦疲乏的反应，降低听课的兴致与效果。

那么怎样才能科学地确定和把握教学语言的合理速度呢？一般地讲，至少要考虑以下几个因素：首先，是教学对象的年龄因素：这是确定教学语言速度的重要依据。给不同年龄、不同年级的学生上课，教学语言的合理速度有明显差别。中学生、大学生，其感官功能、大脑发育情形与负荷能力都逐渐成熟，呈现出精力充沛，反应灵敏、迅速的特征。这时，他们说话、思维和举止动作都是速度很快的。面对这样的教学对象，教学语言的速度与之相适应才是合理的。其次，是教学内容因素：这是确定教学语言合理速度的又一重要依据。即，在同一年级，对同一批教学对象，讲不同学科的课或者同一学科的不同内容。由于教材有深浅难易之分，教学语言的速度也应有快慢之别。比如，讲述的速度一般快于讲解的速度；讲浅显易懂的内容一般比讲艰深繁难的问题时说话快。再次，是教学环境因素：这也是制约教学语言速度的条件之一。例如，在小班上课与在合堂教室上大课，教学语言速度就有差别；上内堂课与上外堂课也不同。空间大、距离远，语言速度就要相应地放慢。另外，课堂内外环境安静不安静，有无噪音干扰等，也对教学语言速度有影响。

（三）教学语言的响度要适当

由于性格、气质、体质、语言习惯等多方面的差异，每个教师在日常生活中说话的高、低、强、弱各不相同。有的爱粗喉咙大嗓门儿，有的总是柔声细语。各种语言习惯，在生活中一般并不妨碍思想交流。但是，上课堂讲课，说话的高、低、强、弱就是个不能不讲究的重要问题了。如果响度不当，不光对授课效果有影响，而且与教师在学生心目中的形象也有关系。响度合理是理想的教学语言的重要条件之一，也是一切运用有声语言的场合应当讲究的问题。教师上课，传授知识，是交流思想、传递信息的活动。

为提高教学效果，不能不努力寻求教学语言的"合理响度"，也就是使自己说话的音高、音强、音长达到和控制在最适当的程度。具体标准是使坐在每个位置上的学生都能毫不吃力地听清楚教师讲的每句话，发出的每个音节，并且听觉舒适。如果达不到或超过这个合理响度，就会妨碍信息传递，影响听课的效果。

不少教师自恃声音"洪亮"，即使在小课堂上课也习惯于放开嗓门，像在大会上讲演。殊不知这种习惯的坏处实在很多：首先是讲者不必要地做多余的功，无谓地消耗能量和精力；其次，由于学校教学区的建筑结构，不论楼房平房，总是一排排教室毗邻连接的，当这屋上课时，那屋也在上课。如果某个教室里教师讲课声音过大，对邻班是很严重的干扰，对整个教学秩序也起着破坏作用；再者，对本班的学生来说，超过所需响度的讲话会使听者感到太受刺激而心神不宁，影响收取信息和及时反馈的效果。例如，有的老师讲课，倘若他的声音"如雷贯耳"，会使得学生苦不堪言，尤其是第一排的学生，不听觉得可惜，听得话又确实震得耳朵难受。反之，如果教师说话声音过小，达不到必需的响度，后面几排座位上的学生就听不清，不能顺利地收取到教师发出的全部语言信息，当然也直接影响教学效果。比如，有的老师讲课的声音太小，后面的学生就会总提意见。声音不能覆盖全堂，不仅降低了教学效果，同时也好像教师自己自信心不足似的。

到底怎样科学、合理地把握教学语言的响度呢？这要靠教师自己善于体会揣摩，善于在实践中总结。话是讲给教学对象听的，要时时从听者的角度着想。这里，不可忽视的一个细节是讲课者本人的听觉。即自己讲话同时，自己的耳朵也在听着。自己说话声音高低强弱，音响效果怎样，自己的耳朵就随时在"监听"和检验。有一种现象很有趣：大凡耳聋或听力弱的教师往往习惯于用过响的声音说话。这正表明，个人的听觉对于把握说话响度的重要。有经验的讲课，总是很自然地借助个人听觉，根据课堂空间大小，最近和最远的学生座位与讲台间的距离，听课人数的多少，教室有无天花板，门窗是开是关，课堂内外噪音大小等各种与音响有关的因素，以及个人声音的特点，把握个人说话的合理响度，追求响度的最佳效果。

对有声语言来说，响度合理是保证交流思想、传递信息效果的最重要条件之一。要掌握得好，既需弄清许多复杂的原理，又需积累足够的实践经验，这并不是件简单的事。特别是一线教师应当充分重视，切切实实地下些功夫。

（四）讲课要有节奏感

语言节奏是指讲课时语音、语调的高低和说话的速度。

首先，语音要清楚流畅。教师明快清晰的语音，能博得学生的好感，为拨动学生的心弦创造良好的条件。这就要求教师尽量使用普通话讲课，避免难懂的俚语和乡音，只有教师讲课字字清晰，学生才能声声入耳。

其次，语调要抑扬顿挫。这种语调高低的交叠伴随着感情的起伏，就形成了一种节奏。这种节奏作用于学生的感官神经，就能导致大脑皮层不断产生兴奋，引起学生丰富的联想和强烈的感情共鸣，增强学生的学习兴趣，从而提高学习效率。高尔基说得好，"在距离近的地方要避免使用同样的字眼、声音和音节。"语调只有高低相别、错落有致，学生听起来才能精神饱满，兴趣盎然。

最后，说话要快慢适度。一般来说，说话速度要根据讲课内容和学生情况而定。对重点内容要反复地讲，以期使学生加深印象；对难点要缓慢地讲，让学生有回味咀嚼的过程。这一点如果没处理好，一节课结束，学生就很难分清本节课的重难点，从而不能深入彻底地理解本节课知识的内涵。至于一般内容，要简明地讲，使学生了解概要即可。

当然，慢的程度也很重要。如果课堂上老师讲课节奏太慢，学生的注意力很容易下降，学习热情会冷淡下来。采用快节奏的方式讲课，大多因为这一节中知识点少，而且学生在此前已有所了解，内容较少且枯燥。这种情况，就多举例子多设问，让整节课节奏尽可能紧凑，使学生的注意力始终被教师的讲课吸引着，这样的节奏既省时间，又能从学生已掌握的知识点迅速转入新的知识点学习中。因此，适当的讲课速度能使学生在教学节奏中把握最重要的东西。如果一律用同等速度平铺直叙，那就会机械呆板，使学生一片茫然，不得要领。

综上所述，良好巧妙的教学语言，即要"甜"，又要有恰当的速度、响度、节奏感，这样才有利于学生对知识的理解和消化，从而达到事半功倍的课堂效果。

教师的教学语言不仅要讲究艺术，更要注意说话技巧。在进行教学活动时，要注意声调的变化，对发音轻重、速度快慢、抑扬顿挫、起伏跌宕等都要有讲究。同时还要根据教材文本内容的主次、详略、难易程度，确定自己相适应的语速语调变化，力争教师的教学语言和教学内容和谐，与教学过程和谐。避免贫乏、呆板、干瘪、枯燥的无色语言，忌讳表达含糊、阐述不明、含混不清、半吞半吐，或者具有语法错误、逻辑错误的毛病语言、无效语言，那样会影响学生学习的兴趣。马卡连柯曾说过："同样的教学方法，因为语言不同就可能相差二十倍。"这充分说明语言是教师传道、授业、解惑的主要武器。苏霍姆林斯基也说："教师的语言素养在极大程度上决定着学生在课堂上脑力劳动的效率。"由此可见，教师确实要在教学过程中不断探索和提高自身的语言素养。

第三节　教育活动语言训练

教育的范围要大于教学，课堂教学是教育活动的一种主要形式，却并非唯一形式，除了课堂教学，在学校的日常教育交往行为当中，丰富多彩的教育活动也是育人成才的广阔舞台。

教师在教育活动中的语言应用要求实际上是教师职业素质的基本要求，是否能恰当应用这类语言，是教师教育教学基本能力的体现；教师的教育语言是作用于学生精神世界的最重要的工具和思想道德教育的媒介。学校是一个特定育人的环境，新课程改革，呼唤新的教育教学理念，呼唤教师提高自身专业素养，而教师的教育活动语言应用能力是其专业素养中最重要的一环，关系着每一位学生的成长和发展。本节主要针对教育活动常见的几种语言应用形式及方法进行分析、训练。

一、表扬用语方法及技巧

在教育教学中是否需要对儿童进行表扬似乎已经不成问题，表扬作为外部奖赏的一个重要组成，在日常的教育教学中，越来越成为教育的常用手段。在日益重视"以学生发展为本"的新的课程改革的今天，经常表扬学生更是成了教师对学生进行激励性评价的一种常用法宝。那么，就已有的对儿童的表扬来看，是否有效呢？这是本文要探讨的主要问题。毫无疑问，表扬是需要的，但如何进行表扬才能保证表扬的有效呢？

（一）教育教学实践中对表扬滥用及错用的一些现象

对于表扬的定义，可能因其司空见惯，在辞海中不见注释，不妨借用 Kanouse 等人的定义，"表扬是一个人对另一个人的作品、表现或品性所做的积极的评价。评价时，评价者假定评价所依据的标准是有效的。"目前教育教学实践中对表扬的不恰当运用主要涉及两大类，一是滥用，二是错用。由于这些不恰当的运用影响了表扬的有效性。

1. 现象一：对表扬的滥用

主要表现为过度表扬。反对师道尊严，反对动辄批评孩子，反对体罚学生，这种观念可以说已经深入人心。人们也越来越熟悉并认同心理学研究中提到的表扬对于孩子的正面激励作用，因而，在教师的观念中，出现了对孩子只能表扬不能批评，而且表扬多多益善的误区。比较明显的表现是对表扬的泛化。不妨罗列一二。比如，充斥课堂的"表扬他""棒，棒，你真棒！"这片全班在老师带领下对某一个学生的表扬声中隐含着的是表扬者和被表扬者共同的茫然：为什么要（被）表扬？（被）表扬什么？这就是表扬泛化表现之一——表扬内容不具体，只追求形式。表扬泛表现化之二是表扬过于频繁，近乎盲目。在短短的一堂课上，表扬之声不绝于耳，会使得学生沉浸在表扬的"甜蜜"中忘乎所以。表扬泛化表现之三是不注重表扬对象的年龄特点，更重要的是不注意完成任务的难易度与表扬对象能力之间的匹配，对孩子完成较为简单的任务也予以表扬。或者，对于完成不同难度任务的学生予以同样语言的表扬。

2. 现象二：对表扬的错用

主要表现为重外部奖赏的表扬、将表扬等同于激励性评价、表扬模式过多强调个人取向及结果取向等。外部奖赏的表扬包括物质层面的表扬，如糖果、文具、五角星等，也包括微笑、口头表扬、同伴认同等精神层面的表扬。重外部奖赏的表扬表现之一为不顾学生的兴趣变化，错用外部奖赏。有学者研究将儿童兴趣分为感官兴趣、中间兴趣和内在兴趣，并认为，外部奖赏的"合理性程度与感官兴趣在兴趣中的比重呈正比"。也就是说，当儿童完成任务的兴趣是感官兴趣时，较适于进行外部奖赏表扬，而当儿童兴趣已转向内在兴趣时，外部奖赏的合理性已经丧失。但在实践中，往往教师们并不会关注这一点。重外部奖赏的表扬表现之二为过多关注物质层面的表扬，无意中造成学生为得到物质层面的表扬而迎合教师，违背了教育性教学的原则。将表扬等同于激励性评价主要指实践中曲解了激励性评价的原意。新的课程改革强调评价的激励作用，因而倡导激励性评价，让每个学生从评价中获得成功的体验，获得自信。但激励性评价并不等同于表扬，只有正确的、有效的表扬才能起到真正的激励作用，而且，激励性评价也可以通过恰当的批评达到激励学生的目的。表扬模式过多强调个人取向及结果取向而不是过程取向，表现为表扬学生时不是对学生完成任务的努力程度及运用方法进行评价，而是一味地予以"你真聪明！""你做对了！"这样的表扬方式。以上只是罗列了一些课堂中常见的对表扬应用不尽如人意的现状。

（二）表扬的正确运用方式

首先，我们引用五个概念变量解释表扬在不同情况下对被表扬者内在动机所产生的影响：真诚性、归因方式、自主感、胜任感和自我效能感、行为标准和期望。有研究者提到，这五个概念变量的提出，可以使过去对立的两种观点（表扬促进或损害内在动机）统一起来。

以这五个概念变量为基础，结合国内外的相关研究，我们对影响表扬有效性的原因以及如何进行有效的表扬作一分析。

1. 能力观的影响

这里所说的能力观主要指的是对智力本身固有性的看法，即儿童对于能力或智力是否可以改变的不同观点。主要有两种观点，一种被称为能力固存观，儿童会认为，智力水平和聪明程度是不可改变的。持有这种观点的儿童较多地关注他们自身的聪明程度，寻求解决的任务是那些能证明他们智力水平高的。因而对于这些孩子，学习的愿望就不是最主要的（Dweck，1999，2006）。另一种被称为能力发展观，儿童会认为，智力或能力可以通过后天的努力和学习加以改变。持有这种观点的儿童相信不是每个人都可以成为爱因斯坦或莫扎特，但是爱因斯坦或莫扎特都是经过长期的努力才能有所成就的。一旦孩子们意识到了这点，他们更关心的不是如何表现得更聪明，而是不断地挑战，不断地执著（Dweck，1999，2006）。儿童的能力观何以会影响到表扬的有效性呢？这要从表扬的内容说起。研究发现，表扬学生的智力（如"在解决这些问题上你真聪明"）只会短时间激发起他们的自豪感，其后反而会产生长时间的负面影响。而表扬学生努力（如"在解决这些问题上你做出了很大的努力"）则有着积极的影响。研究者让学生对智力下一个定义，那些被表扬聪明的学生多指向于天生的、固有的能力，而那些被表扬努力的学生更多指向于技能、知识以及通过努力和学习能够改变的领域。因此，这些研究者得出：表扬学生的智力会使学生形成能力固存观，而表扬学生的努力则使学生形成能力发展观。进一步研究表明，当一个富有挑战性的任务和一个简单的任务置于学生面前时，大多数被表扬智力的学生会选择简单任务，而被表扬努力的学生则会选择挑战性的人物和学习的机会。因此，可以认为，表扬的内容不能仅仅停留于"你真聪明！""你真棒！"而要表扬孩子不懈努力的过程，否则会影响到孩子对智力能力的看法，而这些看法又决定了表扬是否有效，有时甚至可以说是否会有害。

2. 内外部动机的影响

每个学生在学习时必然会受到内部动机或外部动机的支配。主要受内部动机支配的学生是因为喜欢这门学科，学科本身的逻辑性、结构性能吸引住他，而且在解决难题的过程中获得了成功的愉悦。而主要受外部动机支配的学生同样学习努力，但更多是为了得到教师或同伴、家长的表扬。同样是表现为努力学习，但动机完全不同。当然，还有大量的学生会同时受到多种动机的推动、指引和维持。对于所有的学生而言，来自教师或同学的表扬都是一种成功的标志，但对于较多受内部动机支配而努力学习的学生，如果他感到自己轻而易举就获得了大量表扬，那么，可能会产生负面影响，反而降低学生已有的学习积极性，表扬就不再有效。另外，这些学生的学习行为的动力是由活动本身所提供的，给予外在的奖励可能会使这些活动的内在动机被外在动机所取代，如果以后得不到进一步的外在奖赏，就会失去活动的动机。Konh 曾对此进行过系统的阐述。他说，一个表扬最令人注目的方面并非"它是一种肯定"而是"它是一种评价"，评价可能会导致过多的压力，使人不敢冒险并可能减少自主性，而对完成非常简单任务的人给予表扬时，该人可能会被推定为缺乏能力，这反过来又会损害内在动机。而对于较多受外部动机支配而努力学习的学生，一旦离开了教师的表扬，就会失去学习的动力，那么，一味地只是表扬就更要不得了。因此，表扬必须恰当，千万不能滥用。表扬还必须真诚，对完成简单任务的儿童予以过头的表扬，或者他明明没有付出过很大的努力却被老师在班上大张旗鼓地表扬都只会产生负面影响而达不到有效表扬的目的。

3. 表扬类型的影响

国外有研究者将表扬的类型分为三种取向：一是个人取向，它是对儿童做出的一种整体性判断，反映了儿童的人格特质，指向于儿童自身，如"你真聪明!"二是过程取向，它是对儿童在完成任务的过程中或行为过程中的努力程度或所运用的策略进行反馈，指向行为的过程，如"这种方法很好，你还能想出其他可行的方法吗？"三是结果取向，它反映行为的客观结果，指向具体行为的适宜性，如"你取得了好成绩。"Butler 的研究发现，与接受其他形式的表扬相比，接受过程取向表扬的儿童在随后的任务中表现出了更高的兴趣，能够选择挑战性的任务，关注自己成绩的提高。Kamins 进一步考察儿童在成功时以及在失败时接受不同类型的表扬后的反应，结果发现，在成功任务之后，三组儿童都表现出比较积极的自我评价、较高的任务满意度和积极的情绪，而在遭遇挫折后，表现出明显的差异：个人表扬组表现出无助的反应，过程表扬组表现出掌握取向的反应（指儿童在遇到挫折或失败时会表现出积极的自我认知、积极的情感、对任务的坚持以及富有成效的问题解决策略），结果表扬组儿童的表现介于两者之间。由此，可以认为，表扬的不同类型会影响到表扬的效果，我们更多倾向于进行过程取向的表扬。前面已经阐述了基于不同能力观的表扬方式对于表扬效果的影响，也阐述了不同取向的表扬类型对于表扬效果的影响，其实，都是因为不同的表扬导致了儿童不同的归因而引起的。尽管心理学家的研究证明了把成功归因于稳定的内部能力或特质会让儿童产生自豪感，但这种归因方式也会导致儿童在失败时产生强烈的无助反应，因而具有消极的动机后果。我们提倡对学生的努力而不是智力作出表扬，也就是要让儿童倾向于把自己的成绩归因于内部的、不稳定的、可控制的努力或策略等因素，这样可以使儿童不仅在成功后保持较高的学习动机，而且即使失败也不会消极无助。因而，对努力的表扬可以更好地激发学生的学习动机。按照这样的理论，在日常的教学过程中我们可以这样说：

·你确实为这次英语测验认真学习了，你的进步说明了这点。你读了几遍材料，那是有效的。

·我喜欢你解决那道数学题所运用的各种办法，尽管还没解答出来。

·这真是一个又长又难的作业，但是你坚持做了。你能够不离开座位，坚持做作业，真好！

·我喜欢你在科学课上的表现，面对一个富有挑战的设计，你做了许多——做研究、设计机器、购买零件、把它制作完成。你将从中学到许多。

那么，如果学生努力了但是没有完成任务怎么表扬？我们可以这样说："我喜欢你所付出的努力。让我们一起来研究，找一找你究竟还有哪些不明白的。"

二、批评用语方法及技巧

在学校里，学生违反学校常规要求的现象是经常出现，甚至对有些学生是屡教不改。诸如，在学习方面，上课不专心听讲、不及时交作业、作业潦草，考试成绩较差；在纪律方面，迟到、旷课、随意外出、追逐打闹；卫生方面，乱扔废纸、随地吐痰，胡写乱画；师生关系方面，不尊重老师、侮辱同学、乱叫绰号、说不文明话，等等。这些都是教师对学生进行教育管理的重要内容。如果不及时教育，学校就难以全面实现教育目的，而学生则难以养成良好的行为习惯，将直接影响学生的学习进步和健康发展，那么学校和教师该如何教育呢？在实践中，口头批评教育便是教师常用而且有效的方法和途径。然而，教师怀着望生成才的良苦用心进行批评教育，但这份心意并不一定能为学生完全体察到，怨恨、误解、抵触等消极情绪反而不同程度地存在着。心理学告诉我们，人们都是把批评看作贬义的，所以听到批评时，心里总是不舒服，哪怕是最正确的批评，有时也会使批评者和被批评者产生隔阂、矛盾甚至怨恨。因此，恰如其分的批评便显得尤为重要。同时，在教师对学生的批评教育过程中，教师是进行批评教育的主体，占有绝对的话语权，而学生是这言语活动的指示对象。如何充分的把握批评教育的效果关键在于教师的综合素养，包括道德涵养、人格品质、人文素养、语言素养等。了解目前教师的批评教育的口头语言内容和形式，关注学生接受批评教育的口头语言的态度和反应，分析教师批评教育学生时应用口头语言与教育效果的关系，很有必要进一步研究教师批评教育学生的口头语言表达，使批评教育得到较好的教育效果。

（一）批评教育口头用语的重要作用

批评教育是指在教育活动中，对学生个体或群体所表现出来的错误思想和不良行为的否定，以使被批评者改正，也使全体同学受到教育，避免再次出现类似的问题。批评和表扬是一对相反的概念，批评是对缺点和错误提出意见并指出错误的实质，帮助人提高思想意识觉悟和知识水平，达到改正错误的目的。金无足赤，人无完人。学生正处于成长的黄金时期，他们对一些观点和行为有时还缺乏分辨能力，所以难免会出现这样或那样的问题，这就要求我们的教师能及时发现他们身上的缺点和不足，予以指出，并指出改正的途径，由此提高学生对是非、美丑、善恶的辨别、判断能力，激发学生的上进心，只有这样，学生才有可能健康地成长。因此批评教育是教师的教育职责所在，批评是教师对学生的不恰当思想和言行给予的否定的评价，以唤起他们的警觉，去努力改正自己的缺点和错误。教师对学生进行思想教育常用的一种方法，其根本目的是要引起学生思想的变化，使学生真正提高认识，提高觉悟，提高思想素质，变得更有道德和教养，从而少犯错误。换句话说，批评是为了不批评。

批评教育学生是一个相对完整的过程，在这一过程中表现出的关系如图 3-1 所示。

图 3-1　教师与学生在批评教育中的关系

图 3-1 表明批评是教师和学生两者之间相互作用的过程，是学生从不良行为向新行为转变的中介环节。因此，教师要达到学生产生新行为的目的，就必须考虑学生的具体情况。如果是对班集体普遍存在的问题进行群体教育，要采取大家都能接受的方式。如今的学生大多是独生子女，从小就在父母的精心呵护下长大，心理承受能力较差，教师如果还是用暴风骤雨般的训斥来批评学生，不仅收不到预期的效果，而且还会适得其反，引起学生的逆反心理，甚至还可能造成师生间的感情对立，增加今后教育和转变的难度。相反，恰如其分的批评，不仅能让学生改正错误，增强辨别是非的能力，而且还能增进师生感情，从而更好地接受教师的教育。由此而言，批评是一剂苦药，是一剂学生不得不服的苦药。这剂苦药包容了教师多少望生成才的良苦用心和无奈心情。但这苦心并不一定被学生体察到。怨恨、误解、抵触等消极情绪反而不同程度地存在着。因此，怎样才能使批评恰如其分便显得尤为重要。学生犯了错误教师就要进行批评教育，但有些学生仿佛天生就挨不得批评，用教师的话讲就是"态度恶劣，拒不接受批评教育"。教学中曾遇见过这样的学生，有时甚至会跟老师拍桌子，瞪眼睛，出言不逊，闹得不可开交。对于这样的问题我们应该一分为二地来看，一方面这些学生由于各方面的原因造成一些错误的思想认识，蛮横的态度，甚至不良的习气都是有的；但另一方面，作为教师，静下心来想一想，我们的批评是否很好地注重了方式方法呢？教师批评学生的出发点都是好的，都是帮助学生认识错误、改正错误，但教师在批评学生的时候，有没有在不经意间伤害了学生的自尊，伤害了学生的情感呢？如果有，那么不管教师的出发点多么好，结果只能是事与愿违。批评是思想教育的一种重要的手段。正确地运用这一手段，可以帮助学生认识并改正错误。批评不是侮辱，不是恐吓，不是强迫，不是挖苦，后者与批评毫无关系，只是一种恶劣的品质作风。在学校教育中，批评是教师在特定条件下的学识、智慧、责任感、关爱心等品质高度融合的剧烈表现形式。它应该产生的效果是使受批评者产生又痛又痒、又酸又甜的心理感受和强烈的应激反应促使其猛省醒悟，以达到教育的目的。教师通过对一些违纪学生进行批评教育，使教育教学工作正常开展，顺利完成教育学生的各项任务，引导学生逐步朝着教育目的方向发展。

（二）教师的口头批评教育语言

一般而言的教师语言，是指教师在充当教师角色或在教育职业性约束环境下的语言。在诸多教师语言的研究中，把教师语言从功能上分为传授语言和管理语言，而批评语言属于教师语言中的管理语言，是指教师有目的地对学生进行思想品德教育的语言表达形式，始终把教育性放在第一位。批评教育语言是纯粹的教师语言，是教师的职责，也是职业要求。其规范化、合理化、科学化、艺术化程度的高低反映着一个教师的专业化和职业化的程度。而批评教育往往通过口头语言来实现的，它的效果在很大程度上，不仅取决于教师对学生批评的内容，而且取决于教师批评时所采用的语言方式的选择。教师语言的定义比较多，其中比较全面的是《教师行为规范手册》中所说的："教师语言是学校教师在教育教学劳动中所使用的符合教师职业的行业语言。教师语言的性质，是指教师语言所具有的与其他行业语言有明显区别的特殊性。"尤其强调教师语言的独特性和教育性。批评教育口头语言是教师语言的组成部分，其定义是教师对学生不良思想行为以口头进行否定和指责，提醒学生注意与立即纠正的思想教育方法。批评教育从语言表达形式上分为口头形式和书面形式，一般运用频率最高的还是口头批评，因为口头批评较灵活，直接对教育对象进行而且具有即时性。教师的语言活动是一个由语言、教师和学生三维整合的有机体。根据美国著名的拉斯韦尔传播理论，语言是信息传递的媒介，教师是信息的发出者，学生是信息的接收者，三者彼此依存，不可分割，如图 3-2 所示。

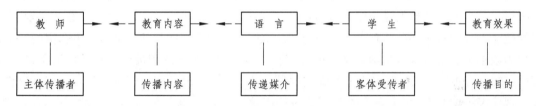

图 3-2　语言在教师和学生活动中的作用

在教师编码、输出、传递和学生接收、解码、反馈的过程中，教师既要有意识地对自己的语言进行监控，又要不断接受学生的信息反馈，随时调整自己的语言行为。所以教师的语言活动是一种以教师为主、学生为辅、师生互动的双向行为过程。对教师语言的研究不能仅从语言本身出发，还应涉及师生双方的各种因素。批评语言要能达到批评的目的而又不伤害被批评者，就要不断地注意运用和提炼加工批评语言。在实践中人们一般认为批评语言要有分量，有气势，形式要咄咄逼人，内容要切中要害，思想上要发人深省，耐人寻味。但要考虑对象的承受能力，还要以不伤害感情为度。教师对学生批评本身就是实施教育行为，而这种教育行为是通过口头语言表达而得以完成，因而，教师的批评教育是言语行为。这种语言具有特定的教育目的。如果批评语言在学生身上实现了教育目的，便是有效语言；如果不能实现教育目的，便是无效语言；如果不仅未能实现，而且给学生造成学习生活方面的影响，那便是伤害语言。那么如何进行批评教育而实现较好的教育效果呢？教师是进行批评教育的主体，占有绝对的话语权，而学生是这言语活动的指示对象。如何充分的把握批评教育的效果，关键在于教师的综合素养，包括道德涵养、人格品质、人文素养、语言素养等。如果教师职业道德感差而且语言表达能力较差，出现一些低俗的、低级的语言，或方言土话和庸俗的语病，会直接影响学生的学习效果，影响教师主导和示范作用的发挥，影响教育教学效果的好坏和教育质量的高低，更严重地会破坏学生的内心世界，形成紧张与对立的师生关系，教育上的一些不良后果就是由于教师过激语言造成的。

（三）批评用语的使用误区及原因分析

在《教师行为规范守则》中的观点是教师语言应具"艺术性""客观性""科学性""准确性"。而对于教师对学生进行批评教育所采用的语言并没有严格的界定，再者国内并没有一个通识的概念。而在教育实践和各类理论言论中，通过不同的概念来解释，而且大多数是一组正反两面的说法。一方面，从是否尊重学生的人格分为礼貌语言和不礼貌语言；从用词语是否得当分为文明语言和不文明语言；从对学生有无教育效果分为有效语言和无效语言；从来自教师话语中的"病毒"伤害学生心灵分为良性语言和病理性语言；从能否有利于学生健康成长分为健康语言和不健康语言。另一方面，最为严重而且颇具影响的是：有些教师态度粗暴，批评语言演变为粗话、脏话，使学生人格受到侮辱，导致学生离校出走、精神失常、自杀等严重的后果，把这些过激批评语言叫作"心理施暴"或"语言暴力"。两方面的共性都是揭示教师的批评教育语言行为的不恰当，不被学生接受，没达到教育效果，甚至引起不良后果。而笔者认为，前者仅是从语言本身或语言的感受说起，而后者用"暴力"或"施暴"来描述教师，有些太严重，因为暴力是动机和结果一致而出现的现象，而绝大多数教师语言动机和愿望是良好的，也就是说既然是教师，就必须具备这一点最起码的教师的最基本素质，否则他就不可能站在讲台上面对一双双纯洁的双眼。缺少良知的教师，是一个不合格的教师，就根本谈不上所谓教师语言的要求。因此用教师在批评教育中的积极语言和消极语言来定性说明，较有合理性。积极语言指那些规范的易于被学生接受而且能达到良好教育效果的语言；在《现代汉语词典》（2016 年第 7 版，商务印书馆）中，"消极"一词指否定的、反面的、阻碍发展的，跟"积极"相对。这里的消极语言是指教师在批评教育学生时采用一些偏激的会伤害学生自尊心的语言，阻碍学生健康发展，属于精神损害的范畴。为了让中学生较容易理解，所以在调查中还是利用消极语言的描述性概念——不文明语言，而在以下的论述中便尝试应用消极语言这一概念。

1. 消极语言的主要表现

常见的消极批评教育语言为使用嘲笑、侮辱、诽谤、诋毁、歧视、蔑视、恐吓、谩骂、贬损等不文明的语言，致使学生精神上和心理上感受到痛苦或伤害，属于精神损害的范畴。消极语言不同于针对身体的伤害，从表面上看，消极语言造成的伤害并不明显，但从某种程度上讲，可能造成的后果会更严重，对学生的伤害持续时间更长。在调查过程中，我们引导学生在问卷上填写了他们曾经受到过的消极语言，并进行了简单整理。消极批评语主要有："傻""白痴""弱智""低智商""脑子笨""猪""滚""装什么孙子啊""吃人饭不干人事""别给脸不要脸""你行吗""差学生""你是什么东西啊""你干吗吃的啊""连只猪都不如""笨蛋""死脑瓜""就你傻""你缺心眼""就你们这种水平还想……""你像个好学生吗""什么玩意""还重点校来的呢""你有没有脑子""怎么这么笨""实验班就出这样的学生啊"等等，有的学生还提到老师说的不文明语言往往会涉及父母、家庭。针对高中生的主要有："笨猪""不要脸""不自觉""没脑子""我要是管不了你,我就不当这老师!""你是天才,你不需要老师教育,你不需要学习!""现在我不跟你生气,到最后看谁吃亏?""同学们宝贵的时间被你占去了五分钟,你赔得起吗?""就你这样,还想考大学!一点可能都没有!"等等。

教师的消极语言主要从以下三个方面着眼:首先是语言涉及家庭、父母,甚至带有讽刺或鄙视的口吻,诸如:"像你这样家庭出来的孩子""毕竟他妈妈下岗了"……其实父母在孩子心目中的地位都是很高的,老师不应随意评价,有鄙视或者同情都会给孩子带来自卑或伤自尊的感觉。其次是对孩子的本性下结论。诸如"像你这样的孩子天生就是……""这种小孩本性就贪玩""你这种人一辈子没有出息"……这样用语,对孩子来说会有两种结果,一是学生听了很不服气、暗自努力,这是好的结果;二是学生听了以后,越发自卑,从此更加一蹶不振,而这种结果往往更多。最后是以学生的出生状况为出发点。诸如"乡巴佬""没见过世面""你不好好学习,回家放羊去""亏先人""把你这个完货(当地方言)"。这些教师将出现的问题归因为学生本身和生长环境问题,而不认为教育方式存在不足,甚至不是就事论事,而是无休止地进行绝对化的教育语言的延伸。

2. 学生对消极语言的态度与采取的应对方法

有将近13%的学生认为,教师有权利对学生使用消极语言。超过三分之一的学生认为,自己可以接受教师的消极语言。部分学生在受到教师的消极语言后,选择向老师提出或向家长、学校领导反映等途径解决,但还是有超过三分之一的学生在受到老师的消极语言后,没有采取任何办法任由老师这样做。只有极个别的学生会选择诉讼,向教育行政部门反映、投诉等方式解决。可以看出,学生的权利意识和自我保护意识还比较淡薄,尤其是年龄较小的学生,他们中有三分之一的学生并没有认识到教师语言消极是违犯教师职业道德的违法行为。学生虽然大部分认为教师没有权利使用消极语言,但出于种种原因仍然认为可以接受教师的消极语言。这也从侧面说明,在目前的教育体系下,学生面对教师的侵犯时,还不敢提出或寻求救援途径,他们只能"在日记里解恨""想有反映但不敢""在课下同学间讨论""忍气吞声""不配合教学工作""成心气老师""想向老师说又不敢""自己反省",等等。

3. 消极语言对学生的危害性

大多数学生认为消极语言在教育中不能起到积极作用,认为消极语言是不文明的表现,教师消极语言是说明自己没水平。消极语言不但不能解决问题,还会使师生之间彼此憎恨,教师应该对学生进行教育,让学生从心里转变想法。教师的消极语言是在变相侮辱学生;教育应该用正确的、文明的语言,鼓励学生,说服教育;老师的那些"气话"对学生伤害很大。学生说:"自己心里会很不舒服。""使人更消极。""我和同学都很不高兴,这样只会伤到我们的自尊心。"这种差别,可能与个别学生思想认识水平、对教师比较依赖、还没有形成较明确的权利意识、对自己权益是否被侵犯缺乏认识有关系。而高中学生正处于未成年人后期或基本成年,受教育程度、心理发育、思维发展较初中学生达到更高水平,能更清晰地表达自己的意见和看法,用"尊严""人格"等词语的频率更大,大部分学生已经具有了基本的权利意识,因此基本上不赞成教师使用消极语言。教师的消极语言使他们"学习压力更大""受到同学侮辱，同学往往跟着老师学一些消极语言去讽刺挖苦他们""不能专心听课""与老师关系不好，恨老师""变得害怕老师""人格造成伤害，伤害自尊心""心灵受到伤害，厌学""受到了伤害""很伤心""心里难受""很难过""伤自尊""没自信了""学习没意思""害怕老师""不爱与同学交流""人格受到伤害""让我在同学面前抬不起头来""失去学习信心""更自卑""和老师之间感情受伤害""引起逆反心理和过激行为""非常气愤，和老师吵架""反抗老师""特没面子""离家出走""自残，自杀""有强烈的抵触心理""打击学习积极性，更加不好好学习""学习下降""学习产生恐惧""挫败对社会的信任感"。许多学生表示，这种影响会持续很长一段时间，"感到沮丧，会难过很久""心情很久不能恢复""使我永远记得这句话""长大了证明自己有本事"，等等。89%的学生认为，教师的消极语言使他们"很没面子""心里难受，压力大""让我们无法正常休息""造成严重打击""非常生气""不高兴""心里恨老师""讨厌老师""情绪很低沉""不再尊敬老师，使师生之间有矛盾""有侮辱教师人品""伤自尊、人格""身心造成伤害""让我在同学面前抬不起头来""有强烈的抵触心理""失去自信""厌倦学习""使师生关系不再融洽，学习不再快乐，只会认为是负担""对学习更没兴趣，还会对其他同学造成影响""有可能自杀"，等等。

4. 消极语言存在的原因

（1）传统师生观的影响。人类社会的发展，曾经有过漫长的专制时期（奴隶社会、封建社会），这种历史时期社会关系的调控主要表现为权利的专制式调控。这种情况孕育产生了具有那个时代性特点的师生关系的权利模式。在教育过程中教师被赋予了至高无上的权利，在师生关系上处于绝对支配的地位。在中国，历史上家国合一的文化特点，使师生关系被一种家族亲缘关系的伦理基础所代替，讲究一日为师，终身为父。而"父父子子"的伦理文化无疑论证了教师地位的至高无上和权利绝对的合理性。"一日为师，终身为父"，既然是父亲，对子女的打骂自然天经地义。在家庭，有"棍棒底下出孝子"之说，在学校也有"（教）鞭子下面出人才"之言。因此，在历史上，"藤杖"学生等各种惩罚学生的现象也是常见的。深厚的历史文化根基使这种陈旧的师生观具有很大的历史惯性，使他在教师中世代流传，直到现在仍有所表现。有的教师虽然执教于现代社会，但视这种师生观为当然，并且把它"自觉"地传给他的后继者。一个刚来学校工作的师范毕业生，向一位老师请教如何当好班主任，这位老师指点："必须有威严，不能给学生好脸，调皮捣蛋的学生必须狠治，如果学生不怕你，那你什么事也做不好。"此事足见陈旧的师生观影响之深。

（2）伦理观念上有误区。有的教师认为，把学生交到自己手里，对他们严格要求和管理，甚至批评打骂，是为了尽到老师的责任，是为了学生好，是由于恨铁不成钢的心理。这种"宁给好心，不给好脸"的做法，其出发点未必是善良的。在他们看来，这就是对学生的"爱"，用消极语言批评学生只是教育方式问题，而不是什么人道问题。这就是有的人说的"打是疼，骂是爱，不打不骂才是恨"的伦理观念。当然不否认这种做法的动机的善良性，但行为过程及其结果却不一定具有善良意义。因为在这样的伦理观念中，教师并没有把学生当作和自己一样平等的人，并没有把学生当作和自己一样有人的尊严和权利的人。在这种基础上所产生的爱，具有局限性，是一种无视人格尊严和人格平等的爱。这种爱所产生的"恨铁不成钢"

的行为，往往造成对学生人格尊严和心理上的伤害，对人格平等的剥夺，对人身心健康的摧残。所以，这种伪教育的伦理观念是一个误区。具有这种伪教育伦理意识的教师，应当努力学习，从误区中走出来，不然不知不觉对学生教育造成严重后果。学生在教师的眼里，更多的时候还只是个孩子，尽管他们的身高可能超过了教师。在教师的潜意识里，教师们更乐意以一种居高临下的姿态爱护学生，而不是像对待其他成年人一样去尊重，也就不会过多地考虑他们的各种受法律保护的权利。而介于未成年人和成年人之间的青少年学生，恰恰处在最重视、最渴望来自成年人世界的尊重的"小大人"时期，因为他们总是强烈地感觉到：我已经不是孩子了。这样就会引发一些非常不应该的、或明显或隐晦的师生的小矛盾。而且教师和学生多有自己的想法。无论怎么对学生批评教育，教师总以为是对的，只是学生的错和学生的不理解。他们认为：我现在批评他，是为了他的未来负责，等他长大以后自然就会理解老师的良苦用心。这样教师就屡屡忽视了学生的权利。

（3）应试教育的影响和教师的压力。教育是培养人的活动，考试是教育结果检测的手段，考试是为教育服务的。但由于社会总是用考试来检查、评价教育结果，并以此为依据来区分各个学校教育效果的好坏，决定学生的升学以及他未来工作岗位的获得和职务的升迁。所以考试对每个学生和每个学校就显得非常重要。对考试的这种意识，使合格率、升学率成了各个学校追求的目标，教育过程由此变成了应付考试和培养学生应试能力的过程，这种教育就是应试教育。由于它以升学为目的，能够升学成了它的人才标准。学生应试能力强，能够升学，就是人才。有能力获得良好考试成绩的，便被当作人才重点培养，而没有获得良好成绩的学生便被认为是没有前途的人。在这样的教育中，学生的成绩好时老师就高兴，成绩不好时老师就生气，甚至大发脾气、责怪、训斥、歧视等相继出现，消极语言便随口而出。在应试教育中，教师对学生的消极语言和人格歧视大多数是围绕成绩而产生的。

（4）心理压力。教师工作是一种持续紧张的脑力劳动，需要高度的责任心和积极性，极易形成一些心理问题。我国一个进行中小教师心理健康教育研究的课题组对某省 14 个地市、168 所中小学、2292 名教师进行检测，结果显示，32.18%的教师属于轻度心理障碍，16.56%的教师属于中度心理障碍，2.49%的教师已构成心理疾病。在强迫、人际敏感、抑郁、焦虑、偏执以及精神病性等因子方面均有明显的表现。一些教师长期生活在精神压力之下，在自觉不自觉的状况中用消极语言转移自己的心理情绪。而且在社会各行业人员中，教师的自尊心差不多是最强的那一类。这除了传统文化中对教师的歧视，以及生活上的窘迫诸因素的负面影响外，还与教师要为人师表和阳光下最伟大的职业的正面文化理念的激励有关。他们作为教育者——"人类灵魂的工程师"，十分重视自己的教育对象——学生。学生的成功是他们的价值体现，学生的作为是他们理想的延续。他们追求的目标就是没有缺憾的教育，他们本能地敏感地捍卫着教师的人格尊严。这种自尊就是职业文化，是教师职业文化长期积淀的社会结果，是知识分子心理特征的典型化，是知识分子人格的集中体现。一般地说，教师属于纯知识分子，他们的教育情感中包含着强烈的职业自尊。因此，当教师的职业自尊受到伤害时，他的职业自信就会一定程度地被抑制，对一贯引以为荣的伟大职业产生心理质疑，从而破坏他的语言心理。安于奉献，宠辱不惊，就是教师应有的修养，但客观地讲，当一个人赖以自豪的精神人格受到伤害时，他的语言仍保持恒温是需要极大的意志力量的。也就是说，当教师的自尊心受到伤害时，他们在批评教育学生时就会运用一些消极语言。

（5）工作压力。随着改革的深化，教育体制当中也引入了竞争机制，如教师聘任中竞争上岗，末位淘汰制。但部分学校片面强调升学率，量化考核按绩取酬等，使教师感到前所未有的压力，有些教师难免心烦意躁，出言不逊。这就是会受到消极语言批评的教育对象大都是成绩不好的学生的原因。那"笨""愚蠢"在说谁呢？成绩好的学生就什么都好吗？成绩好的学生就不会犯错误吗？这就是由于家长在看升学率，学校在要成绩，教师在抓成绩的结果。另外，学生如果有了错误，学校就要处理，一处理就会牵扯到教师。如果某教师班里的学生总是出问题，给学校惹麻烦，这样的老师是咋当的？不用别人讲，教师的心里很清楚。所以，凡是这样的学生，只要你犯了错误，教师该怎么想、怎么说呢？

（6）生活压力。从形式上讲，教师是一个相对稳定的职业，平时很少有大起大落的生活境况，但是教师也是生活在现代社会中的一个活生生的人，也要考虑到生活的方方面面，因此生活上也会有不顺心和烦恼，诸如收入、住房、福利待遇和社会地位不理想。教师的生活中也会出现一些挫折，有的是基本生活需要得不到满足，有的是人际关系紧张，社会需要得不到满足，有的是尊重需要得不到满足，有的是个人抱负、才华得不到施展，自我实现得不到满足等。尤其是实施素质教育后，社会对教师的要求更高，不但专业知识要全面，而且要具备其他方面的素质，有些教师就会感到无所适从，产生了极大的焦虑，使生活压力剧增。而教师承载了社会、家庭太多的希望和寄托，导致付出大于回报，使教师心理上难以平衡，有时就会有一些过分言辞。

（7）教师缺乏良好的个性修养和教育经验。教师对学生的消极语言，与教师自身缺乏良好个性修养和教育经验不足有关。从个性说，有的教师缺乏良好修养，性情急躁，容易动火发怒，感情用事，不讲场合，不顾后果，一遇上不顺心的事或心中有怨气，就容易迁怒于学生，一点小事就发作，甚至大打出手。从教育经验上讲，有的教师经验不足，方法单一，遇事茫然不知所措，慌乱之中往往会采用消极语言去对待学生。虽然学习过教育理论，也知道"因材施教"，但工作中却不注意运用理论知识去解决实际碰到的问题，对待犯错的学生不是抓反复、反复抓，而是以骂了之。特别是那些调皮学生和学困生，一般都会一气之下骂个狗血喷头，认为一无是处，不可救药。教师们的时间大多数消耗在备、教、辅、考、改等常规工作上，这就使多数教师没有充足的时间静下心来阅读相关的著作，或者总结自己教学中获得的经验和不足。这就使得经常挂在嘴边的"循循善诱"，有时注定是一种美好的愿望，缺乏足够的、具体的、操作性强的方法作为支撑，难以办到真正的循循善诱。与此相反，学生因为获得各种信息的渠道日益多样化，主体意识越来越强，头脑随之日益复杂或成熟。教师感到现在的学生越来越冥顽不灵，晓之以理、动之以情、约之以规、镇之以威，但调皮捣蛋的学生仍是我行我素，使教师感到无可奈何，因而恼羞成怒，"我本着一个教育者的责任感，苦口婆心地教导你，你倒不知好歹，跟我耗上了，我就不信我收拾不了你"，一急之下便拿出消极语言，教育由此便成了教训。

上述几点是教师在批评教育学生过程中运用消极语言的主要原因和根源。

（四）批评用语的使用方法及基本原则

1. 加强教师职业修养

教师素质的优劣程度与批评效果是成正比的。也就是说，教师本人首先必须具有比较理想的自我完善水平，智能结构、言谈举止、性格修养诸方面堪为人师。这样的教师，平时必然对学生竭诚尽智，充满关爱之心；必然已成为学生的崇敬对象甚至精神寄托；必然是以坚持"正面教育"为主的，必然不会滥用批评手段的；而一旦实行了批评，也一定能收到积极的效果。那些平时对学生冷若冰霜，居高临下，装腔作势，甚至愚弄驱使、侮辱体罚的教育者们，不要说对学生实行批评教育，就连做教师的资格都是个问题。他们对学生做的不是教育，是教训，是伤害。他们当然是不配谈"批评"这种教育方式的。这就需要充分提高教师的综合素质和加强教师的职业修养，能更好地发挥教师批评语言对学生的教育功能。

（1）思想修养。古人说："言为心声。"没有心灵的丰满，就没有语言的丰满；没有心灵的高尚，就不会有高尚的语言。教师只有具备高尚的师德，其语言才可能会健康、文雅、丰富、美好，杜绝冷漠、讽刺、嘲讽、傲慢的语气、语调、脏话、无根据的话。教师文明、健康、生动准确的语言不仅有利于知识的传递、思维的启迪，而且有利于学生能力的培养、健康人格的完善及思想道德觉悟的提高。经几千年的师德教育与传递，特别是社会主义师德建设，教师的职业语言更是健康发展并在全面育人工作中发挥了重要的作用，积极地促进了合格人才的培养和社会的文明进步。只有热爱教育事业、热爱学生的教师，才会讲出忠于教育事业的、热情洋溢的语言；只有一个热爱工作、有着民族责任感和时代紧迫感的人，才会有开拓的视野和改革开放的思想，才会说出使人奋进、激人上进的妙语精言。因此，教师若想提高自己的语言修养，必先提高思想修养；教师若要锤炼语言，应先锤炼思想。同时，从更深层面讲，教师应具备健康的心理素质。只有具备健康的心理，才能在批评教育学生时说出健康的教育语言。一要做到心理健康，就要有心理容量，能克服偏见，能容忍学生的无知，能宽容学生的过错，能忍让学生的"挑衅"；二要保持稳定的情绪，要将思考的快乐和收获的喜悦送给学生；三要永远保持乐观的心境和振奋的精神状态。

（2）角色意识。角色意识是个体在对自己所处的社会地位、作用与价值的认识上产生的一种直接影响角色行为的思维定势。作为一个认知过程，它体现在教师角色扮演的整个过程之中。只有在角色扮演时意识到自己的角色之后，他才能用相应的行为规范来要求自己，知道哪些行为是正确的，哪些行为是不合适的。对于教师，清晰的角色意识才能规范自己的教育行为和言语行为。教师除承担传授科学文化知识的任务之外，还要充当建立良好的课堂秩序、维护课堂纪律的教育管理者的角色。管理者角色不是说教师应像交通警察那样来"管"学生，而是指教师应帮助学生形成自觉遵守纪律的意识和习惯。教师作为学校教育工作的主要实施者，对于学生的教育处在极为重要的地位。正如俄国教育家乌申斯基说："教师是克服人类无知和恶习的大机构中一个活跃而积极的成员，是历史上所有高尚而伟大的人物跟新一代人之间的中介人，是那些争取真理和幸福的人的神圣遗言的保存者……是过去与未来的一个活的环节。"角色意识淡漠和角色的错位却正是时下教师批评教育中消极语言和语言行为畸变的重要缘故。只有真正明白了"教师"角色的意义，并且在内心唤起强烈的责任感和使命感，教师的言传身教才有了方向。因此，要强化角色意识，培养良好的教师职业素质，用良好的教师职业素质更好地体现教师的角色形象。而职业素质是在相应的专业知识和职业能力的基础上受职业责任和职业道德规范的影响,经升华和内化而逐渐形成的比较稳定的职业工作品质。唐代文学家韩愈在谈到语言效能的问题时指出:"将蕲(祈求希望)至于古之立言者,则无望速成,无诱于势利,养其根而俟(等待)其实,加其膏(油)而希其光,根之茂者其实遂(成熟),膏之沃者其光晔,仁义之人,其言蔼如也。""气(气骨,道德品质),水也;言,浮物也;水大而物之浮者大小毕浮。气之与言犹是也,气盛则言之短长与声之高下者皆宜。"(韩愈:《答李翊书》)用这个见解来阐述教师职业素质与教师语言运用的关系,也是十分中肯恰当的。

（3）文化知识修养。教师语言是各种信息的载体。许多语言功底深厚的教师非常重视自己的文化知识修养,他们的深厚语言功底来自于广博的学识。我们常称赞一位教师教学时旁征博引,举一反三,触类旁通,关键在于教师的博学。教师要提高语言修养,不仅要掌握所教授学科的专业知识,还应该掌握相关边缘学科的知识。随着社会的发展,单一型的知识远远不能适应社会的需要。每一位教师都必须掌握教育学、心理学、教师学、语言学、计算机等学科的一般知识。一位物理教师,如果没有较好的教学基础和语言表达能力,凭借仅有的物理专业知识,是不可能很好地完成教学任务的。在历史教学中,在讲到奴隶社会的崩溃、新兴地主阶级改革,百家争鸣的出现,在讲授英、法、美资产阶级革命时,必须应用哲学中生产力与生产关系的辩证关系原理,生产力的发展,决定生产关系的变革,否则落后的生产关系就成为生产力的障碍。这实际上是要求将历史学、政治学、社会学和文学等学科综合展示。诸如此类的要求每位教师都需要具备。正如语言学中说,"语言是思想的直接显示"。没有心灵的觉悟,哪有言辞的秀美;没有渊博的学识,哪有谈吐自如;没有思如泉涌,哪能口若悬河。所以,文化知识修养既是教师全面发展和终身发展的重要基础,是教师职业素质的重要组成部分,也是教师语言行为优良的重要保证。

2. 注意批评教育的效果

学生在学校学习和生活中有了问题,就得批评教育,对于教师来说,这是非常重要的工作和自己的职责所在。怎样才能搞好这项工作,使被教育者既能受教育又不产生副作用呢?这就要教师特别要注意批评教育的效果,必须从思想上正确认识批评教育。

（1）批评不是侮辱,不是恐吓,不是强迫,不是挖苦。后者与批评毫无关系,而是一种恶劣的品质作风。在学校教育中,批评是教师在特定条件下的学识、智慧、责任感、关爱心高度融合的剧烈表现形式。它应该产生的效果是使受批评者产生又痛又痒、又酸又甜的心理感受和强烈的应激反应,促使其猛然醒悟,以达到教育的目的。

（2）批评教育不应过多地涉及学习方面的问题,大都是针对学生思想品德方面的问题。学生的智力水平在客观上是有差别的,教师不能执意强求;而学生的学习态度、思想品德等却是主观的,才具备改正的可能性,所以学生出现问题,教师的职责和态度就是去帮助学生。教师批评学生的目的就是为了帮助学生提高认识,端正态度,纠正其错误行为。所以,教师在批评学生时,应该对事而不对人,应指出学生的行为本身有何错误,对社会、学校、班集体的危害或不良影响是什么,而不应该对作出该行为的学生进行人身攻击、人格侮辱等。只有当学生把教师的批评看作是对自己不良行为的反应时，他改正错误的态度和决心才能坚决。

（3）批评教育要公平公正。两个学生犯了同样的错误，如果教师只批评了一个学生，而没有批评另一个，或者两者批评的程度不一样，这样就会失去批评教育的公平公正性，造成不良的影响。被批评的学生就会不服气，甚至产生怨恨；没有批评的学生就会产生优越感，弱化了改正错误的意识，批评也会失去教育的效果和意义。作为教师，我也有这种想法，总觉得女孩子脸皮薄，就算犯了错误，也得轻点批评，男孩子脸皮厚，轻点重点无所谓，又觉得班干部平时协助老师工作挺辛苦的，就算犯了错也得轻点批评，留点面子，批评狠了，没有威信，以后还怎么工作呀。可是学生不这么认为，他们认为不管是男同学，还是女同学，是班干部还是普通同学，是学习好的同学，还是学习一般的同学，在老师面前都应该是平等的，没有差别的，表现好了一块表扬，犯了错误一块挨批，不能有偏有向，厚此薄彼。而且孩子的耳朵可灵了，你批评的时候，态度语气稍有变化，他们就知道你没有一碗水端平。有一个总跟老师对着干的学生曾对我说："我就烦某老师，就知道向着女生，我就故意闹，故意气他，看他把我怎么办！"从这赌气的话中我们可以体会到学生渴望平等的心情。作为教师，我们首先应该有平等的思想，全班同学一律平等，没有特殊的学生。这句话说起来容易，做起来难，持之以恒更难，但我们应该争取做到，特别是在批评教育学生的时候，更应注重查清事实，把握分寸，一视同仁。

（4）应该认识到批评是应该有的一种教育方式。目前，"赏识教育""愉快教育"的倡导，媒体对批评学生导致的不当事件的报道，独生子女的承受力下降等各方面的原因使许多教师放弃了对学生的批评教育，教师越来越不敢批评学生了，这样也就放弃了自己的职责和权力。然而，教育不能没有批评，没有批评的教育是不完整的教育。一个人在年轻的时候不接受批评教育，那他将来很难面对挫折和失败。而在人的一生会遇到许多挫折和失败。所以，教师就应该让学生知道：一个人有了缺点和错误，就要勇敢地、正确地去面对，接受应有的批评，从思想深处认识到自己的缺点和错误，以便避免今后类似的错误。这是一个人一生的宝贵精神财富，是不可替代的，也学不来的，只能自己积累，从而达到教师批评学生的目的是为了不再批评的教育效果。

3. 必须充分了解批评教育的具体情景

（1）教师作为批评者应有足够的感情投入。任何教育形式的实施，都应以感情投入为前提，批评更不例外。没有感情交流的任何一方的批评往往都是事与愿违的，容易招致对方的反弹。如果学生对老师从心里佩服敬慕，那老师一旦进行了批评，就会在他们心中产生比一个没有感情基础的老师的批评强烈得多的震撼和认同感。所谓润物细无声，就是这个道理。

（2）对问题深刻而准确地把握。教育者当然不能对任何问题都使用批评手段去解决。只有对那些已经成为或可能发展成为倾向性、代表性，影响较大而又比较顽固的问题才可以考虑辅以必要的批评，以动摇其既有基础，遏止其蔓延趋势，挫伤其嚣张气焰。这就要求教育者具有敏锐的观察力和迅捷的判断力。

（3）较多的相互了解。相互了解和感情投入是相辅相成的。感情投入容易使批评产生正面效果，而相互了解能使批评针对性更强，技巧及力度更符合对象特点。如果教育者对对象的性格、心理、情绪、修养、经历及爱好等方面都了如指掌，就能保证批评手段最大限度地发挥其启迪、激励、鞭策和警醒作用。起反作用的批评，多是由于不真正了解对方而误用。

4. 必须十分讲究批评教育的技巧，正确把握教育原则

（1）提炼批评语言，批评语言要能达到批评的目的而又不伤害被批评者。批评语言首先要有分量，有气势，形式要咄咄逼人，内容要切中要害，思想上要发人深省，耐人寻味。但要考虑对象的承受能力，以不伤害感情为度。

（2）要慎选场合，宁小勿大，同一质量的批评语言可因场合不同而变其力度，因而教育者必须认真考虑其适用场合。一般来说，对象是一个群体时，场合可稍大；是个体时，场合宜小。个体对象有较强代表性时，场合可稍大；基本上是个体行为时，场合宜小。总的原则应该是"宁小勿大"。这样可大大减少批评的副作用。大凡有经验的教师都知道，点名批评必须慎重，尽量少用。点名批评之前应考虑：点名之后，被批评者可能有几种反应，应如何对待。其他同学可能会有什么反应，应如何对待。若估计点名时，被批评者可能大吵大闹，那应该暂时不批评，认真核查事实，真正分清是非，然后再进行批评。但慎重归慎重，态度还是要坚决，应该点名的，决不可姑息。还有一种批评方式，就是教师不点名，但大家一听就知道在批评谁。批评者矢矢中的，被批评者却无从发作。这种批评方式，变相剥夺了被批评者反驳的权利，使批评者处于优越的地位，可以毫无顾忌地讽刺挖苦，最容易伤害学生。被批评者一定怀恨在心，一旦有机会便进行报复。因此，你此时给他一箭，他必定彼时还你一枪。所以，教师的批评，还是光明磊落的好。

（3）要辣而后甜，以柔克刚。许多人不喜欢听批评，带刺激性的批评就更不愿意接受。所以实行批评不但要具备必要的前提，而且事后还要推心置腹的交流浸润，以慰藉批评可能产生的感情褶皱（例如不快、消极、过敏等）。有一次我严厉地批评了一个学生。接着在上数学课时，他提出了一道数学题的不同解题思路，当时我不以为然，有些同学还暗中在发笑，因他以前是一个"差生"。但稍一思考，他的方法可行，而且比较简捷。抓住这一点，我在班上着实表扬了一番，收到很好的效果。他不仅乐意接受我的严厉批评，承认了错误。后来他在各方面都取得了进步。对待倔犟性格的学生，批评时最好采用先冷处理，事后摆事实讲道理，再实施批评与教育的方法，效果好得多，否则双方都犟起来，局面不好收拾，既达不到批评的目的，又把师生关系弄僵了。

（4）批评不但要严肃、凌厉、警示，而且要形象、知识、哲理、幽默。只有前者而无后者，对象感到的只是苦辣、疼痛和压力，就会从心理拒绝。所以训斥并不是这里所说的批评。形象性、知识性、哲理性、幽默感对于任何富有成效的教育形成都是不可或缺的。所谓"嬉笑怒骂，皆成文章"，指的就是其中包含了这些生动成分的批评艺术。有学生上课照镜子，我就幽他一默："你是不是越来越漂亮了？希望你上课也越来越专心。"这比简单的训斥要好得多。

（5）教育者本人素质的优劣程度与批评效果是成正比的。也就是说，教师本人首先必须具有比较理想的自我完善水平和智能结构，性格修养诸方面才能堪为人师。这样的教师，平时必然对学生竭诚尽智，充满关爱之心；必然已成为学生的崇敬对象甚至精神寄托；必然是坚持"正面教育"为主的，必然不会滥用批评手段的；而一旦实行了批评，也一定能收到积

极的效果。那些平时对学生冷若冰霜，居高临下，装腔作势，甚至愚弄驱使、侮辱体罚的教育者们，不要说对学生实行批评教育，就连做教师的资格都是个问题。他们对学生做的不是教育，而是伤害。他们当然是不配谈"批评"这种教育方式的。当然有时批评的对象及事件都会出现误差，这时教育者就要勇敢承认自己的失误。

（6）怎样对待学生的不足与失误？在教育过程中，教师要心平气和地直面学生的不足和失误，采用学生乐于接受的教育方法，帮其改正错误，促其不断进步。暗示：对课堂上轻微违纪的学生，可以目代言，使用体态语言，给其警告，以保护其自尊心，使其及时改正自己的错误。引导：指出学生错误在哪里？为什么错了？什么才是正确的？耐心加以引导，不可粗暴训斥。谈心：多找学生谈心，肯定其优点，找出其不足，鼓励他们迎头赶上。说理：教育学生时，要力戒态度粗暴生硬，挖苦讽刺，更不能使用过激语言或体罚学生，而要晓之以理，动之以情，以理服人，以情感人。自纠：对自己的错误，应及时纠正，尤其是学生当面提出时，更应如此，不得回避，并要感谢学生。要敢于承认自己的不足，敢对学生说"不知道""我错了"。

5. 培养语言修养

教师对学生的批评必须怀着爱心。怀着爱心，含着理解，说出话来就是教育型的，反之，就是非教育型的。有一位教师在上《金色的细雨》一课，学完了生字后，老师让一位学生读生字。一个"桠"字挡住了他的去路。老师便让别的同学告诉他，并让他读了三遍，问道："记住了吗？"学生回："记住了。"临下课，老师又把这位同学叫起来。让他读"桠"字，他终于读对了。事情到这，应该是一个圆满的结局，可偏偏老师对这位同学已开始才认的生字就忘了的行为耿耿于怀，于是，还时沉着脸说了一句："学习一定要用心。"结果这位同学灰溜溜地坐下了。在上面的教学事例中，那位同学可能真的是上课不用心，这的确会让有责任心的教师非常伤心。但是，在面对学生的时候，在教育学生的过程中，作为一名教师应当克制自己的情绪不要直截了当地把内心的不满用语言表达出来，而是应采用含蓄的，甚至鼓励的口头语言，那肯定会收到良好的效果。因此，教师对学生的批评，要注意讲究恰当的语言的运用。

（1）用表扬代替批评。每个学生都会有缺点和错误，但大多数学生都喜欢听表扬话，不愿听批评话，甚至一听批评就产生逆反心理。因此，我们如果用赞扬来代替批评其不足，效果会更好。大家都知道陶行知先生"四块糖果"的故事，当他发现学生王友用泥块砸几个同学时，他只是先制止了他，并没有立即批评他，而且后来还奖励了他四块糖果。陶先生把第一块糖果奖给王友时说："你按时来到这里，而我却迟到了。"奖第二块糖果时说："当我不让你再打人时，你立即就住手了，这说明你很尊重我。"奖第三块糖果时说："我调查过了，你砸他们，是因为他们欺负女学生，这说明你很正直。"奖第四块糖果时说："为你正确地认识错误，我再奖励你一块糖果。"如果陶先生当时大声训斥："你为什么用泥块砸人？难道你不知道这是违反校规的吗？"也许就没有后面王友愧疚地哭了。

（2）批评应注重给学生"良性刺激"。讽刺、挖苦、整学生都是批评的不良手段，不仅起不到有效持久的教育目的，而且容易与学生建立敌对关系，失去学生对教师的信任，使教育陷于僵化状态。禅宗里有这样一则故事：徒弟学艺多年，出山心切，赶去向师父辞行："师父，我已经学够了，可以独闯天下了。""什么是够了？"师父问。"就是满了，装不下了。"徒弟答。"那么你装一大碗石子来。"徒弟照办。"满了吗？"师父问。"满了。"徒弟十分自信。师父抓起一把细沙，掺入石中，沙一点儿没溢出来。"满了吗？"师父又问。"这回满了。"徒弟面有愧色。师父又抓了一把石灰，轻轻洒下，还是没溢出来。"满了吗？"师父再问。"满了。"徒弟似有所悟。师父又倒了一盏水下去，仍然滴水没有溢出。"满了吗？"师父笑问。徒弟无言以对。从表面上看，徒弟确实把碗装满了，可既然师父能再装进东西，就不能说碗已满了。面对徒弟的缺点，师父既没有姑息迁就，也没有严加训斥，而是以形象直观的教育手段循循善诱，给徒弟以"良性刺激"，教徒弟认识到自己的不足。这位师父所采取的别致的批评方式，具有十分高超的艺术性和感染力，非常值得我们班主任学习。

（3）批评学生要坚持说理与动情相结合。说理是向学生讲清道理，动情就是调动学生的情感。班主任在批评学生时应"晓之以理，动之以情"，坚持以理服人。以理服人意在让学生明白道理，明辨是非，从而提高认识，而不是让学生一味服从班主任的批评和"裁决"。班主任进行说理教育时，要掌握好尺度，具体来说，就是要掌握以下几点：

①说到"点"上。说理的内容要能抓住问题的焦点，直奔主题，不能侃侃而谈，最后不得要领。是非观点要明确、中肯，既讲正面的"合理"，也讲反面的"非理"，才能使学生心悦诚服。

②说到"心"上。班主任的批评教育要能让学生心动，就一定要把"理"说透，说得有据有信度，还要激活他们的内心积极性。学生对班主任的批评是反应冷漠、无动于衷还是情绪高涨、为理所动，班主任要作认真细致的观察。如果是前一种情况，则应重新调整学生的情绪，重新调整内容。

③说到"情"上。情通则理达，教师对学生进行批评教育时，学生首先是对其情感上有所接近或完全接近，才有可能接受。要使说理教育能够说到情上，应避免的是教师盛气凌人、高高在上的"架势"。班主任教育学生时，如态度诚恳，对学生真心真意，即使学生不能完全理解老师讲得道理，也会觉得老师是诚意，是真正关心自己，从而收到良好的效果。

（4）批评的方式要有针对性，注重灵活性。批评学生是一个完整的行为过程，这一过程反映出来的关系是：学生的不良行为——教师对学生的批评——学生的新行为（接受批评后产生的变化）。它表明批评是班主任和学生两者之间相互作用的过程，是表现学生从不良行为向新行为转变的中介环节。因此，班主任要达到促使学生产生新行为的目的，就必须考虑学生的具体情况。如果是对班集体普遍存在的问题进行群体教育，要采取大家都能接受的方式。如：针对班上学生浪费时间严重的现象，在一次班会上，我突然叫全班同学把自己口袋里的钱全都扔掉，同学们面面相觑，莫名其妙，没有一个人动手。过了一会儿，我对大家说，让大家把钱扔掉，可是同学们却舍不得，时间就是金钱，一寸光阴一寸金，为什么有人浪费时间，却那么慷慨大方、毫不吝惜？仅仅几句话，说得同学们陷入了深思，收到了良好的效果。如果对学生进行个别教育，则要根据学生的气质、性格、家庭背景等不同情况，采取相应的批评方式：对自尊心强、逆反心理强的学生可采用商讨式的方法；对善于独立思考、自我意识较强的学生可采用暗示、点拨的方法；对有惰性心理的学生可采用措辞尖锐的方法；对自我防卫心理强烈的学生，可采用突击式的谈话方法；对性格内向、有自卑心理的学生，可采取渐进式的方法。不同的学生采用不同的批评教育方法，往往会起到立竿见影的效果。

（5）批评的对象应指向学生的行为，而不是学生本身。教师批评学生的目的就是为了帮助学生提高认识，端正态度，纠正其错误行为。所以，班主任在批评学生时，应该对事而不对人，应指出学生的行为本身有何错误，对社会、学校、班集体的危害或不良影响是什么，而不应该对做出该行为的学生进行人身攻击、人格侮辱等。只有当学生把班主任的批评看作是对自己不良行为的反应时，他改正错误的态度和决心才能坚决。批评教育学生是做好老师工作的一个重要方面，它既需要以正确的理论作指导，也需要与实践相结合。我相信，只要我们多注意观察研究学生、积累好的经验和方法，一定能在学生教育工作中取得好的效果。另外从语言教育的形式上讲，英国教育心理学家恰尔德（D.Child）认为教师的口头语言表达应达到以下要求：① 运用简洁而规范的描述，要点指示明确；② 根据学生的年龄特点与知识水平，运用易于学生接受且适合的语言；③ 不用含糊不清或拼凑的语言；④ 恰当地运用比喻和隐语；⑤ 保持语言的流畅性和不间断性；⑥ 利用副语言，辅以动作表情。

总之，批评教育的语言是教师有目的地对学生进行思想品德教育的语言表达形式，要始终把教育性和帮助提高放在第一位。禁止粗俗的、低级的语言，剔出那些不文明的方言土话或庸俗的语病。说服学生的观点要明确，以理服人，晓之以理，动之以情。批评教育学生时，切忌指责、讽刺、挖苦，既严肃又要注意分寸，富有激励性和教育性。而且教师的语言素养对学生的语言训练和思维开发都是非常重要的，因此每位有责任心的教师，必须不断提升自己的语言技巧和语言素质。

6. 批评教育学生时必须正确对待批评教育对象

了解学生是批评教育学生的前提。要充分了解初中生的心理特点与教育方式。青少年学生在身体迅速成长的同时，自觉或不自觉地认为自己已不再是。"孩子"而是"大人"了。这个时期的学生要求独立，自尊心和好胜心都很强，他们讨厌教师和家长再把他们当作"孩子"来看待。但他们毕竟又不是成人。有时他们显得很懂事，有时又表现出小孩子的稚气；他们的精力充沛，求知欲强，易于接受好的影响，但他们缺乏社会生活经验，辨别是非的能力不强，较容易沾染上不良的习气，如抽烟、喝酒、打群架等，有的甚至会走上犯罪的道路。因此，对待这个时期的学生，既要尊重他们、爱护他们积极的一面，又要加强思想政治教育和法制教育，使之沿着正确的方向发展。青少年学生心理发展的另一个特点是情感的表现比较鲜明，意志也较坚强。他们直爽、乐观、敢想敢干、不畏强暴、见义勇为，喜、怒、哀、乐都会从连绵的表情直接反映出来。爱交朋友，友谊真诚，但情感的变化较快，不稳定，易冲动。时而会因成绩而沾沾自喜，时而会因挫折而垂头丧气。对于什么是真正的友谊和勇敢，有时也分不清界线。朋友间"讲义气"、盲动、固执的现象常会出现。因此，教师对这个时期的学生要特别谨慎，既要坚持原则，严格要求，又不要过多地监督，以防损伤他们的自尊心。如果完全了解学生的情况，尤其是性格和气质方面的特点，对他们就选择比较适当的批评教育方法。诸如，对于有惰性、依赖心的学生，宜用触动式批评法。即批评时措词较尖锐，语调较激烈，但绝不能讽刺挖苦、肆意辱骂；对于自尊心较强的学生，宜用渐进式批评法。即批评时对错误不"和盘托出"，而是逐步传达出批评信息，使对方逐步适应，逐步接受，这种方式不至于一下子谈崩；对于盲目性大、自我觉悟性差，但易于感化的学生，宜用参照式批评法。即借助他人的经验教训，运用对比的方式烘托出批评的内容，使被批评者感受到客观上的某种压力，促其自我反省；对于脾气暴躁、性格倔犟、容易激动的学生，宜用商讨式批评法。即以商讨的方式，平心静气地使其在一种友好的气氛中自然接受批评意见；对于善于思考、性格内向、各方面比较成熟的学生宜用发问式批评法。即将批评的信息，以提问的方式传递他们，学生自然就会意识到，并加以注意。从而在批评教育学生过程中也能做到因人而异，因材施教。

尊重学生是批评教育学生的基础。尊重学生实际上就是尊重学生的人格，平等、公平、合理的对待学生的一种态度，但在批评教育学生时应有更深刻的认识。俗话说："严是爱，松是害""严师出高徒"，严的前提是"尊重"，真心爱护自己的教育对象，就必然要严格要求，没有原则的爱是偏爱、溺爱，过分的严厉又缺乏情感的交融。因此，教师对学生的要求要适度，要合乎情理，是学生通过努力可以达到的。严格要求学生应以充分尊重学生为基础。当代著名教育家苏霍姆林斯基对此有深刻的论断："只有教师关心人的尊严感，才能使学生通过学习而受到教育。教育的核心就其本质而言，就在于让儿童始终体验到自己的尊严感。"根据心理学的实验："一个小孩从出生之日起，便开始具有了多种潜意识，其中包括受人尊重的本能。"这些都说明了尊重学生的重要性。毋庸置疑，作为班主任对学生的严格管理是必要的，但若在批评教育时讽刺、挖苦、奚落甚至辱骂、体罚，这与严格要求是格格不入的。批评应当是善意的，特别是对屡犯错误的同学，应进行细致恰当的批评，春雨润物细无声嘛！总之，批评的艺术应是："严格与善良、严格与尊重、严格与理解、严格与关爱"的有机结合。学生对教师的批评感受到的不仅是合乎情理的严格，而且是尊重学生的人格。只有做到这些才会起到事半功倍的良好育人效果。

（1）尊重学生就要意识到学生是人。他们有自己的人格，有自己的尊严，更有自己的人权。在人格上师生平等，教师的责任就是引导学生在获取知识的同时，使其身心诸多方面同步得到健康发展。教师必须放下架子，尊重学生，以学生为朋友，弯下腰来倾听学生的心声，和他们打成一片。还要意识到学生是未成年人。小学生正处在心理、生理发育阶段，一方面思维活跃，敏感好动；另一方面是非辨别能力弱，思想不成熟。在其成长过程中难免会犯这样那样、或轻或重的错误。教师面对学生的错误缺点，一定要有耐心、有信心、更要有爱心。心平气和地和学生多交流，多了解学生的主观思想动态和家庭、学校、社会的客观因素，帮他们分析原因、制订和整改计划和方案。切忌责骂、鞭打等简单粗暴处理。当然尊重并不意味着放纵，关爱的同时要提出严格的要求，进一步规范学生的言行，鼓励他们，让他们有奋斗的动力和目标。更要意识到学生是祖国未来的建设者。青年学生是国家的未来，民族的希望。将来他们也会为人父母。有的甚至会成为人师。如果从小经常受到教师的语言暴力，心灵会受到创伤，甚至终生蒙上阴影，这必将对下一代产生不利影响。学生自尊受到伤害不说，可怕的是他们人生路上犹如背负沉重的十字架前行。

（2）尊重学生就要教师与学生处于平等的主体地位。19世纪美国哲学家，诗人拉尔夫·埃默森说过："教育成功的秘密在于尊重学生。"学生正处在人生的成长阶段，由于年龄与阅历的有限，他们的是非观、美丑观还处于形成阶段，所以需要教师对其进行教育和引导。应当平等的对待学生，尊重学生的价值和尊严，在与学生进行思想沟通与交流的过程中实施教育。这种平等和尊重不是教师对学生的恩赐，而是学生应该享有的人格权利。

（3）尊重学生就是教师要正确认识自身的教育功能，教师不是完人圣人，更不是真理的化身，因而在教育活动中，教师并不具有话语"霸权"，也不可能为学生的言行提供一种标准的答案，只能以情感人，以理服人。生于信息社会的学生，获取信息的渠道已经呈现出多样化的特点，他们的思想比以前任何时代的孩子都活跃、开放，这就使得今天教育活动涉及的内容比以往任何时候都要丰富，也更加复杂。因此，要使教育内容为学生所认同和接受，需要教师一方面加强学习，促进自己的知识和观念的更新；另一方面，在教育活动中，要学会认真倾听学生的心声，把握他们的思想脉络，通过积极引导，帮助学生学会正确的评价自我和他人的行为，从而最大限度地发挥教育的功能。同时，在教育活动中，教师不可能不出现任何失误或过错，一个有职业道德的教师要敢于及时反思自身的不足和失误，勇于承认自己的不足和错误。总之，教师需要在教育实践中不断地学习和创新，才能迎接挑战，承担起"育人"的职责。

（4）尊重学生就要发挥学生的主体作用。教育的活动是一种交际互动的活动，具有生成性的特点，在教育活动中，教师与学生是共同成长的。就教师而言，由于教育的内容、教育对象，教育时机都是具有不确定性的因素，所以批评教育活动不可能像教学活动那样事先写好教案。即使是一些预设的教育活动，教师可以对批评教育口语做准备，但毕竟不是讲故事或备稿讲演，很难事先将学生的反应都做好预案。因此，教师在实际运用批评教育口语时，从内容到形式，都需要根据学生的现场反应随机调整发挥。就学生而言，没有了他们的接受、思考和反应，教师的批评教育活动无疑是一篇废话空话，根本无从实现教育的目的。所以，在批评教育过程中，教师必须摒弃传统的教育模式——"一言堂"，发挥学生的主体作用，更多地采用教师引导下的师生讨论、对话、谈心等形式，让学生参与到教育过程中来，在师生互动交流中，促进学生的自身感悟，让批评教育活动成为学生愿意接受的教育内容，从而使学生在思想、道德和感情中不断得到提高。正如苏霍姆林斯基所说："只有能够激发孩子去自我教育的教育，才是真正的教育。"

7. 热爱学生是批评教育学生的重要条件

教师热爱学生，关心学生，学生感受到教师对自己的关心和爱护，会更"倾心"于教师，更加乐于接近教师，更愿意接受教师的批评教育，所谓"亲其师，信其道"就是这个道理。实践证明，教师热爱学生会带来师生关系的和谐，心理相融，感情相通，乐于交往，易于相互沟通。伴随着这种气氛，各种教育就像涓涓溪流进入学生的心田，各种教育就会由此产生积极的效果。这是有效对学生教育的奥秘所在。反之，任何教育就会失去它应有的效力。运用批评教育语言，教师首先要"动之以情"。这"情"便是指积极的情感，包括平等、真诚、信任、爱护和无限的热爱学生。几乎每一位教师对学生的要求大都是出自良好的愿望，但不是每个教师的好心都被学生理解和接受，这在很大程度上取决于批评教育语言是否有热爱学生的积极情感。如果教师使用带有热爱学生的积极情感的批评教育口语，教育内容便容易为学生接受，就能促使学生向积极的方面发展；反之，则会引发学生的排斥心理，那么教育结果就可想而知。教育事业之所以伟大，因为它渗透着爱的情感。在批评教育活动中，爱是一种伟大而神奇的力量。批评教育口语，"言为心声"。这"心"应当是对学生的一腔"爱心"。因为有了爱，教师的教育目的才是高尚的，"言"才能感人，学生才乐于接受。对于学生的每一点缺点和错误，教师只有发自内心地关心和痛心，才会有语重心长地教诲。

当然，对于学生热爱的情感也有个度的问题，"不及"和"过"都会导致教育语言的偏颇，从而影响批评教育的效果。有些教师信奉"教不严，师之惰"，在对学生说话时，态度严肃，语气严厉，言语犀利，殊不知"严肃未必出高徒"。假使教师对所谓的后进生，一旦产生"随他去"的厌烦情绪，就会放弃责任，批评教育中就会出现蔑视的语言，严重的会出现侮辱性的谩骂，严重地伤害学生的自尊，甚至给其一生的成长造成阴影；假使教师对一般学生，一旦产生"恨铁不成钢"的急躁情绪，教师的批评教育中就不可避免会出现指责、训斥的语言，结果使学生丧失自信；假使教师对于好学生，一旦产生"他什么都好""人家样样都好"的偏爱情感，便一味地表扬的语言，结果会助长学生的自傲情绪。这些都是热爱学生感情的"度"把握不好所造成的。

同时，教师热爱学生的这种态度和行为，本身对学生良好的思想品德的形成具有陶冶的作用。教师许多良好的言行会潜移默化地传递给学生，使学生受到良好的感情陶冶和人格陶冶，使他们从教师的态度和行为中体现如何待人，如何为人，懂得真诚合作的价值，感受人间生活的美好，从而形成乐观的生活态度和真诚助人的品格。正是在这个意义上，许多教育家都强调，教师热爱学生、关心学生，才能培养学生良好的情感和思想品德。19 世纪的英国教育家斯宾塞就曾说过："野蛮产生野蛮，仁爱产生仁爱，这就是真理，对待儿童没有同情，他们就没有同情，而以应有的友情对待他们就是一个培养他们友情的手段。"苏联教育家赞科夫也说过："没有教师对儿童的爱的阳光，学生就混成模糊不清的一团。"所以，许多教师就是在热爱学生的基础上让批评教育产生有力的教育效果。在教育教学实践中，我们常看到，有些教师对学生的缺点过错往往采取讽刺、训斥、挖苦、罚款、体罚等极端措施，让学生在切肤与心灵之痛中"吸取教训"。但这些做法，反而容易导致学生怨恨心理的孕育，逆反心理的滋生，给他们的身心健康带来极为不利的影响，甚至酿成悲剧。批评只是教育的手段，不是教育的目的。苏霍姆林斯基曾说过："一个好的教师，就是在他责备学生，表现对学生的不满，发泄自己的愤怒的时候，他也时刻记着：不能让儿童那种'成为一个好人'的愿望的火花熄灭，而应'充满情和爱'。"

热爱学生，尊重学生，使师生关系融洽，学生就容易接受班主任的教育。一旦学生犯了错误，教师的批评就容易输送到学生的心坎上，被学生乐意接受，从而使批评产生较好的效果。如果师生关系紧张，教师的批评在学生眼里就是整人。教师要在批评学生时得到学生的积极配合，就必须做到在任何时候热爱学生，处理好师生关系，加强情感沟通。

8. 社会全面为教师执教创造良好的教育环境

当前教育体制中引进的激烈竞争，比如末位淘汰、按绩取酬等，使教师感到前所未有的压力；其自身心理压力过大、工作压力、家庭负担、校园安全、教育责任、舆论环境都会给教师带来巨大的心理压力。此外，教师承载了社会、家庭太多的希望和寄托，但福利待遇和社会地位却并不理想，使教师心理上不平衡。教师长期处于巨大的精神压力之下，需要释放的途径，就会在学生面前表露出消极语言的倾向，正是内心心理状态的一种反映。为教师减压为学生松绑，切实解决目前普遍存在的教师压力大、学生负担重的问题，学校要积极地改进教师的考评方式，真正缩小学生成绩在教师考评标准中的比重，多把尺子衡量教师的业绩，让教师在自由的前提下教育教学。

为了减缓教师的心理压力，避免频繁出现消极语言，除了自身的调节外，教育主管部门还应建立相应的心理干预机制。通过建立教师心理状况的检查和心理素质的测试，让教师了解自己的心理健康状况，并定期为教师开设心理健康教育讲座，设立心理咨询点，让教师掌握一些心理学知识，使他们能有效地进行自我调节。还要重视教师的权益，关注教师的生活，合理合法解决侵犯教师权益的情况，以使教师在面对学生时能具有轻松愉快的心情。从教师队伍的建设和教育事业发展的大局看，要改善教师语言行为的品质，增强教师语言的素质，也离不开国家政策的调整，并且达到切实实现"科教兴国"的目标，就必须做好诸如"增加办学经费""提高教师待遇""义务教育推行素质教育""实施科学管理"等具体政策的贯彻落实。

本章练习

　　请完成"小学教师语言表达能力训练考核题库"中的试题。考核评分标准见表 3-1。

表 3-1　小学教师语言表达能力训练评分标准

	评分项目	评分标准	分值
语言表达	语音标准度	使用普通话，语音标准	20
	发音清晰、响亮度	发音清晰饱满，声音响亮	10
	表达流畅度	语速适中，表达沉稳流畅	10
内容组织	思路清晰流畅度	条理清楚，层次分明，应变能力强	20
	内容完整性	主题集中，内容完整	10
	观点新型度	有观察与分析问题的独立观点	10
辅助项目	体态语言	身体稳定，情绪控制得当，适当配合手势	10
	时间掌控	时间控制在 5 分钟左右	5
	综合素质	整体效果好	5

小学教师语言表达能力训练考核题库

卷号：1

　　根据下列题目的要求，在两题中任选一题完成，时间 5 分钟。

　　1. 根据你所学习的专业，任选某一学科中的内容，设计并演示一段课堂教学结尾语，目的是保证教学内容的完整性、提高学生的学习效率。

　　2. 假设你到某重点中学参加某门课程教师的应聘面试，考官要求你先作一个自我介绍，然后说明应聘的理由。请按照考官的要求设计并演示一段话语。

卷号：2

　　根据下列题目的要求，在两题中任选一题完成，时间 5 分钟。

　　1. 根据你所学习的专业，任选某一学科中的内容，设计并演示一段课堂教学导入语，目的是使学生尽快明确学习目标，饶有兴趣地开始学习。

2. 假设你刚到某中学任教不久，热情的年级组长组织全年级教师在 KTV 举办了一个小型欢迎晚会。年级组长让你在晚会上做一个自我介绍，为了不让你感到紧张和拘束，还特意告诉你：不用太正式，随意一点。请根据年级组长的要求，设计并演示一段自我介绍。

卷号：3

根据下列题目的要求，在两题中任选一题完成，时间 5 分钟。

1. 根据下面案例提供的场景，设想你正是案例中的那位老师，设计并演示一段教师口语完成你所需要解决的问题。

上课时，王老师为了调动同学们思考的积极性，让大家举例说明课本上的理论。兴趣广泛的小涛同学举了一个从网络上看到的例子，引起了同学们热烈的争论。但是，王老师感觉有一点拿不准这个例子，便说道：……

2. 根据下面案例提供的场景，设想你正是案例中的那位老师，设计并演示一段教师交际口语完成你所需要解决的问题。

一天，教务处的赵主任找刚到学校任教的黄老师谈话，说黄老师所在教学班级的学生家长多次找她反映黄老师的教学方法不当、教学效果不好，而且在教育和管理学生方面经验不足。黄老师觉得很委屈，说道：……

卷号：4

根据下列题目的要求，在两题中任选一题完成，时间 5 分钟。

1. 根据下面案例提供的场景，设想你正是案例中的那位老师，设计并演示一段教师口语完成你所需要解决的问题。

上课铃响了，李老师开始上课，可他发现有一位男同学还在对课间休息时所讲的电影大片想入非非。为了提醒这位男生集中注意力，同时又不影响其他同学听课，李老师说道：……

2. 根据下面案例提供的场景，设想你正是案例中的那位老师，设计并演示一段教师交际口语完成你所需要解决的问题。

一天，学校教务处的李主任来办公室找费老师谈话，说费老师所在教学班级的学生家长反映费老师虽然年轻，但教育、教学方法得当，教学效果非常好，学生喜欢，家长也满意。费老师说道：……

卷号：5

根据下列题目的要求，在两题中任选一题完成，时间 5 分钟。

1. 根据你所学习的专业，假设你是初中三年级某门课程的任课教师，设计并演示一段课堂教学口语，目的是激发毕业班学生的学习热情，为即将到来的中考做好充分的准备。

2. 根据下面案例提供的场景，设想你正是案例中的那位老师，设计并演示一段教师交际口语完成你所需要解决的问题。

小段是一位刚参加工作的年轻教师，在聆听一位老教师的公开课时发现他犯了一个知识性的错误。公开课结束之后，教研室主任组织大家讨论这堂课的得失。小段很想指出这位老教师所犯的错误，但又担心这会使他很没有面子。经过慎重考虑之后，小段说：……

卷号：6

根据下列题目的要求，在两题中任选一题完成，时间 5 分钟。

1. 结合你所学习的专业，任选某一学科中的内容，辨析 2～3 个既有联系又有区别的术语，并以此设计和演示一段课堂教学口语。

2. 根据下面案例提供的场景，设想你正是案例中的那位老师，设计并演示一段教师交际口语完成你所需要解决的问题。

一天，教研室主任兴冲冲地走进办公室告诉大家：在今年的年终考评中，教研室有两位年轻老师被评为学校先进工作者。齐老师听了心里很难过，因为自己就兢兢业业工作了很多年，但却从来没有被评为学校的先进工作者。他对这两位年轻老师说道：……

卷号：7

根据下列题目的要求，在两题中任选一题完成，时间 5 分钟。

1. 根据你所学习的专业，假设你是初中二年级某门课程的任课教师，设计并演示一段课堂教学口语，目的是纠正学生不良的学习习惯和错误的学习方法。

2. 根据下面案例提供的场景，设想你正是案例中的那位老师，设计并演示一段教师交际口语完成你所需要解决的问题。

彭老师是毕业班的任课教师，承担着 A、B、C 三个班的教学工作。一天，B 班的班主任来找彭老师，希望他在课后给他们班的学生补补课，提升一下学生的中考成绩。彭老师觉得很为难，一来其他两个班的班主任也提出了相同的要求，二来自己也感觉到学生的学习压力非常大。于是，彭老师说道：……

卷号：8

根据下列题目的要求，在两题中任选一题完成，时间 5 分钟。

1. 根据你所学习的专业，假设你是某门课程的任课教师，设计并演示一段课堂教学口语，目的是提高同学们学习这门课程的兴趣。

2. 根据下面案例提供的场景，设想你正是案例中的那位老师，设计并演示一段教师交际口语完成你所需要解决的问题。

小徐是初一年级新生的班主任，开学一周后很多学生向她反映：英语课的张老师说话速度太快，也很没有耐心，每节课都要学习很多无法理解和消化的内容。虽然张老师是一位老教师，而自己则是刚参加工作的年轻教师，小徐还是找到了张老师，说道：……

卷号：9

根据下列题目的要求，在两题中任选一题完成，时间 5 分钟。

1. 根据下面案例提供的场景，设想你正是案例中的那位老师，设计并演示一段教师口语完成你所需要解决的问题。

一天，老师正在讲台上高声朗读课文，突然从教室的窗户飞进来一个网球，有三位男同学立即放下课本离开座位跑过去抢夺网球，其他同学则兴奋地指手画脚起来。老师走到那三位男同学的身旁，说道：……

2. 根据下面案例提供的场景，设想你正是案例中的那位老师，设计并演示一段教师交际口语完成你所需要解决的问题。

一天，陈老师接到交警的电话，说他班上的学生在放学回家途中被闯红灯的汽车撞伤了，现在已送往医院救治。陈老师赶到医院时，正好看到学生家长在同肇事司机争吵，而交警则在忙着询问其他同学事故发生的原因。陈老师赶紧走了上去，说道：……

卷号：10

根据下列题目的要求，在两题中任选一题完成，时间 5 分钟。

1. 根据下面案例提供的场景，设想你正是案例中的那位老师，设计并演示一段教师口语完成你所需要解决的问题。

一天，何老师正在讲台上一边讲解着教学内容一边书写着板书，忽然有同学大声地说道："老师，你写错别字了！"何老师停下来一看，果然写错了一个字。何老师微微一笑，说道：……

2. 假设你是中学某班的班主任，眼看学校就要进行期中考试了，可是班上的同学根本就没有把考试放在心上。于是，你决定召开一次家长会。请设计并演示一段在家长会上的发言。

第四章　小学教师教学书画能力训练

凡是教室，大多有黑板和粉笔；凡是教师，大多要通过板书去授课。板书，不但是每个教师必备的基本功，也是其教学水平高低的一种具体反映。因此，作为天天与黑板和粉笔打交道的人，发挥板书的作用，掌握板书的技法，是教师授课所必需的一种本领。教学书画能力是教师板书基本功训练的内容之一。书，指的是书写；画指的是绘画。教师的书写和绘画不以艺术标准为最高准则，而以方便、实用、整齐、明了为基本原则。本章针对小学教师的书画能力，设计以毛笔字为主的书写能力训练和以简笔画为主的绘画能力训练。

 本章学习目标

1. 了解书写及绘画的基本知识。
2. 掌握毛笔书写及课堂简笔画的基本技巧。
3. 尝试选择课题进行板书设计。

第一节　教学书写能力训练

汉字作为书面汉语的信息载体，记录和传达语言，运用于社会交际之中，是现代生活中不可缺少的实用工具。我国几千年来的文化史，与文字的发展史息息相关。从象形文字创造的那一刻起，书法就被誉为无言的诗、无形的舞、无图的画、无声的乐，其"意美以感心，音美以感耳，形美以感目"，有着极强的实用价值和审美价值。高等师范院校培养的是人民教师，作为教师，除需具备广博的专业知识和从教技能外，还应该具备汉字的书写能力。字写得规范、工整、美观，能给学生树立学习的榜样，会对学生产生潜移默化的影响。毛笔字练习是提升书写能力的基础，对师范生而言，练就一手漂亮的毛笔字，不仅仅为了个人，更重要的是为了适应今后教学工作的需要。

一、用笔知识

（一）对毛笔的认识

我们谁都见过毛笔。在我国，创造毛笔的历史已经有五六千年了。毛笔的起源可追溯到新石器时代。现在我们能够见到的最早的毛笔实物，是 1954 年在湖南省长沙市左家公山的战国楚墓中出土的毛笔。1980 年陕西临潼姜寨村发掘一座距今 5000 多年的墓葬，出土文物中有

凹形石砚、研杆、染色物和陶制水杯等。从彩陶的纹饰花纹可辨认出毛笔描绘的痕迹，证实了在五六千年前，已有了类似毛笔的工具。毛笔的笔头一般都是兽毫做的，柔软而有弹性，它能写出轻重浓淡、干湿枯润、方圆多变的笔画来，也正因为如此，毛笔书写才富有魅力。

1. 毛笔的种类

根据笔毫原料及性能，毛笔可分为硬毫笔、软毫笔和兼毫笔。硬毫笔主要是用黄鼠狼尾毛或兔毛等制成（又叫狼毫、紫毫），特点是弹性大、硬度强，写出来的笔画劲利挺健。软毫笔主要选用羊毛或鸡毛制成（又叫羊毫、鸡毫），特点是弹性小、柔软湿润，写出来的笔画丰满而富有变化。兼毫笔在一支笔内兼用了软硬两类笔毫，其性能介于硬毫笔和软毫笔之间，刚柔相济，软硬适中（如白云笔）。

按笔头的大小来分，毛笔可以分为大字笔、中字笔和小字笔。比大字笔大的还有提笔、斗笔、揸笔等。

依据笔毫的长短，毛笔还可以分为长锋笔、短锋笔。

毛笔有大小，笔毫有长短，种类繁多，要根据不同的字体和写字的大小，以及个人习惯进行选择。

2. 毛笔的构造

毛笔由笔杆和笔头组成。笔头细分起来又分笔锋、笔腹、笔根三个部分。这三个部分在书写过程中各自发挥着不同的作用。笔画中最细的部分和出尖儿的部分是笔锋写成的，笔画中等粗细的部分是用笔腹写出的，笔画最粗的部分是用笔根写出的。

3. 毛笔的选择

无论什么种类的毛笔，都要求质量要好，选料制作精良。衡量毛笔质量的标准是四个字，即：尖、齐、圆、健。"尖"指锋颖尖，笔锋收得拢。"齐"是指笔毫化开后，捏扁起来看锋颖齐整。齐说明选毫纯净，制作精良。"圆"指笔头圆锥体规整饱满。圆则笔毫能聚中，可八面出锋。"健"指笔锋劲健，富有弹性。

具有以上四种特质的笔就是好笔，所以"尖、齐、圆、健"被称为毛笔"四德"。

4. 毛笔的"四面八方"

笔毫为锥体，分"四面八方"，即上面、下面、左面、右面，上方、下方、左方、右方、左上方、右下方、右上方、左下方。习字本或毛边纸中的米字格正好能反映它的"四面八方"。

5. 毛笔的使用与保养

新毛笔要用温水浸泡，让它慢慢化开。不可性急用蛮力捏开。每次用后必须洗干净，吸去一部分水分，将笔锋理齐顺，使锋颖聚拢中正，然后套上笔帽或者悬挂起来。毛笔保养得好，利于书写，延长使用寿命。

（二）执笔法

人们普遍采用的执笔方法是五字执笔法。五字执笔法也叫"拨镫法"。它的特点是五指齐力，既可紧执笔管，又舒适自然，便于书写。五字执笔法将执笔的方法及五个指头的职责作用概括为五个字，即：撅、押、钩、格、抵。

撅，即用大拇指指肚贴住笔管左侧，与食指相对用力。

押，食指中关节上突，指尖下倾，用指头的指肚处触管，与拇指相对用力。

钩，中指弯曲，与食指轻轻相并，指尖下倾，指肚触管，钩住笔管向掌心方向用力。

格，无名指爪肉交界处抵住笔管，用力与中指基本相对。

抵，小指自然弯曲，贴在无名指旁边，辅助无名指用力。

五字执笔法适合拿一般大小的毛笔写字。如果是用提笔、斗笔写擘窠大字，那么执笔方法又有所不同。执提笔、斗笔要将笔管靠在虎口或者食指根部骨节处，拇指、食指、中指和无名指散开在前后左右包抓住笔管。

（三）书写方法

（1）用腕法，具体又包括枕腕法、悬腕法、悬肘法。

（2）发力法，具体又包括运指法、运腕法、运肘法。

（3）执笔。执笔高的字飘逸，适宜定行草或草书，但易浮滑；执笔低的字沉稳，适宜写篆、隶、行、楷，但易呆板。

（4）身法，包括坐势、立势。

二、毛笔字训练内容

（一）毛笔字基础 1

（1）激发兴趣（以教师作品及书法家的作品为例）。

（2）执笔方法及写字姿势（示范）要求：五指执笔法（按、压、钩、顶、抵）、头正、身挺、脚平等。

（3）练习执笔方法及写字姿势（纠正指导）。

（4）讲解"一"字写法（黑板示范）。

要点：中锋运笔、逆锋起笔、行笔、回锋收笔。横画行笔线路如图 4-1 所示。

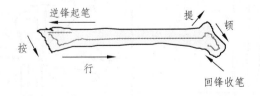

图 4-1　横法"一"字写法

（5）练习写"一"字，注意逆锋起笔、按、行、提笔、顿、回锋收笔等要领。教师逐个手把手指导。

（6）作业："一"字写 20 个。

（二）毛笔字基础 2

（1）小结写"一"字中出现的问题，应注意的地方，强调要领（以学生作业为例进行讲解）。
（2）练习写"一"字（教师巡回指导）。
（3）讲解并示范写"三"字。
"三"字的三横长短、间架结构（黑板示范，如图 4-2 所示）。

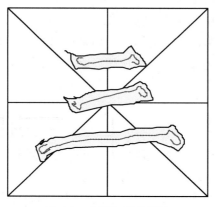

图 4-2 "三"字的写法

（4）学生练习，教师巡回指导。
（5）作业："三"字写 20 个。

（三）毛笔字基础 3

（1）讲评作业，复习写"三"字，指出学生作业中的优缺点。
（2）学生根据自己的缺点加以练习改正。
（3）学写"悬针竖"，掌握要领。
竖法（悬针竖）要领：藏锋起笔，向右下顿笔后转势直下，慢慢提笔收起，使笔画呈"针"状。
（4）写"十"字，黑板示范（如图 4-3 所示）。

图 4-3 悬针竖及"十"字写法

（5）学生练习，教师巡回指导。

（6）作业："十"字写 20 个。

（四）毛笔字基础 4

（1）讲评作业，复习写"十"字，特别是"悬针竖"的笔法要领，指出学生作业中的优缺点。

（2）学生根据自己作业中的缺点进行练习改正。

（3）学写"垂露竖"，掌握要领，写"土"字（注意间架结构，如图 4-4 所示）。

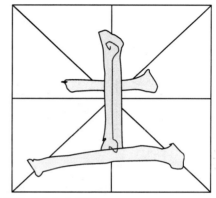

图 4-4　垂露竖及"土"字写法

垂露竖要领：藏锋起笔，向右下顿笔后转势直下，收笔回锋上提。

（4）学生练习，教师巡回指导。

（5）作业："土"字写 20 个。

（五）毛笔字基础 5

（1）复习写"土"字，特别是"垂露竖"的笔法要领，指出学生作业中的优缺点。

（2）学生根据自己的情况加以有针对性地练习。

（3）学写"短撇"，掌握要领，写"千"字，如图 4-5 所示。

短撇要领：藏锋起笔，向右下顿后转向左下方撇出（稍平）。

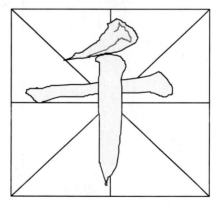

图 4-5　短撇及"千"字写法

（4）学生练习，教师巡回指导。

（5）作业："千"字写 20 个。

（六）毛笔字基础 6

（1）复习写"千"字，注意"短撇"。

（2）学生练习，改正自己的缺点。

（3）学写"点"，掌握要领，写"主"字，如图 4-6 所示。

"点"（瓜子点）的要领：藏锋起笔，向右下方顿笔，及时回锋收笔。

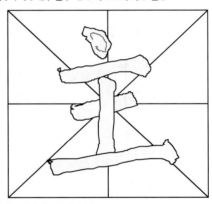

图 4-6　点法及"主"字写法

（4）学生练习，教师巡回指导。

（5）作业："主"字写 20 个。

（七）毛笔字基础 7

（1）复习写"主"字，特别是"点"的笔法要领。指出学生作业中的优缺点。

（2）学生根据自己的作业情况练习，以改正缺点。

（3）学写"长撇"，掌握要领，写"广"字，如图 4-7 所示。

"长撇"（竖撇）要领：藏锋起笔，向右下顿笔，先竖再渐渐转向撇向左下方。

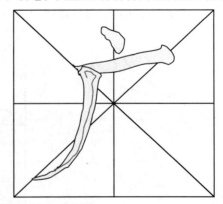

图 4-7　长撇及"广"字写法

（4）学生练习，教师巡回指导。

（5）作业："广"字写 20 个。

（八）毛笔字基础 8

（1）复习写"广"字，特别注意"长撇"的笔法要领，指出学生作业中的优缺点。

（2）学生根据作业中自己的缺点有的放矢地进行练习。

（3）学写"捺"，掌握要领，写"文"字，如图 4-8 所示。

"捺"的要领：藏锋起笔，转向右下方行笔、顿、提出。注意笔画由细到粗。

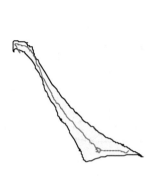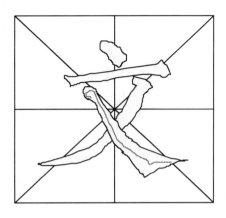

图 4-8　捺法及"文"字写法

（4）学生练习，教师巡回指导。

（5）作业："文"字写 20 个。

（九）毛笔字基础 9

（1）复习写"文"字，特别是"捺"的笔法要领，指出学生作业中的优缺点。

（2）学生根据自己的作业情况练习改正缺点。

（3）学会写"钩"，掌握要领，写"于"字，如图 4-9 所示。

"钩"（竖钩）的要领：藏锋起笔，笔行作竖状，至钩处顿后稍提，并快速向左钩出笔锋。

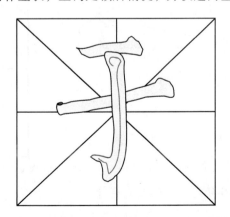

图 4-9　钩法及"于"字写法

（4）学生练习，教师巡回指导。

（5）作业："于"字写 20 个。

（十）毛笔字基础 10

（1）复习写"于"字，特别是"竖钩"的笔法要领，指出学生作业中的优缺点。

（2）学生根据自己的缺点加以练习改正。

（3）学会"折"法，掌握要领，写"日"字，如图 4-10 所示。

"折"的笔法要领：藏锋起笔作横，至折处稍提后顿，再转势向下行竖，至末处收笔回锋。

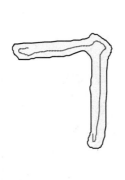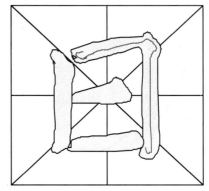

图 4-10　折法及"日"字写法

（4）学生练习，教师巡回指导。

（5）作业："日"字写 10 个，"中"字写 10 个。

（十一）毛笔字基础 11

（1）复习写"日"字，特别是"折"的笔法要领，指出学生作业中的优缺点。

（2）学生根据自己作业中的缺点加以练习改正。

（3）学写"横钩"，掌握要领，写"官"字，如图 4-11 所示。

"横钩"的笔法要领：露锋起笔向右横行，至钩处转笔向下作顿，然后渐提向左下钩出。

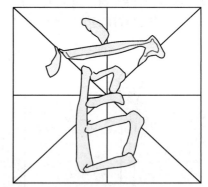

图 4-11　横钩及"官"字写法

（4）学生练习，教师巡回指导。

（5）作业："官"字写 20 个。

（十二）毛笔字基础 12

（1）复习写"官"字，特别是"横钩"的笔法要领，指点学生作业中的优缺点。

（2）学生根据自己的作业情况有针对性地练习。

（3）学写"左尖横"，掌握要领，写"在"字，如图4-12所示。

"左尖横"的笔法要领：顺势起笔横行，回锋收笔（横的变化之一）。

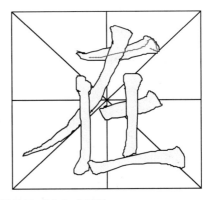

图4-12　左尖横法及"在"字写法

（4）学生练习，教师巡回指导。

（5）作业："在"字写10个，"左"字写10个。

（十三）毛笔字基础13

（1）复习写"在"字，特别是"左尖横"的笔法要领，指出学生作业中的优缺点。

（2）学生根据自己作业的情况有针对性地练习。

（3）学写"直撇"，掌握要领，写"者"字，如图4-13所示。

"直撇"的笔法要领：逆锋起笔稍顿，再转向斜下方撇出。

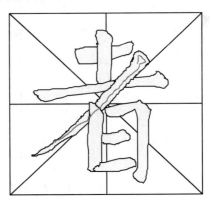

图4-13　直撇及"者"字写法

（4）学生练习，教师巡回指导。

（5）作业："者"字写10个，"行"字写10个。

（十四）毛笔字基础14

（1）复习写"者"字，注意"撇、折"的笔法要领，指出学生作业中的优缺点。

（2）学生根据自己的情况有针对性地练习。

（3）学写"短捺、提"法，掌握要领，学写"以"字，如图4-14所示。

"短捺"笔法要领：同上面讲过的"捺"法，只是略短。

"提"笔法要领：逆锋起笔，转向右上方挑提，动作稍快。

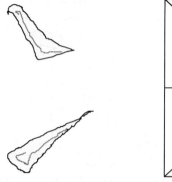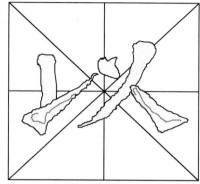

图4-14　短捺及"以"字写法

（4）学生练习，教师巡回指导。

（5）作业："以"字写20个。

（十五）毛笔字基础15

（1）复习写"以"字，特别是"提、捺"的笔法要领，指出学生作业中的优缺点。

（2）学生根据自己的作业情况有针对性地练习。

（3）学写"横折钩"，掌握要领，写"而"字，如图4-15所示。

"横折钩"笔法要领：逆锋起笔，先横再提顿，转向直下至钩处时回锋平钩出。

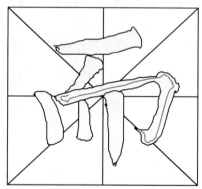

图4-15　横折钩及"而"字写法

（4）学生练习，教师巡回指导。

（5）作业："而"字写10个，"司"字写10个。

（十六）毛笔字基础16

（1）复习写"而"字，特别是"横折钩"的笔法要领，指出学生作业中的优缺点。

（2）学生根据自己作业中的缺点来有针对性地练习。

（3）学写"斜钩"（戈钩），掌握要领，写"成"字，如图4-16所示。

"斜钩"笔法要领：逆锋起笔，转向右下方稍有弧度行至钩处，回锋钩出。

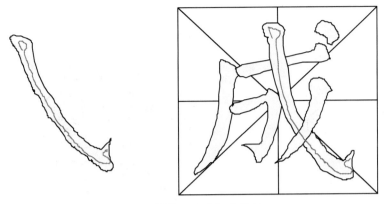

图 4-16 斜钩及"成"字写法

（4）学生练习，教师巡回指导。

（5）作业："成"字写 10 个，"武"字写 10 个。

（十七）毛笔字基础 17

（1）复习写"成"字，特别是"斜钩"的笔法要领，指出学生作业中的优缺点。

（2）学生根据自己的作业情况有针对性地练习。

（3）学写"竖弯钩"，掌握要领，写"元"字，如图 4-17 所示。

"竖弯钩"笔法要领：逆锋起笔，转笔直下圆转弯至钩处回锋钩出。

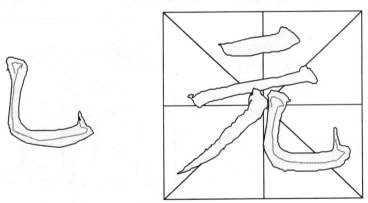

图 4-17 竖弯钩及"元"字写法

（4）学生练习，教师巡回指导。

（5）作业："元"字写 10 个，"兄"字写 10 个。

（十八）毛笔字基础 18

（1）复习写"元"字，特别是"竖弯钩"的笔法要领，指出学生作业中的优缺点。

（2）学生根据自己作业中的缺点有针对性地练习改正。

（3）学写"走之折"，掌握要领，写"道"字，如图 4-18 所示。

"走之折"笔法要领：逆锋起笔，然后横折弯弯，注意笔意连贯，一气呵成，手腕用力，灵活"蛇行"。

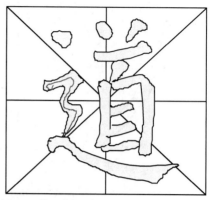

图 4-18 走之折及"道"字写法

（4）学生练习，教师巡回指导。

（5）作业："道"字写 10 个，"通"字写 10 个。

（十九）毛笔字基础 19

（1）复习写"道"字，特别是"走之折"的笔法要领，指出学生作业中的优缺点。

（2）学生根据自己作业的情况进行练习。

（3）学写"左耳钩"，掌握要领，写"陡"字，如图 4-19 所示。

"左耳钩"笔法要领：逆锋起笔，先横后折再弯钩。

图 4-19 左耳钩及"陡"字写法

（4）学生练习，教师巡回指导。

（5）作业："陡"字写 20 个。

（二十）毛笔字基础 20

（1）复习写"陡"字，特别是"左耳钩"笔法要领，指出学生作业中的优缺点。

（2）学生根据自己的作业情况有针对性地练习。

（3）学写"永"字，掌握笔法要领，如图 4-20 所示。

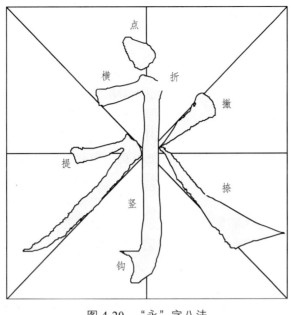

图 4-20 "永" 字八法

（4）学生练习，教师巡回指导。

（5）作业："永"字写 20 个。

第二节　小学课堂简笔画训练

在教师教育中，把教学简笔画作为学生教学基本技能训练是非常必要的，但往往在实际训练中效果不甚理想。采取什么样的有效手段和方式组织和引导学生提高教学简笔画技能，是值得师范院校进行认真探讨的问题。苏联著名教育家苏霍姆林斯基曾这样说："这种在讲课过程中随手画下来的图画比现成的，甚至比色彩的图画来都有着很大的优点。"因为简笔画这种形式，它简练、概括、直观、迅速。能在较短的时间内，将物象的主要特征表现出来，这就对教师的教学过程提供了直观的形象，对帮助学生形象地理解知识与事物提供了广阔的空间。因此，在教师教育中，将教简笔画作为教师基本技能训练的重要内容是非常必要的。

一、教学简笔画及其主要功能

应该明确简笔画的概念及内涵。简笔画就是简练、概括、夸张、直观、迅速地表现对象的一种绘画形式。教学简笔画就是针对教学需要，结合教学内容，用简笔画的形式将所需要的教学内容形象地表达出来，用于丰富课堂教学内容，激发学生的形象思维，丰富学生的想象力，让学生直观地理解教学内容，达到拓展想象空间，增强形象记忆，活跃课堂气氛，丰富课堂教学内容的艺术感染力的效果，使教师与学生在丰富多彩的教学情境中完成教学任务，提高课堂教学效率。由此可见，简笔画虽然谈不上是属于什么画种，但由于它的快捷性、实用性而受到大家的喜爱。特别是将其合理的应用在教学当中，将会起到意想不到的效果。

二、教学简笔画的表现范围

教学简笔画的表现范围非常广泛，静物、风景、人物、动物、植物等均在表现范围内。在我们的生活中一切生活用品、学习用具、陈设用品、家用电器、蔬果等都是静物的范围。风景是一个大的概念，可以说风景画中都会包含着山川、树木、屋宇、桥梁、亭台楼榭的内容，只不过每一幅风景画都必须有一定的主题。社会生活离不开人，艺术创造离不开人。人作为万物之灵是推动世界历史前进的动力，因此，不论影视、文学、戏剧、美术等都以人为主要表现对象，同时因为人在社会生活中随处可见，因此为美术创作和学习提供了有利的条件。但从另一个角度讲，正因为生活中人随处可见，所以要把人表现好也是一件不容易的事，古人有"画鬼不难画人难"之言，同时又有"画人不难画鬼难"之论，就是这个道理。人物简笔画也如此，必须通过对人的形体、结构、动态特征等进行学习和了解，同时学会用简笔画的概括方式对其进行简练概括的描绘，才能在课堂教学中得到充分的利用。动物包括家禽、鸟类、兽类等。每种动物都有其不同的特点。通过观察比较练习方能画出不同特征的动物。交通工具和机械的范围包含飞机、轮船、火车、汽车、摩托车、电动车、自行车、三轮车等。以上均为教学简笔画应该练习和表现的主要内容，教学时可分门别类的进行。

三、教学简笔画的造型特征

任何艺术都有它的艺术特点才能显示其艺术魅力，简笔画也如此，主要具有以下特点：

（1）简略。简略是简笔画的主要特征。因此简笔画离不开一个简字。所谓"简"，即简练，简练不是简单，而是形象高度概括，化繁为简，删繁就简。简练的形象中包含着丰富的内涵。

（2）概括。概括就是在简练的基础上，减少繁琐的细部，突出大体特征，将生活中纷纭繁杂的物体简化成具有明显特征的形象。如：将具有圆形特征的树木，画为圆形，将具有三角形特征的树木直接表现为三角形等。

（3）夸张。夸张是简笔画的另一个特征。所谓夸张，就是根据需要有意识地把形象夸大或缩小，即大的更大，小的更小，使其产生一种幽默感和视觉张力，增强艺术感染力。

（4）变形。为了使简笔画的形象更具有一定的艺术效果，将形象变形可增强艺术感染力，使生活中的形象变为艺术的形象。

（5）快捷。即描绘速度较快，直接用线条迅速表现，一般不涂改，不重复，下笔成型，以适应教学需要。

（6）线条流畅明朗。教学简笔画根据需要有时也画明暗，但大部分时间还是用流畅明朗的线条来表现。因为流畅明朗的线条为快捷方式奠定基础。

四、"教学简笔画"在教师教育中的意义

教师口语、三笔字、教学简笔画是教师三项基本技能，经过多年的实践，这已成为共识。教学简笔画与其他两项基本技能一样，在教师基本技能中起着重要的作用。通过训练，应该使学生掌握基本技巧，熟练运用于将来的教学之中。简笔画运用于教学可产生以下效果：

（1）丰富课堂教学内容。教师在课堂教学中，无论什么学科，师生的互动与交流，除了语言（含口语、书面语、态势语等）交流外，利用形象交流也十分重要，如：在讲到唐代王维的

诗"明月松间照，清泉石上流……"用语言的讲解交流就不如用一幅图画来表现更有说服力。

（2）拓展想象空间。想象是十分重要的，在素质教育中拓展学生想象的空间，对提高学生的创造意识起着重要的作用。图画能提高学生的形象思维能力，帮助学生拓展想象的空间。

（3）抽象具象结合。使抽象的东西形象化，使枯燥乏味的逻辑变得生动有趣，有增强记忆的效果。

（4）促进理解领会。形象的东西更能使人理解，增强记忆。

（5）活跃课堂气氛。通过生动的形象能活跃课堂气氛，吸引学生的注意力。

五、教学简笔画的练习与有效训练方法

（一）教学简笔画的绘制工具

教学简笔画主要是运用线条描绘的，因此，它的绘制工具以铅笔、钢笔、圆珠笔、彩色水笔、粉笔（在黑板上练习）为主。铅笔主要用中软的如 HB，钢笔粗细均可，可根据习惯来定，通常以流畅为宜。圆珠笔也是一种比较好的工具，所不足的是画出的线条略比钢笔的差一些，其他工具可根据需要而定。不管使用哪种工具，必须熟悉这种工具的性能，并且经过反复的练习，达到熟练掌握，才能得心应手地描绘出各种生动的形象。

（二）教学简笔画的主要技法

1. 线描法

如前所述，线条是最重要的绘画语言之一，许多绘画种类都以线条为主，如速写、素描、中国画等。学简笔画也不例外，线条是它最基本的造型手段和造型语言。我们知道，用线可以概括出大自然中纷繁复杂的形象，不同的线条还能表达出不同的情感，如直线、横线平稳、刚劲有力，曲线优美、活泼而富有变化，折线曲折、迂回而使人紧张，此外，线条的粗细、疏密、浓淡、虚实等都能使画面产生不同的效果，都能使形象产生不同的感受。

2. 线面法

线面法也称线面结合法，也就是在线条的基础上适当的加上一定的块面以丰富画面效果。

（三）不同种类的线条练习

教学简笔画应用最多的是线条。线条作为简笔画的重要绘画语言，表现在整个简笔画的过程中，不懂得用线去画或不懂得怎样画线，都不能画好简笔画。

常用线条的练习：①横线练习（从左到右）；②竖线练习（从上到下）；③斜线练习（左斜、右斜）；④曲线练习；⑤折线练习；⑥弧线练习；⑦综合线练。

线条练习的要求是：轻重适宜、流畅、均匀、清晰，有力度感。

（四）对形的观察与认识

在我们的生活中，在形形色色的世界里，在纷纭繁杂的物象中，只要我们留心观察就可

知道，许多复杂的形象实际上都是由一些简单的几何形构成的。有的一个几何形就可构成一个物象，如圆形，可构成篮球、足球、西瓜等。有的复杂形体也是在几何形体的组合下而产生的，如一些家用电器、生活用具等。总之认识不同形体是培养观察能力的重要途径之一。

几何形体练习：方形（含正方形、长方形）、三角形、梯形、半圆形、圆形、棱形。几何形体的组合练习：正方形加长方形、圆形加长方形、半圆形加上方形。以上可以看出，基本的几何体可构成丰富多彩的物体。

（五）以几何形为基础的静物练习

以几何形为基础的静物练习包括单独静物简笔画练习和组合静物的练习。单独静物简笔画练习，也叫非组合的单独的静物练习，即一个静物就构成一个画面。组合静物的练习，即一组静物包含两件或两件以上的物体。如：一个篮球两个苹果、一个西瓜两个桃子、一个南瓜两根黄瓜等。

静物简笔画的构图要求：

（1）不论是单独的一件静物或是组合的一组静物都必须讲究构图。

（2）简笔画的构图训练要求教师在黑板上先用线条，画出五比七的线框（横框、竖框），然后讲构图的基本法则和几种常用的形式。如单独静物在方框内的大小，组合静物在方框内的组合方法，以及大小、多少、疏密、高矮等形式，体现多样而统一的构图法则。学会点线面和不同形的对比，并懂得应用线条、形状、明暗等因素进行构图三角形构图特点：具有稳定、坚实的特征，能使人联想到山冈、沙丘、高大建筑物或金字塔，有坚实稳定的感觉。

在静物中如酒瓶和酒杯放置都可以构成三角形构图。方形、平行、垂直线特点：可使三面肃静、平稳等。圆形构图的特点：可使人感觉到有球体的形状而感到饱满充实等。

（3）作业要求：观察临摹单独静物20种；组合练习静物15种（含默写）。

（六）交通工具及部分机械的简笔画练习

1. 交通工具和机械的范围

（1）交通工具的范围：飞机、轮船、火车、汽车、摩托车、电动车、自行车、三轮车等。

（2）机械工具的范围：拖拉机、推土机、压路机、挖掘机等

2. 认识交通工具和机械的基本形体

（1）将复杂的结构用概括的形象去认识，我们就可以清楚地看出，以上这些交通工具表面上看似很复杂，实际上都是一些几何形体组成，如长方形、半圆形、梯形、椭圆形等（列举几种交通工具）。

（2）将复杂的形体概括为简单的几何体时，还必须注意交通工具正确的比例关系，比例得当物体才能充分显示出它应有的形象特征。

（3）作业要求：临摹练习不同的交通工具和表现方法不少于15种类型，并能默写10种交通机械工具。

（七）风景简笔画

我们这里说的风景是一个大的概念，可以说风景画中都会包含着山川、树木、屋宇、桥梁、亭台楼榭的内容，只不过每一幅风景画都必须有一定的主题，如：有以山川树木为主题的风景，也有以亭台楼榭为主题的风景等。

（1）古典房屋建筑：包括宫殿、亭台楼榭、佛塔、寺庙、道观等历史风景名胜。它们都是具有古典建筑特征的建筑物，造型优美、结构较为复杂，但只要认真观察，将复杂的建筑物概括为简单的几何形体，同样可以很快地将其画出。

（2）现代城市的建筑：包括高楼大厦、立交桥、公寓、小区、厂房、商场、餐馆、酒店、体育馆、博物馆等。形状多为较规则的几何体。

（3）山川、树木、农舍：包含不同形状的山、石、水等，不同类别的树木。

（4）农舍特征及画法。

（5）综合风景画。

① 风景画的主题，即该风景画要表现一个什么样的主题。

② 风景画的构图，即层次，大、小、远、中、近景的关系以及表现方法、透视原理等。

以上内容的练习要求：古典风景、现代风景、综合风景各临摹。

（八）鱼、虫、动物简笔画

1. 鱼、虫类简笔画

（1）鱼类：包含江湖河海中的一切鱼类，品种繁多，千变万化，多姿多彩。

（2）虫类：主要指可以入画的虫类，如蝴蝶、蜜蜂、蜻蜓、螳螂等。

（3）练习要求：要求绘画 5 种以上鱼，4 种以上虫类。

2. 动物简笔画

动物包括家禽、鸟类、兽类等。每种动物都有其不同的特点。通过观察比较才能画出不同特征的动物。禽鸟类动物的特征：禽鸟的外形一般为椭圆形（蛋形），这与鸟出自于蛋有关，在大的椭圆形上根据动态的需要加上不同方位的小圆形就可产生不同的鸟的动态。此外根据不同的鸟类的特征，如嘴、尾的不同，颈的长短、脚的长短等又可画出丰富生动的特征。其他动物：如马、熊猫、鹿、猫、狗、猴都有其特征，有的同样可用几何体概括其形体来表现其动态特点。

以上内容的作业要求：练习默写 10 种动物（含禽鸟）。

（九）人物简笔画

人物简笔画是简笔画学习的重要内容，必须通过对人的形体、结构、动态特征等进行学习和了解，同时学会用简笔画的概括方式对其进行简练概括的描绘，才能在课堂教学中得到充分的利用。

1. 人物头部的画法要点

（1）简笔画人物头部一般可用椭圆形来概括，但由于不同人物的不同特征，脸型也有不同的特点，如：田字形、由字形、甲字形、申字形、国字形、目字形、风字形、用字形等。从这些形状中已大体概括了我们前人总结出的不同人物的脸形特征，要掌握"三亭五眼"的比例关系。

（2）由于简笔画具有很强的概括能力，我们还可以将以上不同的脸形进一步的夸张、变形、强化，还可以把头部脸型根据需要画成方形、长方形、圆形、椭圆形、三角形、梯形等，就能使人的头部变得生动而富有感染力，并具有幽默感。

（3）五官特征及画法。简笔画的五官与写实性的素描速写是不同的，因为简笔画必须快捷，因此细致的描绘是不可能的，也是不必要的，它只有采取概括的形式才能与上述脸部的概括形象相协调。因此将五官符号化是一个必要的手段。教师列举五官符号，介绍不同的眼、鼻、耳嘴的画法。

（4）不同年龄性别的画法（男、女、老、少）。

（5）不同表情的画法（喜、怒、哀、乐）。

（6）不同发型的画法。

（7）不同发饰、帽饰的画法。

（8）头部的角度变化练习（侧面、半侧面、仰视、俯视等）。

2. 全身人物的画法要点

学会人物头部的画法只学会人物画的一部分，学会全身人物的画法，才能表现更多更复杂的人物场面。

（1）人物的形体结构：介绍站立的人体比例，"立七、坐五、蹲三""一竖、二横、三体积、四肢"。

（2）男、女不同的外形特征及不同年龄的比例特征。

（3）人的动态特点。

（4）组合人物的几种画法。夸张变形画法：所谓夸张，即大的更大、小的更小，如画一些儿童简笔画，可将头部画得很大，身子画得很小等。动态线画法：即认准该人物的动态线，省略其他繁琐的部分，强调动态，展现生动形象。

综上所述，教学简笔画的学习是一项综合的学习，除上述有效分类练习外，教师还可采取临摹和写生相结合的方式指导学生进行练习。临摹是学习别人的概括与表现方式，以及运用线条的各种方法；写生是对生活的了解，只有了解生活，所表现出来的形象才真实可信，才具有可识性。同时，还可将单项练习与综合练习结合起来，临摹、写生与默写结合起来进行练习同时要求学生还要坚持不懈的练习，才能取得好的效果。对教师教育而言，师范生能熟练地掌握教学简笔画，并能运用于教学之中，是教师基本技能训练的具体要求之一，因此，探索教学简笔画的学习与训练方法是师范教育不可忽视的重要内容。通过教学实践证明，以上的练习步骤和方法确实能提高学生的教学简笔画能力，因而是可行而有效的。

本章练习

请完成以下"板书设计能力测试题"，测评标准见表 4-1。

表 4-1　板书设计能力测评标准

测评项目	测评材料	测评点	具体测评指标	权重
板书能力	粉笔板书测评材料 1 份（从备选题库中随机抽取一套试题材料，根据要求进行现场板书，时间不超过 5 分钟）	字体	字体大小适中，笔画清楚，书写规范、工整、均匀，间架结构合理	0.3
		笔体	有轻重粗细、笔法讲究、富有变化、起落自然	0.15
		结构	版面整洁、布局合理、字距行距合适	0.15
		速度	书写速度适中，适应教学需要，在规定时间内完成	0.15
		效果	板书内容设置恰当，安排合理，有层次感，符合教学需要，具有艺术特色	0.25

板书设计能力测试题库
板书设计能力测试题目 1

请按要求用楷体书写以下两项内容，时间为 5 分钟。

1. 请根据专业，自选内容，进行板书设计。

2. 请书写表格中给出的汉字。

ā 阿	ā 啊	āi 哀	āi 唉	ái 挨	ǎi 矮	ài 爱	ài 碍	ān 安	àn 岸
àn 按	àn 案	àn 暗	áng 昂	ào 袄	ào 傲	ào 奥	bā 八	bā 巴	bā 扒
bā 吧	bā 疤	bá 拔	bǎ 把	bà 坝	bà 爸	bà 罢	bà 霸	bái 白	bǎi 百

板书设计能力测试题目 2

请按要求用楷体书写以下两项内容，时间为 5 分钟。

1. 请根据专业，自选内容，进行板书设计。

2. 请书写表格中给出的汉字。

bǎi 柏	bǎi 摆	bài 败	bài 拜	bān 班	bān 般	bān 斑	bān 搬	bǎn 板	bǎn 版
bàn 办	bàn 半	bàn 伴	bàn 扮	bàn 拌	bàn 瓣	bāng 帮	bǎng 绑	bǎng 榜	bǎng 膀
bàng 傍	bàng 棒	bāo 包	bāo 胞	báo 雹	bǎo 宝	bǎo 饱	bǎo 保	bǎo 堡	bào 报

板书设计能力测试题目 3

请按要求用楷体书写以下两项内容，时间为 5 分钟。

1. 请根据专业，自选内容，进行板书设计。

2. 请书写表格中给出的汉字。

bào	bào	bào	bēi	bēi	bēi	běi	bèi	bèi	bèi
抱	暴	爆	杯	悲	碑	北	贝	备	背
bèi	bèi	bèi	bēn	běn	bèn	bèng	bī	bí	bǐ
倍	被	辈	奔	本	笨	蹦	逼	鼻	比
bǐ	bǐ	bǐ	bì	bì	bì	bì	bì	bì	bì
彼	笔	鄙	币	必	毕	闭	毙	弊	碧

板书设计能力测试题目 4

请按要求用楷体书写以下两项内容，时间为 5 分钟。

1. 请根据专业，自选内容，进行板书设计。

2. 请书写表格中给出的汉字。

bì	bì	bì	bì	biān	biān	biān	biǎn	biàn	biàn
蔽	壁	避	臂	边	编	鞭	扁	便	变
biàn	biàn	biàn	biàn	biāo	biǎo	bié	bīn	bīn	bīng
遍	辨	辩	辫	标	表	别	宾	滨	冰
bīng	bǐng	bǐng	bǐng	bìng	bìng	bō	bō	bō	bāo
兵	丙	柄	饼	并	病	拨	波	玻	剥

板书设计能力测试题目 5

请按要求用楷体书写以下两项内容，时间为 5 分钟。

1. 请根据专业，自选内容，进行板书设计。

2. 请书写表格中给出的汉字。

bó	bō	bō	bó	bó	bó	bó	bó	bó	báo
脖	菠	播	伯	驳	泊	博	搏	膊	薄
bo	bǔ	bǔ	bù	bù	bù	bù	bù	cā	cāi
卜	补	捕	不	布	步	怖	部	擦	猜
cái	cái	cái	cái	cǎi	cǎi	cǎi	cǎi	cài	cān
才	材	财	裁	采	彩	睬	踩	菜	参

板书设计能力测试题目 6

请按要求用楷体书写以下两项内容，时间为 5 分钟。

1. 请根据专业，自选内容，进行板书设计。

2. 请书写表格中给出的汉字。

cān	cán	cán	cán	cǎn	càn	cāng	cāng	cāng	cáng
餐	残	蚕	惭	惨	灿	仓	苍	舱	藏
cāo	cáo	cǎo	cè	cè	cè	cè	cè	céng	chā
操	槽	草	册	侧	厕	测	策	层	叉
chā	chá	chá	chá	chà	chà	chāi	chái	chán	chán
插	查	茶	察	岔	差	拆	柴	馋	缠

板书设计能力测试题目 7

请按要求用楷体书写以下两项内容，时间为 5 分钟。

1. 请根据专业，自选内容，进行板书设计。

2. 请书写表格中给出的汉字。

chǎn	chǎn	chàn	chāng	cháng	cháng	cháng	cháng	cháng	chǎng
产	铲	颤	昌	长	肠	尝	偿	常	厂
chǎng	chǎng	chàng	chàng	chàng	chāo	chāo	chāo	cháo	cháo
场	敞	畅	倡	唱	抄	钞	超	朝	潮
chǎo	chǎo	chē	chě	chè	chè	chén	chén	chén	chén
吵	炒	车	扯	彻	撤	尘	臣	沉	辰

板书设计能力测试题目 8

请按要求用楷体书写以下两项内容，时间为 5 分钟。

1. 请根据专业，自选内容，进行板书设计。

2. 请书写表格中给出的汉字。

chén	chén	chuǎng	chèn	chēng	chèn	chēng	chéng	chéng	chéng
陈	晨	闯	衬	称	趁	撑	成	呈	承
chéng	chéng	chéng	chéng	chéng	chèng	chī	chí	chí	chí
诚	城	乘	惩	程	秤	吃	驰	迟	持
chí	chí	chǐ	chǐ	chǐ	chì	chì	chì	chōng	chōng
池	匙	尺	齿	耻	斥	赤	翅	充	冲

板书设计能力测试题目 9

请按要求用楷体书写以下两项内容，时间为 5 分钟。

1. 请根据专业，自选内容，进行板书设计。

2. 请书写表格中给出的汉字。

chóng	chóng	chōu	chóu	chóu	chóu	chóu	chóu	chóu	chǒu
虫	崇	抽	仇	绸	愁	稠	筹	酬	丑
chòu	chū	chū	chú	chú	chú	chǔ	chǔ	chǔ	chǔ
臭	出	初	除	厨	锄	础	储	楚	处
chù	chù	chuān	chuān	chuán	chuán	chuǎn	chuàn	chuāng	chuāng
触	畜	川	穿	传	船	喘	串	疮	窗

板书设计能力测试题目 10

请按要求用楷体书写以下两项内容，时间为 5 分钟。

1. 请根据专业，自选内容，进行板书设计。

2. 请书写表格中给出的汉字。

chuáng	chuàng	chuí	chuī	chuí	chuí	chūn	chún	chún	chǔn
床	创	吹	炊	垂	锤	春	纯	唇	蠢
cí	cí	cí	cí	cǐ	cì	cì	cóng	cōng	cōng
词	慈	辞	磁	此	次	刺	从	匆	葱
cōng	cóng	còu	cū	cù	cù	cuàn	cuī	cuī	cuì
聪	丛	凑	粗	促	醋	窜	催	摧	脆

板书设计能力测试题目 11

请按要求用楷体书写以下两项内容，时间为 5 分钟。

1. 请根据专业，自选内容，进行板书设计。

2. 请书写表格中给出的汉字。

cuì	cūn	cún	cùn	cuò	céng	dā	dá	dá	dǎ
翠	村	存	寸	错	曾	搭	达	答	打
dà	dāi	dài	dài	dài	dài	dài	dài	dǎi	dài
大	呆	代	带	待	怠	贷	袋	逮	戴
dān	dān	dān	dān	dǎn	dàn	dàn	dàn	dàn	dàn
丹	单	担	耽	胆	旦	但	诞	弹	淡

板书设计能力测试题目 12

请按要求用楷体书写以下两项内容，时间为 5 分钟。

1. 请根据专业，自选内容，进行板书设计。
2. 请书写表格中给出的汉字。

dàn	dāng	dǎng	dǎng	dàng	dàng	dāo	dāo	dǎo	dǎo
蛋	当	挡	党	荡	档	刀	叨	导	岛
dǎo	dǎo	dào	dào	dào	dào	dào	dé	dé	de
倒	蹈	到	悼	盗	道	稻	得	德	的
dēng	dēng	děng	dèng	dī	dī	dī	dí	dí	dǐ
灯	登	等	凳	低	堤	滴	敌	笛	底

板书设计能力测试题目 13

请按要求用楷体书写以下两项内容，时间为 5 分钟。

1. 请根据专业，自选内容，进行板书设计。
2. 请书写表格中给出的汉字。

dǐ	dì	dì	dì	dì	dì	diān	diǎn	diǎn	diàn
抵	地	弟	帝	递	第	颠	典	点	电
diàn	diàn	diàn	diāo	diāo	diào	diào	diào	diào	diē
店	垫	殿	叼	雕	吊	钓	调	掉	爹
diē	dié	dié	dīng	dīng	dīng	dīng	dǐng	dìng	dìng
跌	叠	蝶	丁	叮	盯	钉	顶	订	定

板书设计能力测试题目 14

请按要求用楷体书写以下两项内容，时间为 5 分钟。

1. 请根据专业，自选内容，进行板书设计。
2. 请书写表格中给出的汉字。

diuá	dōng	dōng	dǒng	dǒng	dòng	dòng	dòng	dòng	dōu
丢	东	冬	董	懂	动	冻	栋	洞	都
dòu	dǒu	dǒu	dòu	dòu	dū	dú	dú	dú	dǔ
斗	抖	陡	豆	逗	督	毒	读	独	堵
dǔ	dù	dù	dù	dù	duān	duǎn	duàn	duàn	duàn
赌	杜	肚	度	渡	端	短	段	断	缎

板书设计能力测试题目 15

请按要求用楷体书写以下两项内容，时间为 5 分钟。

1. 请根据专业，自选内容，进行板书设计。

2. 请书写表格中给出的汉字。

duàn	duī	duì	duì	dūn	dūn	dùn	dùn	duō	duó
锻	堆	队	对	吨	蹲	盾	顿	多	夺
duǒ	duǒ	duò	é	é	é	è	è	ēn	ér
朵	躲	惰	鹅	蛾	额	恶	饿	恩	儿
ér	ěr	èr	fā	fá	fá	fá	fá	fǎ	fān
而	耳	二	发	乏	伐	罚	阀	法	帆

板书设计能力测试题目 16

请按要求用楷体书写以下两项内容，时间为 5 分钟。

1. 请根据专业，自选内容，进行板书设计。

2. 请书写表格中给出的汉字。

fān	fān	fán	fán	fán	fǎn	fǎn	fàn	fàn	fàn
番	翻	凡	烦	繁	反	返	犯	泛	饭
fàn	fàn	fāng	fāng	fāng	fáng	fáng	fáng	fǎng	fǎng
范	贩	方	坊	芳	防	妨	房	仿	访
fǎng	fàng	fēi	fēi	féi	fěi	fèi	fèi	fèi	fèi
纺	放	飞	非	肥	匪	废	沸	肺	费

板书设计能力测试题目 17

请按要求用楷体书写以下两项内容，时间为 5 分钟。

1. 请根据专业，自选内容，进行板书设计。

2. 请书写表格中给出的汉字。

fēn	fēn	fēn	fēn	fén	fěn	fèn	fèn	fèn	fèn
分	吩	纷	芬	坟	粉	份	奋	愤	粪
fēng	fēng	fēng	fēng	fēng	fēng	fēng	féng	féng	fěng
丰	风	封	疯	峰	锋	蜂	逢	缝	讽
fèng	fèng	fó	fǒu	fū	fū	fú	fú	fú	fú
凤	奉	佛	否	夫	肤	伏	扶	服	俘

板书设计能力测试题目 18

请按要求用楷体书写以下两项内容，时间为 5 分钟。

1. 请根据专业，自选内容，进行板书设计。
2. 请书写表格中给出的汉字。

fú	fú	fú	fú	fǔ	fǔ	fǔ	fǔ	fǔ	fǔ
浮	符	幅	福	抚	府	斧	俯	辅	腐
fù	fù	fù	fù	fù	fù	fù	fù	fù	fù
父	付	妇	负	附	咐	复	赴	副	傅
fù	fù	fù	gāi	gǎi	gài	gài	gài	gàn	gān
富	腹	覆	该	改	盖	溉	概	干	甘

板书设计能力测试题目 19

请按要求用楷体书写以下两项内容，时间为 5 分钟。

1. 请根据专业，自选内容，进行板书设计。
2. 请书写表格中给出的汉字。

gǎn	gān	gān	gǎn	gǎn	gǎn	gǎn	gāng	gāng	gǎng
杆	肝	竿	秆	赶	敢	感	冈	刚	岗
gāng	gāng	gāng	gǎng	gàng	gāo	gāo	gāo	gǎo	gǎo
纲	缸	钢	港	杠	高	膏	糕	搞	稿
gào	gē	gē	gē	gē	gē	gē	gé	gé	gé
告	哥	胳	鸽	割	搁	歌	阁	革	格

板书设计能力测试题目 20

请按要求用楷体书写以下两项内容，时间为 5 分钟。

1. 请根据专业，自选内容，进行板书设计。
2. 请书写表格中给出的汉字。

gě	gé	gè	gè	gěi	gēn	gēn	gèng	gēng	gōng
葛	隔	个	各	给	根	跟	更	耕	工
gōng	gōng	gōng	gōng	gòng	gōng	gōng	gōng	gǒng	gòng
弓	公	功	攻	供	宫	恭	躬	巩	共
gòng	gōu	gōu	gōu	gǒu	gòu	gòu	gòu	gū	gū
贡	勾	沟	钩	狗	构	购	够	估	姑

板书设计能力测试题目 21

请按要求用楷体书写以下两项内容，时间为 5 分钟。

1. 请根据专业，自选内容，进行板书设计。
2. 请书写表格中给出的汉字。

gū 孤	gū 辜	gǔ 古	gǔ 谷	gǔ 股	gǔ 骨	gǔ 鼓	gù 固	gù 故	gù 顾
guā 瓜	guā 刮	guà 挂	guāi 乖	guǎi 拐	guài 怪	guān 关	guān 观	guān 官	guàn 冠
guǎn 馆	guǎn 管	guàn 贯	guàn 惯	guàn 灌	guàn 罐	guāng 光	guǎng 广	guī 归	guī 龟

板书设计能力测试题目 22

请按要求用楷体书写以下两项内容，时间为 5 分钟。

1. 请根据专业，自选内容，进行板书设计。
2. 请书写表格中给出的汉字。

guī 规	guǐ 轨	guǐ 鬼	guì 柜	guì 贵	guì 桂	guì 跪	gǔn 滚	gùn 棍	guō 锅
guó 国	guǒ 果	guǒ 裹	guò 过	hā 哈	hái 孩	hǎi 海	hài 害	hán 含	hán 寒
hǎn 喊	hàn 汉	hàn 汗	hàn 旱	háng 航	háo 毫	háo 豪	hǎo 好	hào 号	hào 浩

板书设计能力测试题目 23

请按要求用楷体书写以下两项内容，时间为 5 分钟。

1. 请根据专业，自选内容，进行板书设计。
2. 请书写表格中给出的汉字。

hào 耗	hē 喝	hé 禾	hé 合	hé 何	hé 和	hé 河	hé 核	hé 荷	hé 盒
hè 贺	hēi 黑	hén 痕	hěn 很	hěn 狠	hèn 恨	héng 恒	héng 横	héng 衡	hōng 轰
hǒng 哄	hōng 烘	hóng 红	hóng 宏	hóng 洪	hóng 虹	hóu 喉	hóu 猴	hǒu 吼	hòu 后

板书设计能力测试题目 24

请按要求用楷体书写以下两项内容，时间为 5 分钟。

1. 请根据专业，自选内容，进行板书设计。

2. 请书写表格中给出的汉字。

hòu	hòu	hū	hū	hū	hú	hú	hú	hú	hú
厚	候	乎	呼	忽	狐	胡	壶	湖	糊
hú	hǔ	hù	hù	hù	huā	huá	huá	huá	huá
蝴	虎	互	户	护	花	华	哗	滑	猾
huà	huá	huà	huà	huái	huái	huài	huān	hái	huán
化	划	画	话	怀	槐	坏	欢	还	环

板书设计能力测试题目 25

请按要求用楷体书写以下两项内容，时间为 5 分钟。

1. 请根据专业，自选内容，进行板书设计。

2. 请书写表格中给出的汉字。

huǎn	huàn	huàn	huàn	huàn	huāng	huāng	huáng	huáng	huáng
缓	幻	唤	换	患	荒	慌	皇	黄	煌
huàng	huǎng	huī	huī	huī	huī	huí	huǐ	huì	huì
晃	谎	灰	恢	挥	辉	回	悔	汇	会
huì	huì	huì	huǐ	huì	hūn	hūn	hún	hún	hùn
绘	贿	惠	毁	慧	昏	婚	浑	魂	混

板书设计能力测试题目 26

请按要求用楷体书写以下两项内容，时间为 5 分钟。

1. 请根据专业，自选内容，进行板书设计。

2. 请书写表格中给出的汉字。

huó	huǒ	huǒ	huò	huò	huò	huò	huò	jī	jī
活	火	伙	或	货	获	祸	惑	击	饥
jī	jī	jī	jī	jì	jī	jī	jì	jī	jí
圾	机	肌	鸡	迹	积	基	绩	激	及
jí	jí	jí	jí	jí	jí	jí	jí	jǐ	jǐ
吉	级	即	极	急	疾	集	籍	几	己

板书设计能力测试题目 27

请按要求用楷体书写以下两项内容，时间为 5 分钟。

1. 请根据专业，自选内容，进行板书设计。
2. 请书写表格中给出的汉字。

jǐ	jǐ	jì	jì	jì	jì	jì	jì	jì	jì
挤	脊	计	记	纪	忌	技	际	剂	季
jì	jì	jì	jì	jiā	jiā	jiā	jiā	jiā	jiǎ
既	济	继	寄	加	夹	佳	家	嘉	甲
jià	jià	jià	jiǎ	jià	jià	jiān	jiān	jiān	jiān
价	驾	架	假	嫁	稼	奸	尖	坚	歼

板书设计能力测试题目 28

请按要求用楷体书写以下两项内容，时间为 5 分钟。

1. 请根据专业，自选内容，进行板书设计。
2. 请书写表格中给出的汉字。

jué	jué	jiáo	jūn	jūn	jūn	jūn	jùn	kǎ	kāi
觉	掘	嚼	军	君	均	菌	俊	卡	开
kǎi	kǎi	kān	kān	kǎn	kàn	kāng	kāng	káng	kàng
凯	慨	刊	堪	砍	看	康	糠	扛	抗
kàng	kǎo	kǎo	kào	kē	kē	kē	ké	ké	kě
炕	考	烤	靠	科	棵	颗	壳	咳	可

板书设计能力测试题目 29

请按要求用楷体书写以下两项内容，时间为 5 分钟。

1. 请根据专业，自选内容，进行板书设计。
2. 请书写表格中给出的汉字。

kě	kè	kè	kè	kè	kěn	kěn	kěn	kēng	kōng
渴	克	刻	客	课	肯	垦	恳	坑	空
kǒng	kǒng	kòng	kǒu	kòu	kòu	kū	kū	kǔ	kù
孔	恐	控	口	扣	寇	枯	哭	苦	库
kù	kù	kuā	kuǎ	kuà	kuà	kuài	kuài	kuān	kuǎn
裤	酷	夸	垮	挎	跨	块	快	宽	款

板书设计能力测试题目 30

请按要求用楷体书写以下两项内容，时间为 5 分钟。

1. 请根据专业，自选内容，进行板书设计。

2. 请书写表格中给出的汉字。

lǎn	làn	làn	láng	láng	láng	lǎng	làng	lāo	láo
懒	烂	滥	郎	狼	廊	朗	浪	捞	劳
láo	lǎo	lǎo	lào	lè	lè	léi	lěi	lèi	lèi
牢	老	姥	涝	乐	勒	雷	垒	泪	类
lèi	lěng	lí	lí	lí	lí	lí	lì	lí	lí
累	冷	厘	梨	狸	离	犁	鹂	璃	黎

板书设计能力测试题目 31

请按要求用楷体书写以下两项内容，时间为 5 分钟。

1. 请根据专业，自选内容，进行板书设计。

2. 请书写表格中给出的汉字。

mài	mài	mài	mài	mán	mán	mán	mǎn	màn	màn
迈	麦	卖	脉	蛮	馒	瞒	满	慢	漫
máng	máng	máng	máng	māo	máo	máo	máo	mào	mào
忙	芒	盲	茫	猫	毛	矛	茅	茂	冒
mào	mào	mào	me	méi	méi	méi	méi	méi	měi
贸	帽	貌	么	没	眉	梅	煤	霉	每

板书设计能力测试题目 32

请按要求用楷体书写以下两项内容，时间为 5 分钟。

1. 请根据专业，自选内容，进行板书设计。

2. 请书写表格中给出的汉字。

ní	ní	nǐ	nì	nián	niàn	niáng	niàng	niǎo	niào
尼	泥	你	逆	年	念	娘	酿	鸟	尿
niē	nín	níng	níng	niú	niǔ	niǔ	nóng	nóng	nòng
捏	您	宁	凝	牛	扭	纽	农	浓	弄
nú	nǔ	nù	nǚ	nuǎn	nuó	ōu	ǒu	pì	pā
奴	努	怒	女	暖	挪	欧	偶	辟	趴

板书设计能力测试题目 33

请按要求用楷体书写以下两项内容，时间为 5 分钟。

1. 请根据专业，自选内容，进行板书设计。

2. 请书写表格中给出的汉字。

pá	pà	pāi	pái	pai	pān	pán	pàn	pàn	pàn
爬	怕	拍	牌	派	攀	盘	判	叛	盼
pāng	páng	pàng	pāo	pào	páo	pǎo	pào	péi	péi
乓	旁	胖	抛	炮	袍	跑	泡	陪	培
péi	pèi	pèi	pēn	pén	péng	péng	péng	péng	pěng
赔	佩	配	喷	盆	朋	棚	蓬	膨	捧

板书设计能力测试题目 34

请按要求用楷体书写以下两项内容，时间为 5 分钟。

1. 请根据专业，自选内容，进行板书设计。

2. 请书写表格中给出的汉字。

rě	rè	rén	rén	rěn	rèn	rèn	rèn	rēng	réng
惹	热	人	仁	忍	刃	认	任	扔	仍
rì	róng	róng	róng	róng	róng	róu	róu	ròu	rú
日	绒	荣	容	熔	融	柔	揉	肉	如
rǔ	rǔ	rù	ruǎn	ruì	ruì	rùn	ruò	ruò	sā
乳	辱	入	软	锐	瑞	润	若	弱	撒

板书设计能力测试题目 35

请按要求用楷体书写以下两项内容，时间为 5 分钟。

1. 请根据专业，自选内容，进行板书设计。

2. 请书写表格中给出的汉字。

sǎ	sāi	sài	sān	sǎn	sàn	sāng	sǎng	sàng	sǎo
洒	塞	赛	三	伞	散	桑	嗓	丧	扫
sǎo	sè	sēn	shā	shā	shā	shǎ	shāi	shai	shān
嫂	色	森	杀	沙	纱	傻	筛	晒	山
shān	shān	shǎn	shǎn	shàn	shàn	shāng	shāng	shang	shǎng
删	衫	闪	陕	扇	善	伤	商	裳	晌

板书设计能力测试题目 36

请按要求用楷体书写以下两项内容，时间为 5 分钟。

1. 请根据专业，自选内容，进行板书设计。

2. 请书写表格中给出的汉字。

tā	tā	tǎ	tà	tái	tái	tai	tai	tai	tān
它	塌	塔	踏	台	抬	太	态	泰	贪
tān	tān	tán	tán	tán	tǎn	tǎn	tàn	tàn	tàn
摊	滩	坛	谈	痰	坦	毯	叹	炭	探
tāng	táng	táng	táng	táng	táng	tǎng	tǎng	tàng	tàng
汤	唐	堂	塘	膛	糖	倘	躺	烫	趟

板书设计能力测试题目 37

请按要求用楷体书写以下两项内容，时间为 5 分钟。

1. 请根据专业，自选内容，进行板书设计。

2. 请书写表格中给出的汉字。

wai	wān	wān	wán	wán	wán	wán	wǎn	wǎn	wǎn
外	弯	湾	丸	完	玩	顽	挽	晚	碗
wàn	wāng	wáng	wáng	wǎng	wǎng	wàng	wàng	wàng	wàng
万	汪	亡	王	网	往	妄	忘	旺	望
wēi	wēi	wēi	wéi	wéi	wéi	wéi	wéi	wěi	wěi
危	威	微	为	围	违	唯	维	伟	伪

板书设计能力测试题目 38

请按要求用楷体书写以下两项内容，时间为 5 分钟。

1. 请根据专业，自选内容，进行板书设计。

2. 请书写表格中给出的汉字。

xī	xī	xī	xī	xī	xí	xí	xí	xǐ	xǐ
稀	溪	锡	熄	膝	习	席	袭	洗	喜
xì	xì	xì	xì	xiā	xiā	xiá	xiá	xiá	xià
戏	系	细	隙	虾	瞎	峡	狭	霞	下
xià	xià	xià	xiān	xiān	xiān	xiān	xiān	xián	xián
吓	夏	厦	仙	先	纤	掀	鲜	闲	弦

板书设计能力测试题目 39

请按要求用楷体书写以下两项内容，时间为 5 分钟。

1. 请根据专业，自选内容，进行板书设计。

2. 请书写表格中给出的汉字。

yá	yǎ	yǎ	yà	yān	yān	yān	yán	yán	yán
崖	哑	雅	亚	咽	烟	淹	延	严	言
yán	yán	yán	yán	yán	yán	yán	yǎn	yǎn	yǎn
岩	沿	炎	研	盐	蜒	颜	掩	眼	演
yàn	yàn	yàn	yàn	yàn	yàn	yàn	yāng	yāng	yāng
厌	宴	艳	验	焰	雁	燕	央	殃	秧

板书设计能力测试题目 40

请按要求用楷体书写以下两项内容，时间为 5 分钟。

1. 请根据专业，自选内容，进行板书设计。

2. 请书写表格中给出的汉字。

zàn	zàn	zāng	zàng	zāo	zāo	zǎo	zǎo	zǎo	zào
暂	赞	脏	葬	遭	糟	早	枣	澡	灶
zào	zào	zào	zào	zé	zé	zé	zé	zéi	zěn
皂	造	燥	躁	则	择	泽	责	贼	怎
zēng	zèng	zhā	zhā	zhá	zhá	zhǎ	zhà	zhà	zhāi
增	赠	渣	扎	轧	闸	眨	炸	榨	摘

第五章　小学教师信息技术应用能力训练

随着科学技术的发展，信息技术的应用得到普及，社会上各行各业正利用计算机这一信息处理工具，不断地改变着工作的方式、生产的效率。计算机多媒体技术也在教学中得到广泛应用。伴随着初等教育新课程改革在全国范围内的推进，作为初等教育者的培养基地——普通高师院校也面临着配合新课程改革更改相应教学思路和教学方法的任务。当前，计算机多媒体技术已经成为现代教育技术课程教学中的核心课程，它用以辅助教学，是教学授课不可或缺的重要教育手段之一。现代的教育模式多是围绕多媒体教育展开，多媒体可以很好地帮助教师减少板书的时间，用生动的图像、文字、声音、动画代替传统的以讲授和板书为主的教学模式，无论从教学效果还是授课效率上，都将是一个巨大的提高。

 **本章学习目标**

1. 了解信息技术教学手段应用的优势及局限。
2. 掌握小学教学中常见的多媒体教学手段。
3. 能够根据教学内容，合理设计，利用信息技术进行课程资源的整合与应用。

第一节　小学信息技术教学应用情况概述

在现代教育信息时代的今天，学校对信息化教育的要求越来越高，对于推动信息技术与学科教学的有机整合，促进教师角色的转变，为了更好地在教学中"选择、运用"信息技术，促使信息技术与课程整合快速健康地发展，必须做好教师的信息技术教学能力培训。

全国中小学计算机教育研究中心于1998年首次在国内推广"整合"的理念，随着教育改革的深入，国家对信息技术与课程的整合也越来越重视。2000年10月25日，陈至立同志在"全国中小学信息技术教育工作会议"上指出："在开好信息技术课程的同时，要努力推进信息技术与其他学科教学的整合，鼓励在其他学科的教学中广泛应用信息技术手段，并把信息技术教育融合在其他学科的学习中。"教育部在《基础教育课程改革纲要（试行）》中也提出："大力推进信息技术在教学过程中的普遍应用，促进信息技术与学科课程的整合，逐步实现教学内容的呈现方式、学生的学习方式、教师的教学方式和师生互动方式的变革，充分发挥信息技术的优势，为学生的学习和发展提供丰富多彩的教育环境和有力的学习工具。"自此，我国信息技术与课程整合的研究正式拉开帷幕。随着教育信息化的深入发展，信息技术与课程整合成为了教育信息化和新课程改革过程中专家学者和一线教师普遍关注的话题，信息技术与课程整合的研究与实践已成为新课程改革的重要内容。

一、多媒体教学手段与传统教学手段的对比分析

（一）多媒体教学的正负效应

以多媒体技术、网络技术和 CAI 课件为核心的现代教育技术的问世和发展，带来了数学教学手段的革命。通过计算机图形显示、动画模拟及文字说明等形成了一个全新的图文并茂、声像结合的清晰、直观、形象生动的教学环境，使教学者、教学媒介和教学对象达到三位一体，不仅增加了教学信息量，提高了教学效率，而且能有效地刺激学生的形象思维。神经生物学家的研究结果表明：人类对知识的接受，一般约 70%来自视觉的信息，30%来自听觉信息。多媒体独特的"全方位、多视角、多层次、多变化"的立体式演示功能，有着传统教学方式所不具备的许多优点：

形象生动，新颖直观。它使一些在传统教学手段下难以表达的教学内容或无法观察到的现象能生动形象、新颖直观地展示出来，克服了传统教学抽象枯燥理解困难的弊端，从而加强学生对问题的理解，有利于提高学习积极性，收到"寓教于乐"的教学效果。

提高效率，节约时间。应用多媒体教学，可以使教学内容呈现速度快、质量高的效果，鼠标一点，代替教师花好长时间完成一个图形或一串式子，既节省了课堂"制作"的时间，又呈现了工整、规范、清晰的"板书"，课堂信息量增加，教学效率提高。

使用课件，规范有序。集中许多有智慧、有教学经验的教师制作 CAI 课件，能使教学内容更加规范有序，便于指定统一考核标准。

减轻劳累，减少污染。运用多媒体教学后，大部分的粉笔板书可用电子板书替代，既减轻了教师的板书之累，又减少了粉尘污染。

运用多媒体技术进行课堂教学具有诸多优势，但这并不意味着已是尽善尽美，相反还有很多问题和困惑，需要去探讨、研究和解决。主要的问题有以下几个方面：

信息量大，吸收消化困难。多媒体教学大大增加了课堂信息量，然而负面效应十分明显。有学生反映：用多媒体教学信息量大，变换快，提供的知识很难得到消化和吸收。

课件制作费时耗力。CAI 课件的选用是根据教师讲课内容而定，目前虽有商品化的 CAI 课件，但大部分不符合教学要求，有些课件只是让书本搬家，因此需要教师根据具体授课内容动手设计制作课件，这不仅是一项费时耗力的工程，对年龄较大的教师还有一定的难度，因为编制电子教案，不仅要输入文字、编辑画面，而且还要熟悉计算机的各项功能，单枪匹马很难完成，而集体做出来的课件又难以表现教师各自的特色。

交互受到限制。传统教学过程中，教师可以随时观察学生听课的精神状态，并可通过提问针对性了解学生对某个问题的理解程度，及时修正教学方法、调整内容或进度，即因材施教.多媒体教学则是程序化的，难以临时改变教案。课堂教学是师生之间双向进行的活动，若只是依赖课件点鼠标讲课，缺少学生参与和信息的及时反馈，教学效果不会很好。多媒体教学恰是这种情况，没有情感的大屏幕成为教学的"主角"，师生之间的交流及教师的主导作用在一定程度上有所削弱，教学气氛有点沉闷。

依赖性增强，主动性降低。教师都有这样一种感受，由于自身的思维的活跃程度、所处周围环境氛围的不同，讲课时不一定照原计划进行，而是沿着临时出现的灵感和思路讲下去，

使用多媒体后，教师的这种灵活性受到了不同程度的限制。不仅如此，它容易使教师，尤其是青年教师，过分依赖于电子教案，教师在讲台上轻轻松松点鼠标造成了"学生瞪着眼睛看，教师围着电脑转"的现象，有的学生感叹这是"人灌"演变成了"机灌"。

（二）传统教学的正负效应

多媒体教学虽然有许多其他教学手段无可比拟的优势和显而易见的魅力，但完全摒弃"黑板+粉笔"的传统教学，则是不可取的。纵观教育发展的历史，"黑板+粉笔"的教学方式培养了大批优秀人才，它自有其精华之处。传统教学过程中具有师生之间的感情交流，教师的主导作用是显而易见的。课堂教学是一种师生之间的双向互动的教学活动，在这方面，传统的黑板教学似乎比多媒体教学技高一筹。教师的讲课艺术和个性才华在传统教学过程中能得到充分的发挥和体现，与多媒体具有"短、平、快"高效传递信息的功能相比，传统教学具有"慢品味、细咀嚼、助消化"的特点。多媒体教学的优势在一定程度上是与传统教学的不足相比较而言的，因此对传统教学的不足这里不再赘述。

（三）多媒体教学与传统教学的优势互补

教学本身是一门艺术，更是一项创造性劳动，教学方法的创新会对学生创造力的培养起到一种潜移默化的作用。在教学中引进多媒体，打破了以"教师为中心"的满堂灌，对教学过程、教学方法进行全面优化、优势互补，将传统教学的精华融入到现代教学中，从而扩大多媒体教学的正面效应，缩小其负面效应。教师如何结合自己的特点、教学经验，将多媒体教学与传统教学优势互补、合理安排整个教学活动呢？

首先要避免过分依赖多媒体课件，应认真备课，既要钻研电子教案，又要吃透教材，做到心中有数，讲授才能得心应手。充分了解哪些内容用多媒体教学效果好，何时采用黑板+粉笔方式效果更佳。

"尺有所短，寸有所长"，教学象征的黑板有时是无法替代的。例如：讲解公式的推导、解题技巧时，多媒体教学显得相当机械、呆板，更无法体现教师自己的指导思路，这时用粉笔在黑板上边写边讲会更清楚，有利于学生理解并掌握；定理的证明适宜先用传统教学方法分析条件、结论，讲解证明思路、证明方法，然后用多媒体分层次给出完整的证明。现代神经科学研究结果表明，连续的光刺激易使人产生"视觉疲劳"，优势互补、互动教学则是消除疲劳的科学良方。改革传统的以"教师为中心"的教学方式，使教学成为"以学生为主体，教师为主导"的教师与学生的互动过程，是优势互补的另一种形式，其教学指导思想是传统教学沉积精华，表达方式与手段采用现代的生动形象的 CAI 课件，从而达到了扬传统教学之长、避多媒体教学之短，且避免了千"课"一律。

现代多媒体教学与传统教学优势互补，对避免教师成为多媒体课件的"解说员"有很大帮助。多媒体课件在课堂教学中有很大的优越性，但也不能使任何教学内容整堂课从头到尾都依赖多媒体。多媒体教学与传统教学相比，有许多优势，但不是提高教学效果的唯一途径和手段。针对教学内容，针对不同层次、不同专业的学生开展灵活多变的教学方式，因人施教，才会使学生获得最大的收益。合理的综合利用各种教学手段，互相取长补短，才能最大限度地发挥各种教学方法的综合功能，取得更好的教学效果。

二、教学改革中多媒体教学应用的探索

多媒体在教学中的应用与教学改革创新二者相互促进，现代教育思想、教育理论使多媒体的先进特性得以充分地发挥，多媒体的先进性对探讨新的教改思路，培养新的教与学的思维方式，启发活学活用的创新精神，寻找教学改革的创新点，具有现实指导意义。多媒体教学应用与教改创新的结合，是一种新型思维能力的训练，一种先进、超前意识的强化，从而使多媒体的教学应用更具创造性和实用性。

1. 教学改革的创新点和突破口

（1）任何一种教学媒体形式的存在，必须能够在教学中表现出其突出的优越性、实用性、科学性和先进性，具有其他媒体无法替代的特殊性，使教师和学生亲身感受到其在教学中的应用价值，使教学效果达到最佳发挥。《中国教育改革和发展纲要》指出："教育改革和发展的根本目的是提高民族素质，多出人才，出好人才。"为了能应对 21 世纪的挑战并适应未来社会的发展，要求学校培养的应当是具有更多发散性思维、批判性思维和创造性思维，即应当是具有高度创新能力的创造型人才，而不应当是不善于创新也不敢于创新的知识型人才。因此，应当转换思路，采用先进的教育技术和教育媒体，为人才的发展提供一个创造性思维的平台，为教学改革寻找契机。

（2）为了适应时代的发展，适应社会对人才需要的变化，在教育改革上提出了现代教育的思想、理论、观点。书架型、工匠型的人才已经不能适应知识快速更新的现代信息社会发展的需要，为适应激烈竞争时代的需求，学校要不断向社会培养输送素质全面、接受继续教育能力强、智能型、有创新精神的人才。为此教育家们提出要促使传统的以教师为中心以课堂为中心、以书本为中心的教育方式转变为以学生学习为中心、以强化个体实践为中心、以信息交流为中心、变被动教育为主动教育、变应试教育为素质教育、变知识教育为智能教育的新型教育模式。这些观点以往很难在教学中得以实现，而应用多媒体等先进的技术则可以促进这些先进教育思想的实现。有了现代教育技术的支持，许多新的教学模式、方法和手段便可以充分发挥其优势。所以，教育家对教育改革提出的更高要求，是进行多媒体教学应用研究的基本思路、主要途径和重点，也是进行教学改革的创新点和突破口，我们应据此来最大限度地发挥多媒体技术的特性。信息集成控制性是多媒体技术的主要特性之一，这一特性在教学中应用最为普遍。

2. 教学和学习效果的提高

（1）可以大大提高学生在有限的单位时间内获取更多的信息的效率，较彻底地分解知识技能信息的复杂度，减少信息在大脑中从形象到抽象，再由抽象到形象的加工转换过程，充分传达教学意图，使学生能轻松接受抽象复杂的教学内容，提高课堂教学效果的同时培养学生抽象思维能力。

（2）多媒体在使用上操作更加灵活，控制更加方便。不仅具有视频的较强形象表现力，即"好看"，而且具有信息灵活呈现的随机控制能力，即"好用"。多媒体则更突出的是"好

用"的特性，从而避免了视频教材千篇一律的灌输式的缺陷。利用多媒体技术的特性，教师可以真正做到以学生为中心的情景式教学，实现现代教育所提倡的加强教与学的交流，充分调动学生的主观能动性，变被动的学习为主动的学习，培养学生勇于探索的精神。

（3）多媒体的信息集成控制性，有助于教师指导学生课外主动学习。在多媒体教学时，教师可以考虑课堂与课外形式的相互补充，精选课堂教学内容，突出重点，最大限度利用课堂有效的时间，适当补充课外内容，有意识地培养学生的自学能力。

（4）多媒体教学，特别适合知识更新和随时在教学中增补学术前沿的内容。多媒体教材的增删修改、吐故纳新，教师可以自行完成，也可以吸纳学生参与。而幻灯片、录像教材常依赖于专业人员和专业设备，更新周期相对较长。多媒体容易实现以学生为中心的教学模式，使学生进行主动教育的主导意识进一步增强，同时使教学中许多僵化、陈旧的东西受到冲击和更新。

3. 素质教育和技能、智能训练

（1）交互性是多媒体技术独一无二的最具特色和优势的根本特性。交互性也是多媒体技术其他特性的核心，它使多媒体技术其他特性的优势更突出，功能更强大。一个多媒体教材的应用价值，是否能被其他媒体所替代，是否是高层次高水平、真正意义上的多媒体教材，也取决于它是否具有较强的交互性功能。智能化教材是前所未有、面向未来的新型教材，也是多媒体发展的方向。目前，相当比例的多媒体教材，对交互性开发应用得不够，或者说，只是宽泛意义和简单意义上的交互性。交互性不仅表现在信息的控制、组织、传递，更重要的是能对信息内容和形式进行分解、加工、改造、转换、新建，创造出一种新的信息内容和形式，并从这些变化中获得新的知识或验证知识。这是其他媒体难以做到的。其核心意义是可改造可新建的可变性。与信息的灵活呈现，简单的判别等有着根本性的不同，而且交互性起到的作用，也不仅仅是节省学时，减轻教师劳动，丰富信息量和表现力等一般的意义。

（2）运用发挥多媒体人机交互性强的特性，对于在教学改革中进行学生的素质教育、技能训练，乃至创造性思维能力的培养具有积极的意义。它的优越性实用性体现在实验课、操作技能训练、教学实习等许多方面，在教学中大有用武之地，便于找到教学改革的突破口和创新点。在实验技能课教学实践中，一些微观、抽象、机理复杂，难以重复，实验难度高，成本大，个例罕见，难以实地、实景、实体操作训练和无法示教的教学内容，可以运用计算机多媒体来进行全新的教学。

4. 多媒体教学设计与教改创新

多媒体的教学应用，重要的是教学设计。缺乏科学合理实用的教学设计，就会有教材不会合理应用，有条件不能充分发挥作用，有能力而无法施展。好的教材，通过好的教学设计，可以使它的应用价值升值。多媒体教学的教学设计，一般应注意以下几点。

（1）首先要把多媒体与其他多种媒体同样看待，研究多媒体与其他多种媒体的有机组合，因为多媒体不是万能的，有优势也有不足，它只是综合了其他媒体的优势，而没有达到其他媒体的最佳表现力。如幻灯片的高清晰度和电视大容量的活动图像和动态表现力。因此，在教学中要合理设计、搭配、应用多媒体和其他媒体，共同发挥出综合效益。

（2）选择适合发挥多媒体特性的教学内容，制作多媒体教材，如形态学内容，微观、宏观的教学内容，机理抽象复杂的教学内容，实习教学内容，实验技能训练课内容，使有限的制作能力用在关键的地方，好钢用在刀刃上。

（3）根据不同的教学要求，采取不同的多媒体教学手段，科学设计多媒体教材的系统功能，如电子提纲型，综合演示型，实验操作型，考试测验型，资料工具型，网络教学型，充分发挥各种功能的优长，做到多媒体优势与效益的有机结合。

（4）多媒体的各种特性的发挥，不应以花样翻新或计算机技术的难度来评定优劣，不能认为多媒体教材做得越复杂，技术难度越高就越好，其简单和复杂的程度，应重在准确、简洁和恰到好处的教学实用性，要尽量以少而精的计算机资源，制作出简而优的多媒体教材。总之，要针对多媒体教学中遇到的多种多样的问题，摸索出新的教学方法，开发出新的教学模式，要开阔思路，启发思维，强化多媒体意识，培养探索和创新精神。

三、多媒体教学环境下的教学设计与实施

1. 正确认识教学"课件"

"课件"一词是 20 世纪 70 年代末、80 年代初从国外引入国内的。其概念是在一定的学习理论指导下，根据教学目标设计的、反映某种教学策略和教学内容的计算机软件。进入 90 年代后，计算机的多媒体功能越来越强，各种课件开发工具、平台软件使课件的制作越来越方便，课件的表现力更加强大。尤其是近年来一些灵活方便的软件制作工具（如 Powerpoint、Authorware、几何画板等）的出现，使得普通的学科教师也能运用这些工具性软件来自制所需的课堂教学软件，教师制作课件的积极性大大增加了。由于课件制作一开始是由计算机专业人士从事和控制的，所以在开发课件的过程中，往往比较注重声像效果，且希望开发出来的课件既有较大的通用性，又能使用比较长的时间。因此，这种课件在结构上按照事先确定的大纲要求，按固定的程序，有一定的情节；在内容上"以教为中心"着眼于知识传递；在形式上"声像流转"侧重于课件的表现力。其结果是费尽心血制作出来的课件，在教学过程中只是以机器代替了教师，以显示代替了板书，把过去由教师"满堂灌"变成由电脑、机器"满堂灌"，完全挤压了学生思考的时空，学生接受的效果并不好，所以这种课件只能用于自学参考。因为教学过程具有个性化、学生主体性、不可预测性、自激励与他激励性等特点，所以在多媒体教学环境下，任课教师应以自制课件为主，必要时可选用一些商业化的课件，为与商业课件有所区别，我们可将教师自制的课件称为电子教案。教师使用"课件"，是传统课堂教学的改革，是创新教育思想在学校课堂教学中的一种体现，但"课件"只是信息化教学系统中的一个构件。毫无疑问，在多媒体环境下进行教学活动，使用相应的"课件"，充分利用图形、图像、声音、动画等多种媒体辅助教师在课堂教学中创设教学情景，讲授知识的重点难点，能给学生多种感官的综合刺激，提高学生学习的积极性。这符合人们的认知规律，有利于学生获取知识和保存知识，能帮助学生理解难以理解的概念，达到最理想的学习效果。实际上，同是利用"课件"进行教学，其效果也是不一样的。如从头至尾单纯将"课件"演示一遍，即使是影像、动画、声音、色彩各种媒体齐全，对于教学场景来说也是毫无生气的，与播放电影电视类似，笔者亦曾经对于某个内容放一些事先录制的声音，此时的课堂氛围就

显得呆板，而改用粉笔、口述、形体等"语言"临场配合"课件"辅助发挥，学生就会出现遥相呼应的眼神和言语。因此，对于多媒体"课件"的制作，应从兼有学习成果评价与资源建设反馈系统角度入手，以是否能反映学生的学习历程，是否能表达教师、学生在学习中解决问题的过程或结果，是否能体现创新思想，是否是以学为主的教学活动来设计和制作产物，避免从技术论、机器论的观点来认识和理解教育信息化，使教育信息化走向歧途。

2. 多媒体环境下的教学设计

在多媒体环境下进行教学，教师和学生并没有与原教学情景相分离，多媒体设备如同黑板、粉笔一样，是整个教学环境的一部分；而"课件"即电子教案，也如同纸教案、板书一样，其工作任务还是"教什么"和"怎么教"。归根结底课堂仍是教师发挥教学主导作用的主阵地，其与传统的课堂教学的区别，就是利用信息化技术，能更有效地利用学习资源，使学生在有效的时空中接纳到大量的知识信息。在用信息化技术进行教学设计时，必须考虑这样一系列问题：首先，还是要根据教学大纲的要求和学生的实际情况，按照一定的时间顺序，以一定的结构关系将教学内容组织起来，形成一个有序的流程，保证教学方案具有可操作性；其次，要充分利用教学资源，把一些信息量大的图表、难以理解的概念做成电子教案，帮助学生学习理解和掌握，而不能是教材的复印件；最后，在高校上课若希望每堂课都能进行讨论式的授课是不现实的，但对一些重要的概念和内容，要尽可能设计出一些在借助电子教案的同时用黑板讲解的方案，给学生留出思考的时空，以取得更好的效果。更重要的是，多媒体环境教学设计在课堂实施的过程中，教师对教学进行感知、判断和操作都是实时进行的，不能不用黑板、粉笔，而只是将现成的电子教案演示阅读放映一遍。教师在把握整体教学要求的同时，要进行适时、适当的修改，特别是有的教师同时上几个班的课，有时第一班讲授下来后，可能就要调整教学方案或思路，加之随着知识的不断更新和变化，第一轮讲授下来可能就要修改一部分教学内容甚至修改目标和任务，这是一个不断完善和提高的过程。

因此，教师的电子教案一定要自己制作，使其成为可组合的、开放性的产物。另一方面，教师在制作电子教案时，主要应从教学设计上下功夫，至于在课件的表现方面，应根据教学需要，选用合适的各类教学资源组合到自己的作品中，尽量避免制作的电子教案，在表现力上花费更多的时间和占用大量的篇幅，这样势必影响教学的主要目的。

3. 利用多媒体教学环境实现双向互动教学

对于与计算机相关的大多数课程的教学，利用多媒体环境，大大提高了教学效果。这是一支粉笔、一块黑板的教学方式所无法比拟的。以计算机教学为例，一般情况下，计算机课程的教学过程分为两个部分：理论教学和实践训练。理论教学的目的是使学生理解教学内容的基本原理和方法；实践训练的目的是让学生在理解基本理论和方法的基础上，学会运用教学设计的方法去解决问题。这两个部分在时空上是分开的，由于在课时安排、教学内容、课程进度方面有一定的限制性要求，所以从某种程度上讲，在多媒体教室讲授理论知识，只是课堂教学的改进，基本上没有实现"以学为中心"，从教的角度研究较多，而忽视了学生的学习，要解决这个问题，应将信息技术作为工具与学科课程相整合。

首先，需要进一步提高基本的信息技术条件。目前大多数多媒体教学环境只是教师拥有一台机器，学生仍旧和原来观看黑板一样观看大屏幕或黑板，没有及时动手的可能性。要方便学生在学习活动中实时操作和交流，信息技术环境应优化为人手一机，让计算机就像纸和笔一样成为学生整个学习过程的基本工具，使计算机成为课堂整体教学的组成部分。这样，多媒体教室不仅仅是教师讲课的场所，也是师生教与学双向互动及学生间互动的场所，充分体现利用现代信息技术和信息资源实现教学过程的优越性。

其次，要激活教材。对于计算机语言课程来说，大部分的教材基本上都是语句格式+功能+练习，对于其他课程和专业来说，大部分的教材基本上都是概念+解释+范例，讲课方便但很难吸引学生，学生学过之后可能仍不理解或不会应用。所以可利用多媒体环境信息量大的条件，对教材中的重点、难点、结构、顺序、实例等内容进行整合，避免形成教材拷贝版的电子教案。

再次，实现教学互动。在教学方案上可设计采取自主学习的策略，充分体现学生的认知主体作用，发挥出学生的创新精神。学生的主体意识、信心、毅力与兴趣等非智力因素不仅能够形成学习动力与习惯，而且对良好意境的形成和灵感的激发也往往具有重要的作用。教师创设与当前学习主题相关的、尽可能真实的教学环境，有效地促进学生对知识意义的主动建构。本着以"学"为中心的原则，提高学生学习的积极性，形成学生的自主意识，树立学习信心，保持强烈的学习兴趣，养成良好的学习习惯，必然增强和提高学习能力。

最后，在多媒体教学互动环境中，教师除了于实践中能突出教学媒体的设计与运用外，还必须要做到以真实的态度面对学生，坦诚表露自己的真情实感，去掉一切伪装的"假面具"，其结果也会使教师自己受益即教学相长。因为学生在发挥其想象力的过程中，很可能提出一些教师没有掌握或不知道的问题。要对学生提出的具有价值、独立的正确的思想与感情予以认可，相信他们能够充分发展自己的潜能，共同更好地完成学习任务。

第二节　小学教师信息技术应用能力的培养与提高

1999—2003年，教育部实施了"中小学教师继续教育工程"。全国大多数中小学教师通过多种途径，不同程度地接受了一轮计算机基础知识和基本操作技能的培训，大部分教师初步掌握了信息技术基础知识和基本操作技能，基本扫除"计算机盲"。近些年，教育部还相继与英特尔公司、微软公司合作，推进信息技术环境下教师信息技术培训和信息技术专任教师培训，取得显著成效，促进了广大教师信息技术应用水平的提高。但是，从总体情况看，我国大多数中小学教师虽然不同程度地接受了一些信息技术基础知识和基本技能的培训，但普遍缺乏信息技术与学科教学整合的能力，缺乏在教学过程中科学、有效地运用信息技术，创设新型教学环境的能力，教师教育技术能力总体水平还不高，教师的教学方法和教学手段依然比较陈旧落后，不能适应推进教育信息化、基础教育课程改革和实施素质教育的需要。这在很大程度上影响了教育信息化基础设施投入效益的发挥，影响了素质教育的实施。

一、教师信息技术能力水平对于新时期教育发展改革的重要意义

（一）提高中小学教师信息技术应用能力是教育形势及课程改革发展的需要

1. 教育形式迫切需要提高教师的信息技术能力

当今世界，科学技术突飞猛进，知识经济已见端倪，国力竞争日趋激烈，以计算机技术为龙头的信息产业飞速发展，引起全社会各领域的重大变化，特别是在教育领域。目前，信息技术已经渗透于教育教学中，它所形成的一种全新教育形态对教育的影响是巨大的，它不仅带来教育形式和学习方式的重大变化，更重要的是对教育的思想、观念、模式、内容和方法产生了深刻的影响。我国要实现以信息化带动教育的现代化，实现基础教育的跨越式发展，关键是要建设一支数量足够、质量合格的具有较高信息技术应用能力和锐意改革的中小学师资队伍。

2. 新课程改革使教师面临挑战

课程改革一直以来都备受各个国家、学校、教师的关注，尤其是在当前社会快速发展的新形势下，新一轮课程改革是必需的、必要的、必然的，它将对我国教育的发展乃至社会的发展产生深远的影响，特别是它关系到年轻一代的前途和命运，因此课程改革是不允许失败的。而教师，作为课程改革的实践者，势必将面临新一轮课程改革的挑战，通过面对挑战必然促进教师的专业素质发展。新课程要求教师必须转变陈旧、落后的教育观念，树立符合新课程改革需要的新理念。新课程要求教师具有运用现代信息技术的能力。随着课程改革的深入，现代信息技术对于教学过程的渗透以及教学活动对于现代信息技术的需求会更加强烈，因此，将现代信息技术与教学活动有机结合的能力，即信息技术与课程整合的能力是教师提高专业素质必不可少的条件。

3. 课程改革与教师专业发展相互依存

没有教师就没有课程改革，没有课程改革也不会有教师专业的发展，就像课程研究领域的一句名言："课程发展就是教师专业发展，没有教师专业发展就没有课程发展。"实际上，课程改革与教师专业发展是相互依存的，课程改革有两个重要的因素，即人的因素和技术的因素。教师专业发展正是课程改革中"人的因素"，离开了教师的专业发展，课程改革工作不可能顺利进行，课程改革与教师专业发展是相互影响、相互制约与相互促进的互动关系。

首先，没有教师的专业发展，就没有课程改革的发展。课程的变革实际上是人的变革，没有人自身的主动适应与变化发展，课程改革是不可能实施和成功的。目前，我国教师专业发展水平比较低，特别是缺乏课程改革所需的课程研究与开发，加上现在教师工作压力大、工作任务重，对课程改革的前景无法预料，势必使教师难以舍弃旧习惯和旧观念，缺少教师专业发展的动力，从而使我们的课程改革速度减慢甚至停滞不前。因此，要想推动新课程改革的顺利发展，首先必须促进教师专业的发展。

其次，课程改革促进教师的专业发展。新课程的实施对教师无疑是一种严峻的挑战，为了应对这种挑战，教师必须进行教育观念的更新、教育能力的提高与教育行为的转变，而这种更新、提高与转变就是教师专业的进步和发展。实施课程改革后，学生的学习生活发生了

变化，致使教师专业必须得到改变与发展，教师由原先的"自主型"阶段向"自我更新型"阶段发展，教学生活与伦理观念也发生了极大的改变，使自己的专业得到锻炼与成长。同时教师所关注的事务也得到升华，更加注重学生发展的主动性、持续性与自身专业发展的必要性，形成了以关注学生发展与自身发展相结合的教育伦理观。

教师应该清楚地认识到掌握信息技术的重要性，积极主动地学习计算机技术，并用于教学改革和教育教学过程中的创新。今后教师在教学中要充分利用计算机与网络技术为标志的现代信息技术开展教研、备课、上课、制作课件，传送教育教学资料、信息等活动，并引导学生在网上查询浏览、学习知识、展现才能，提高学生学习的效率和质量，这也是教育形势发展对教师提出的新要求。

（二）教育信息化的发展需要提高教师的信息技术能力

20 世纪 90 年代以来，教育界出现以信息技术的广泛应用为特征的发展趋势，我们称之为教育信息化。何谓教育信息化？教育信息化是指在教育与教学的各个领域中，积极开发并充分应用信息技术和信息资源，培养适应信息社会需求的人才，以推动教育现代化的进程。教育信息化是衡量教育现代化的重要标志之一。教育信息化的主要特点，是在教学过程中广泛应用以多媒体计算机和网络通讯为基础的现代信息技术，其表现为教材多媒体化、资源全球化、教学个性化、学习自主化、活动合作化、管理自动化、环境虚拟化。由于广泛地应用各种机器、设备，人们往往认为教育信息化是以计算机代替教师讲课，以计算机来呈现教学内容，以计算机来存储教学信息，并以省力性、替代性、便利性、效率性的尺度来评价教育信息化。华东师范大学祝智庭教授则认为，教育信息化应被看作一个过程，其结果是达到一种新的教育形态——信息化教育。教育信息化的过程应该不仅仅是一种信息机器引入教育的过程，更是一种教育思想、教育观念变革的过程，是一种基于创新教育思想有效地使用信息技术，培养学生的创新意识和创新能力的过程。教育信息化是教育现代化的内容和方向，教育信息化简而言之就是信息技术在教育领域的应用。教育信息化不仅是世界发展的必然趋势，也是我国教育现代化的目标之一。虽然教育信息化为我们展示了未来教育的美好前景，但是，我们必须清醒的认识到，信息技术的应用不会自然而然地创造教育奇迹，它可能促进教育革新，也可能强化传统教育，因为任何技术的社会作用都取决于它的使用者。信息技术在教育中的应用也不例外，它的使用者是教师。因此建设一支适应教育信息化需要的师资队伍，是推进教育信息化、实现教育现代化的关键。

二、提高小学教师信息技术应用能力的策略

（一）转变观念，提高认识

信息技术在教育教学中的运用导致了教学观念、教学方法的更新，促进了教学改革和教育现代化的进程，教师如果不树立正确的教育观念，就不可能在教学中使用信息技术来提高教学效果，就可能成为应用信息技术的"主要障碍"。因此，转变教师的教育观念是促进教师使用信息技术的前提条件。

1. 提高教育队伍中对教育信息化的认识

教育信息化是 20 世纪 90 年代伴随着信息高速公路的兴建提出来的。其内涵是将信息作为教育系统的一种基本构成要素，并在教育的各个领域广泛利用信息技术，促进教育现代化的过程。教育信息化过程不能简单地认为是信息媒体和信息技术的引入过程，而是教育思想、教育观念转变的过程，是以信息的观点对教育系统进行分析的认识过程。教育信息化的主要特征可以从技术层面和教育层面加以考察。从技术上看，教育信息化的基本特征是数字化、网络化、智能化和多媒体化。从教育上看，教育信息化的基本特征是开放性、共享性、交互性与协作性。教育信息化是国家信息化的重要组成部分、教育发展中的重要战略任务，也是实现教育现代化追求的目标之一。许多国家和地区相继制订了推进教育信息化的计划，如美国《面向 21 世纪教育行动计划》、新加坡《资讯科技教育总蓝图》和我国《面向 21 世纪教育振兴行动计划》等。

"十五"期间，我国把教育信息化工程列入国家重点建设工程，重点支持并加快以中国教育科研网和卫星视频系统为基础的现代远程教育网络建设，建成一批网络学校，完善高等学校的计算机网络建设；加快数字图书馆等公共服务体系建设，进一步改善高等教育的信息环境，提高初、中等学校的计算机配备水平；积极开发、共享教育信息资源，加强中小学信息技术课程与教材建设；加强对师范教育专业学生的信息技术教育，加强对中小学专任教师的计算机基础知识技能培训；推进各级各类学校充分利用现代信息技术，改进教学手段和方法，改进教育管理方式，提高教育教学及管理水平。到 2010 年，教育信息化的远景目标是：依托中国教育和科研计算机网（CERNET）和卫星电视教育系统，建成与世界信息网络基本同步的先进教育信息化专业平台和信息化体系；整个教育系统的信息化水平达到发展中国家领先水平，一批高校和重点学科的信息化建设接近发达国家水平，以适应国民经济对教育信息化发展的不断需求。

要积极有效地向当地政府及教育行政领导宣传有关文件和中央领导的讲话，使他们深入认识到加快培养和提高中小学教师信息素养对当地社会发展的重要性和紧迫性。党的十六大也明确提出："信息化是我国加快实现工业化和现代化的必然选择，坚持以信息化带动工业化，以工业化促进信息化，走出一条科技含量高、经济效益好、资源消耗低、环境污染少、人力资源优势得到充分发挥的新兴工业化路子。推进产业结构优化升级，形成以高新技术产业为先导，基础产业和制造业为支撑，服务业全面发展的产业格局。优先发展信息产业，在经济和社会领域广泛应用信息技术。通过宣传和学习，使地方政府和教育行政领导既能从中华民族伟大复兴的高度认识到在中小学普及信息技术教育的重要性和紧迫性；又能充分认识到开展好信息技术教育也是发挥后发优势，实现地方生产力、现代技术及基础教育跨越式发展的有效途径和必由之路，从而树立起强烈的信息意识，为培养和提高中小学教师的信息技术应用能力提供思想上的保障。"

2. 转变教师观念

一方面要通过宣传教育，使教师了解和知道信息化、网络化社会的特征，以及这种社会对社会成员应具备的信息素养要求，更要使他们认识到信息爆炸给教育带来的巨大冲击。另一方面，教师自身要以积极的态度转变教育观念，提高对教育技术重要性的认识。

（1）要树立现代教学观。

教学观支配着教师的教学实践活动，决定着教师在教学活动中采取的态度和方法。由教师的教向学生的学转化是现代教学观所倡导的课堂教学实践方向。教师和学生是教学活动中的主体。教师是教的主体，其主体作用体现在对学生学习的引导与指导，即帮助学生实现认识过程的转化，从不知到知，并不断提高学生的学习兴趣，在此基础上引导学生运用知识，形成技能，发展能力。学生是学的主体，其主体作用体现在学生是学习的主人，即学生是教学过程中学习任务的承担者，是认识的主体，一切教学活动都要通过学生实施和落实。现代教学观要求使用发展的观点看待学生，着眼于调动学生学习的积极性和主动性，教给学生学习的方法，培养学生学习能力，即着眼于培养学生不断学习、不断探索、不断创新的能力，以适应不断变化的世界。

现代教学观既体现了社会和学生的要求，更是教师自己对角色价值、信念、态度、行为、规范的深刻认识，是教师的角色定位。信息技术运用于教学，改变了传统的教学观，要求教师在教育教学过程中能胜任多重角色：学生综合能力的培养者，学生学习活动的设计者、指导者，主动建构意义的促进者，教学活动的合作者、组织者、研究者。

（2）要树立"终身学习"观。

自从 1965 年联合国教科文组织在巴黎召开的"第三届国际成人教育促进会"上，法国学者保罗·朗格朗首次正式提出"终身教育"一词之后，终身教育、终身学习、学习社会的概念便在全世界范围内迅速传播开来，构建终身教育体系、创建学习社会也逐渐成为联合国及世界各国指导教育改革和社会发展的基本理念。随着学习化社会的到来，学习者主体意识觉醒，终身学习日渐被认识，旧有的教师权威论正在坍塌，迫使我们选择从根本上重新评价师生关系的新的观念与新的策略。教师已无须时刻肩负着教给学生多少知识的重负，教的功能已不再是教会、教全、教得尽善尽美，而是引导学生自己学习、学会、学得融会贯通；教师已无须把教材作为教的目的，而是真正作为教的"材料"，他也不必把课堂驾驭得如同解决学生全部学习任务的空间，而是可以致力于唤醒主体主动性，创造出以此诱发学生寻到更开阔空间的象征；开阔而卓有实效的教，不必体现为传道授业解惑，而是体现为真正的引导与鼓励。

信息技术在教学中应用，要求教师不断学习和掌握信息技术的理论和方法。而现在许多教师在媒体使用上固守在自己所熟悉的视听媒体上，在媒体操作技能和实际使用中，不愿意积极尝试将信息技术媒体应用于自己的教学，这些都影响了教师的信息技术应用水平的提高。所以教师要树立"终身学习"的观念，以积极的态度学习新知识接受新知识。

（3）明确教育信息化的意义。

信息社会的高度发展要求教育必须改革以满足培养面向信息化社会创新人才的要求，同时，信息社会的发展也为这种改革提供了环境和条件。教育信息化的目的是培养跨世纪的创新人才，以实现教育的现代化。教育信息化应以新的教育思想、教育观念指导信息技术在教育的各个部门、各个领域广泛应用，应根据创新人才培养的要求，利用信息技术，探索新的教育模式，促进教育现代化。利用现代信息技术环境，不但利于知识的传授，还能够促进其情感、态度与价值观的发展；利用信息及技术环境，利于学生在学习过程中发扬其主动精神和主体地位；利用信息技术手段，通过采用灵活的教学，有利于培养学生的创新精神和实践能力，提高学生分析问题和解决问题的能力。

3. 采取措施引导教师转变教育观念

（1）通过专家讲座。

不少教师已经习惯于传统的教学思想、教学观点，对新的思想和观念以至教育理论缺乏足够的敏感性。所以要让教师尽可能地接受现代教育理念熏陶，增强教师转变教育观念的自觉性。通过专家的讲座，可以使教师了解现代教育理论和信息技术支持下的新型教学理念和教学模式，达到让教师接受新的教育理念，树立现代教育观念的目的。

（2）通过信息技术的学习和运用来促进教师转变教育观念。

已有的经验表明，现代教育理念不仅影响教师的教学行为，也影响教师的学习行为，凡是能够激起教师对教育现实产生思考的学习，教师的学习积极性就高，学习效果也好。另外，学到的理论和观念并不能直接地自动形成个人的观念和理论。只有经过学习者创造性实践活动，以及不断地、自觉地反思，学到的理论才能内化成为能够支配个人行为的观念和理论。

（3）激发教师对信息技术的兴趣。

目前，很多教师在课堂中使用信息技术是被动的，这不利于信息技术与学科教学的整合。要使教师积极主动地在教学过程中应用信息技术手段，必须激发教师对信息技术的兴趣。激发教师的兴趣，最主要的是创设一种计算机文化氛围。可以通过请专家来学校讲课，观摩示范教学，观看成功使用信息技术教师的录像等，使教师感受到现代信息技术的巨大作用，从而扩大自己的眼界，充分认识到一支粉笔、一本教材、一张嘴的传统教学模式已经不再适应信息时代和现代教育教学理念的要求。在此基础上，举办丰富多彩的活动，如电脑备课比赛、课件制作大赛或网页制作大赛等，鼓励每位教师积极参加，让参加的教师有成就感，并通过成功作品展示来感染、熏陶其他教师，使广大教师从不会到愿意参与，从参与到积极主动学习，从积极主动地学习到制作出实用的电脑作品，并在教学中尝到成功的喜悦，从而创设一种积极向上的信息化学习氛围。

（二）建立完善的中小学教师信息技术培训机制

1. 职前培养中提高教师信息技术应用能力的对策

小学教师较低的信息技术应用能力，与教师的职前培训有非常密切的关系。各类高等院校尽管对师范生进行了信息技术方面的教育，但多数师范生的掌握程度还远远不够。为了与中小学教学需要相一致，近年来，大多师范院校都在提高学生的信息技术能力方面做出了切实的努力。师范院校一般都设置了计算机必修课，也设置了与信息技术相关的院系并开设教育技术公共课程。但是以上信息技术课程的设置，仍存在一些方面的问题，比如没有统一的培养标准、与中小学的教学实践相脱离、与中小学的课程内容相脱离等。师范院校的职前培养存在着一定的问题，解决的办法也有很多，笔者认为可以从以下几个方面来探讨。

（1）制定师范系统信息技术课程的培养标准。

师范院校信息技术教育的实施，处于初级阶段，缺少必要借鉴与参考，没有统一的标准和要求，师范系统信息技术教育没有目标。目前，各院校的标准大都是"自产模式"，各校培养的准教师水平各异。作为专业要求，能够有效地运用各种技术特别是信息技术开展教学活动，应当成为教师专业素养的一项重要内容。制定基于现代信息技术环境下的教师信息技术标准，就是要明确未来教师职业对教师信息素养的具体要求。在制定标准方面，应该既有实践性，又要具有前瞻性。实践性指所制定的标准要符合我国国情，遵循教育规律，并具有可操作性；前瞻性在于制定的标准要走在时代的前列，把握科学技术和信息社会发展的大趋势，以科学的预见做出超前决策，保证职前教师信息化的持续健康发展。良好的标准是教育教学指南，它可以为师范类学校指明教学方向，减少不必要的硬件和软件投资；也能使教师更好地理解和应用信息技术教学方式去引导学生；更能使学生明白需要理解和掌握的技能技术，同时也能有意识地将技术融入教学实践中。目前，我国教育部已经成立了教师教育信息化专家委员会，受教育部师范司的委托，进行教师教育信息化相关标准的研究，并可应用于师范生教育。

（2）加强信息技术课程的综合性。

随着新课程的实施，综合课程在中小学中占有了一定的比重，原有的单一学科教师培养的情况要转变，教师的培养要打破学科界限，培养中小学课程需要的综合型师资。新课程的实施要求教师作为知识的传授者、知识的管理者、学生发展的促进者。信息技术是支持教师扮演不同角色的必要工具，这需要结合新课程，对师范生进行信息素养的培养。师范生很难从信息技术课程中得到教学应用的知识，而且信息技术课程的教学方法仍然沿袭传统方法，并没有利用新的技术来促进教学改革。这必然造成与中小学的教学实践相脱离、与中小学的课程内容相脱离等结果，所以在具体操作时必须注意以下几点：

加强与中小学的教学实践相结合。新课程的实施和信息技术教育的普及，要求信息技术与学科教学进行整合，也需要新教师有较高的信息专业能力。而师范生经常缺少这部分教学理论和实践知识，因此要使课程与中小学教学实践相结合。

加强与中小学的课程内容相结合。我国从 2001 年开始在中小学普及信息技术教育，小学、初中、高中同时从零起点开始。从 2004 年开始有一些学生升入大学，这些学生在高中所学的信息技术课程内容主要有：信息技术基础、操作系统简介、文字处理的基本方法、网络基础及应用、数据库初步、程序设计方法、用计算机制作多媒体作品和计算机硬件结构及软件系统等。这些课程内容与师范院校的信息技术基础课程有很多重复之处，对于这些学生来说没有必要继续学习已经掌握的内容。因而，在师范教育中与教育技术相关的课程才是学习的重点，也是教师专业性的体现。

与入职教育相结合。教师的专业素质是教师信息素养构成的主要因素。对于学科教师来说，技术的学习就是为了教学的应用。教学应用的知识只有经过实践，转化为经验知识，才能更好地应用到教学中去。从我国教育实习的时间来看，我国师范院校学生的信息技术的教学应用缺少必要的实践时间，这就可能导致新教师专业能力水平较低，因此在师范生的课程中应该注意与教师的入职教育相结合。

2. 在职培训中提高教师信息技术应用能力的对策

调查显示，现有教师信息技术培训收效并不明显。其原因主要在于培训模式已经陈旧，而且不适合广大中小学教师的实际需要。因此，当前迫切需要从教育改革和发展的实际出发，制订一套切实可行的信息技术培训方案。

（1）学校领导应重视对教师的培训。

学校领导要积极转变观念，切实认识到信息技术在教育教学中的作用，它不仅体现在软、硬件的配置方面，还要体现在提高教师的使用水平上。所以在指导思想上，要把如何加强教师信息技术培训作为工作的重心之一，同时还要认识到培训教师不可能是一蹴而就的事，在教师培训上要经常化，长期化。

（2）重视对培训者的培训。

现在大部分学校都由计算机老师来承担对本校教师的培训任务。由于计算机老师仅仅熟悉计算机方面的知识，对于其他学科知之甚少，培训的内容局限在计算机操作技能上，而忽略了培训最根本的目的——提高教师将信息技术应用于学科教学的水平。要达到以上目的，承担培训任务的教师必须具备以下素质：既掌握一定的计算机知识，又能够将之整合到学科教学中。在培训过程中，应采用整合的方法和理念，为参加培训的教师起到一个示范作用。

（3）各学科教师分开培训。

每个学科都有它们各自的特点，对于不同的学科，需要教师使用的信息技术的内容也有所不同。如数学教师掌握几何画板尤为重要，而对于语文教师来说，几何画板较文字处理的作用要小得多。此外，对于不同的学科，将信息技术应用于教学的方法也不可能相同，各学科的教师应该能够根据本学科的特点设计教学过程并将信息技术手段应用于教学过程中。要培养教师的这种能力，将各科教师集中起来培训显然是不妥的。因为这样培训没有针对性，使用案例也不能照顾到所有学科的教师。如果受培训的教师只是将所学到的方法生搬硬套到自己的教学中将产生不良的后果。因此，应在培训时将各科教师分开教学，这样才能针对学科特点，为本学科的教师量身定做培训方法，培训内容，使教师能够较快的将所学知识应用于教学。

（4）以建构主义学习理论为指导。

建构主义学习理论认为学习不是被动接受信息刺激，而是主动地建构意义，是根据自己的经验背景，对外部信息进行主动选择、加工和处理，从而获得自己的认识。外部信息本身没有什么意义，意义是学习者通过新旧知识经验间的反复的、双向的相互作用而建构的。在培训过程中以建构主义学习理论为指导，一方面可以为教师在教学中运用该理论提供示范，另一方面教师对信息技术的学习，也是意义建构的过程，而且教师的学习活动有独特的特点，他们是具有一定实践经验，能够通过学习引导积极开展思考与反思的学习主体，所以建构主义学习理论对于教师的培训和学习、教学和研究工作有很好的指导意义，我们在培训中要充分认识到这一点。

（5）培训模式以校本培训为主，并具有多样化。

校本培训，指立足于本校资源，以本校为培训基地，由本校发起和规划的、基于学校发展和教师自身专业成长需要的培训活动。这种培训的好处是：培训者和受训者大都是同校的教师，在培训中常常可以身兼两职，能充分调动大家的积极主动性，便于进行合作交流；培训内容主要是基于各个教师在教学实践中遇到的问题，针对性、个别性强，充分体现了"谁缺补谁""缺啥补啥"的灵活性和实用性，充分利用本校资源，挖掘本校潜力。同时，这样的培训还有利于教师解决问题和开发课程等科研能力的提高，有利于形成全校教师终身培训、共搞科研的氛围。这种培训方式的特点是：时间可长可短；次数可多可少；形式灵活多样，如专题讲座、计算机知识培训、教学观摩、还可以师徒结对等；内容较有针对性，强调实用性，能有效地将信息技术与学科课程结合起来，使培训活动更具活力和效果。

个人自修和研究，指在职教师为了教学和科研需要，为了提高信息技术水平和信息素养能力而自发地学习相关知识、掌握相关技能和进行相关研究的活动，包括利用闲暇研读有关教育技术和信息技术教育方面的专业书刊、自行参加有关的专业培训或业务研讨会、利用网络资源自学、积极开展信息技术教研活动、发表教学成果。

短期培训，指由各大专院校、地方教育管理部门或师资培训中心等组织的有计划、大范围、短期集中进行的信息技术应用培训活动。如由政府部门组织的中小学教师信息技术培训、Intel 未来教育等都属于这种形式。

脱产进修，这对于学历、骨干、名师培训比较合适，同时，国家应该规定教师有工作一定的时间后可以自主选择脱产学习一次的机会。在访谈中教师们认为脱产学习的收获最大，并把这种学习看作是学校对自己的一种奖励。

（6）信息技术培训形式应强调和突出"四个结合"。

脱产培训与岗位培训相结合。作为在职教师的培训，岗位培训是第一渠道，脱产培训是第二渠道。根据该校教师的实际，明确教师岗位培训的内容，落实岗位培训的检查措施。解决好脱产培训与岗位培训相衔接。在对骨干教师进行脱产培训后，提出明确的岗位自培要求，并逐一检查落实。

系统性与专题性相结合。在培训内容上，克服随意性，强调系统性。将具体系统的内容，分解为若干模块，模块又分解成若干个可操作的环节。突出"化整为零，结零成整，零存整取"。即每次培训侧重一个方面，经过多次培训完成较为系统的培训内容。

现实性与超前性相结合。长期以来，对教师的培训重视现实需要，忽视未来需要。这是一种目光短浅的表现。教育本身具有超前性的特点，教师的培训在注重现实性的同时，也应注重超前性。因此，在培训中注意一些教育新思想、新观念的介绍，注重了解、掌握、占领教育"制高点"。让更多的老师了解、掌握上网的操作，与国际接轨。迅速、及时地了解全国乃至世界各地最新的教育教学动态。立足本校，放眼世界。培训中既重视包含基本操作技能的"基础层面"的培训，又重视包含 Intel 未来教育的"提高层面"的培训。既注重对信息技术的学习和掌握，又强调了信息技术在教育教学过程中的运用，尤其是在面对国家新课程标准下的学科课堂教学中的应用。强调在运用中突出信息技术与学科教学的有机结合。

理论性与实践性相结合。理论与实践的关系处理是教师培训中的老问题。在教师培训中力求两者的最佳结合。理论联系实际的专题讲座很受教师们的欢迎。理论不能讲得太多，重点在操作。绝大多数教师应避免再去学枯燥的语言，如 Basic 语言等，而应将如何面对国家新课程标准下系统设计学科课堂教学，如何将信息技术有效地整合到学科的课堂教学中去应放在培训工作的首位。在软件和计算机允许的前提下，培训教师在本学科使用信息技术手段辅助教学，提高课堂教学效率。

（7）重点培训教师的信息化教学设计能力。

现在小学教师信息技术培训中，培训的内容完全是操作系统、文字处理、因特网基础、文稿演示、电子表格、网页制作、课件制作等方面，并没有教学理论以及信息化教学设计方面的内容。因此，教师参加了培训班最大的收获是学会信息技术基本操作，最大的问题是教师不知道自己所学会的信息技术操作如何在自己的教学中使用。《基础教育课程改革纲要（试行）》中指出：要促进信息技术与学科课程的整合，实现教学内容的呈现方式、学生学习方式、教师的教学方式和师生互动方式的变革。因此，不能在信息技术与其他学科之间划分界线，在继续教育中全方位渗透信息技术，真正促成受训教师观念的转变、教学方式的转变和信息素养的提升。如果培训仅为了获取一个"证书"，那就有可能游离中小学教师信息技术培训的宗旨和目标。因此，培训的重点不应在"操作"，而应在"应用"。要培养教师信息化教学设计能力，最好是以案例为线索，讲授不同的内容时选择恰当的案例，而且案例最好以相应学科教材为基础。例如，初中物理"电磁感应现象"这节课，物理老师告知学生本节课的教学目标是探究"磁生电的条件"。老师提供了磁铁、电流表和线圈等，将学生分小组活动，并在一旁回答学生的问题。实验结束后，由学生汇报本学习小组的探究结果，其他同学和老师分别对各小组的发现进行评述，通过学生自己的综合得出结论，最后，老师在计算机上调用 Flash 动画，将"磁生电"的完整过程直观地表现出来，从而达成教学目标。通过对案例的分析讲解，一方面能够使教师学到一定的计算机操作技能，另一方面——同时也是最重要的一点——是使教师对信息化教学设计产生更直观的认识。

（8）注重对教师信息技术培训的评价，建立效果监督机制。

评价对培训的实施起着重要的导向和监督作用，评价的目标体系、方式、方法等都直接影响培训目标的实现。

评价环节要贯穿始终。目前教师培训的评价只是在培训结束时对教师的信息技术水平进行考核，这样的评价方式完全不能起到评价应有的作用。应该从培训的第一天到最后一天，从每天的第一节课到最后一节课，时时穿插着对学员的评价。这样的评价方式深入到学员的发展进程中，及时了解学员在发展中遇到的问题，所付出的努力以及获得的进步，也就有可能对学员的持续发展进行有效的指导。

评价方式要多种多样。教师的信息素养包括多方面，有信息意识，信息技术水平，信息化教学设计能力等。目前教师信息技术培训仅仅使用上机考核的方式，这样只能了解到教师的信息技术水平，而不能检测到其他方面的水平。因此必须使用多种评价方式才能全面的了解教师的信息素养以及培训效果。对于教师信息技术水平的评价可以使用现有的评价方式即通过上机考核的方式，而对于教师的信息化教学设计能力的评价，可以要求学员设计有关信息技术整合于学科教学的教案，也可以通过听课了解教师的信息技术应用水平。

（三）推进信息技术与各学科课程的整合

1. 信息技术与课程整合的内涵

信息技术与课程整合的本质与内涵是要求在先进的教育思想、理论的指导（尤其是主导——主体教学理论的指导下），把计算机及网络为核心的信息技术作为促进学生自主学习的认知工具与情感激励工具、丰富的教学环境的创设工具，并将这些工具全面应用到各学科教学过程中，使各种教学资源、各个教学要素和教学环节，经过组合、重构，相互融合，在整体优化的基础上产生聚集效应，从而促进传统教学方式的根本变革（也就是促进以教师为中心的教学结构与教学模式的变革），达到培养学生创新精神与实践能力的目标。

2. 信息技术与课程整合的目标

信息技术与课程整合的宏观目标可以定义为："建设数字化教育环境，推进教育的信息化进程，促进学校教学方式的根本性变革，培养学生的创新精神和实践能力，实现信息技术环境下的素质教育与创新教育。"具体可以概述为以下几点：

（1）培养学生获取、分析、加工和利用信息的知识与能力，为学生打好全面、扎实的信息技术基础，培养学生的信息素养与文化素养。

（2）培养学生具有终身学习的态度和能力。具有主动吸取知识的意愿并能付诸日常生活实践，要将学习视为享受，而不是负担；要能够独立自主地学习，能够自我组织、制订势执行学习计划，并能控制整个学习过程，对学习进行自我评估。教师只是学习的指导者、建议者，而不是学习过程的主宰者。

（3）培养学生掌握信息时代的学习方式。信息技术的飞速发展，对于人类的学习方式产生了深刻的变革作用，学习者将从传统的接受式转变为主动学习、探究学习和研究性学习，学习者必须学会利用资源进行学习，学会在数字化情境中进行自主发现的学习，学会利用网络通讯工具进行协商交流、协作讨论式的学习，学会利用信息加工工具和创作平台进行实践创造的学习。

（4）培养学生的适应能力、应变能力与解决实际问题的能力。信息时代，知识量剧增，知识成为社会生产力、经济竞争力的关键因素；知识的更新率加快，陈旧率加大，有效期缩短。另外，知识的高度综合性和各学科间相互渗透，出现更多的新兴学科、交叉学科，由此带给人们难以想象的社会生活、经济生活、政治生活和人类一切领域内深刻而广泛的冲击波和影响力。在这种科学技术、社会结构发生剧变的大背景下，培养学生的适应能力、应变能力与解决实际问题的能力，将变得至关重要。

3. 信息技术与课程整合的形式

（1）教师利用信息技术进行电子备课、演示教学内容。备好课是上好课的前提，教师有效地利用信息技术备课、教研、上网查询资料编写电子教案，利用目前流行的教学软件，如PowerPoint、Authorware、3D 等多媒体制作工具，综合利用各种教学素材，编写演示文稿或教学课件。通过文字、声音、图像、动画等多媒体的形式呈现教学信息，有利于刺激学生的多种感官，有利于学生对知识的获取和保持。多媒体有助于教师创设更生动、逼真的问题情境，有效地引导学生进入情境，自主学习，这一形式是整合的最低层次。

（2）利用信息技术给学生提供自主学习和探究性学习的资源环境。利用网络资源给学生创造一个自主学习、探究性学习的外部环境，要适应教师和学生角色的转变，教师是教学的主导因素，给学生以正确的引导、启发，学生是教学过程的主体。这种整合的形式可以使课堂教学活动延伸到课外。

（3）利用信息技术进行师生之间的交流、个别辅导和答疑。多媒体的重要特征之一是交互性，在校园网或互联网环境下，教师和同学之间的交流采用网上论坛、BBS、聊天室等形式不受时间、空间的局限，使交流具有间接性、独立性、灵活性、多样性和拓展性。这种整合形式超越了时空界限，这种个别化教学策略对于发挥学生的主动性和进行因人而异的辅导是很有帮助的，同时也有利于师生之间情感的交流和互动学习。

（4）利用信息技术进行同学之间的交流和协作式学习。协作式学习是让一群学习者共同协作，完成某项既定学习目标的教学方法。在协作学习过程中，学生为了达到小组学习目标，个体之间可以采用对话、商讨、争论等形式对问题进行充分论证，以期获得达到学习目标的最佳途径。许多学习活动都可以通过小组协作的方式开展，如软件操作的使用、作品的制作、程序设计的算法交流等，网络环境为这种协作学习提供了很好的平台。

（5）利用信息技术进行教学测试和教学评估。教师可以利用现成的教学测试软件和计算机辅助测验软件，有能力的教师也可以自己设计练习题、编制试题库和测试软件，通过校园网对学生进行综合测试和教学评估。在信息技术与课程整合中，这是一种比较好的整合方式，但要制作比较"智能化"、交互功能很强的软件难度比较高，一般学校的信息技术人员很难实现。因此，这类软件在平时的公开课和评比课中很难见到。

（6）利用信息技术对教学内容、体系结构、教材进行改革的尝试，以适应整合的需要。将信息技术融合到各个课程的教学中，必然引起教育内容和体系结构改革，教育内容的表现形式也必定由原来的文本性、线性结构变为多媒体、超链接结构形式。已经有越来越多的教材和工具书制成了电子版的，不但包含文字和图形，还能呈现声音、动画、录像、电影等，教师不但要学会使用电子版的教材，更应该会将文本教材改编为电子教材，以适应信息技术与课程整合的需要。

4. 信息技术与课程整合的方法

信息技术与课程整合的最终结果以综合学习形式出现，归纳起来信息技术与课程整合即综合学习的教学模式大致有以下三种：

（1）基于问题（任务）的学习。以"任务驱动"组织教学过程的思想，是建立在建构主义教学理论基础上的。"任务驱动"教学法强调学生在真实情景中的任务驱动下进行学习，学习活动必须与大的任务或问题相结合，以探索问题来引发和维持学习者的兴趣，这一教学方法适用于培养学生的创新能力和独立分析问题、解决问题的能力。

（2）基于方案的学习。在我国一般称之为"研究性学习"，它是对主题和专题作深入研究的模式，包括收集信息、加工信息、应用信息等过程。

（3）基于主题（专题）的学习。"主题"是一个比较宽泛意义上的概念，"专题"是一个比较抽象的概念，有时也指更为具体的讨论。专题需要较多的计划，专题的发展即变成主题，包括庙宇主题、发现问题及为解决问题开展调查活动、报告会等过程。

（四）提高教师信息技术水平要紧密结合学科教学实践

坚持学科教学与信息技术的整合，信息技术的学习和应用与教育观念更新有机地结合起来，利用信息技术改革传统的教学模式，实现教学内容、方法和过程的整体优化。很多起步早的学校在这方面走过弯路，把信息技术单纯地理解为课件制作或是多媒体演示。我们要避免走进这个误区，要把培养教师的信息素质的重心放到探索各个学科的教学中应用信息技术培养学生创新精神和实践能力的方法和途径上。

我们拟从以下三个环节、两种课型，以及四种教学模式上促进学科教学和信息技术的整合。三个环节：设计、组织、教学。在设计、组织和教学三个环节，树立整体优化的观念。两种课型：一是使用多媒体的课型，二是网络环境下学生自主学习的课型。通过两种课型，发展学生的创造性思维，培养学生的创新能力。四种教学模式：第一种，基于资源的学习模式；第二种，基于任务的学习模式；第三种，基于协作的学习模式；第四种，基于个性化的学习模式。探索四种教学模式，优化学生学习过程，让学生真正成为学习的主人。

（五）开展信息技术应用能力考试、技能比赛或课题研究等活动

1. 通过参与计算机应用能力等级考试来提高水平

通过参加计算机应用能力考试（全省计算机等级考试及城区组织的信息技术水平考试）来促进教师学习信息技术，这是提高教师信息技术应用能力的又一重要方面。全国都很重视教师的计算机应用能力，在很长的一段时期内，在教师评职称晋级时，每个省市都会对教师进行计算机能力等级考试，作为是否有资格晋级的依据。

2. 通过举行计算机应用技能比赛和研讨活动来提高水平

举行计算机应用技术的比赛活动，能促进教师计算机应用水平的提高。如计算机应用技术的等级考试，以考促学，以赛促练，是教育部门提高教师信息技术水平的重要手段。很多地区的教育局及教科研部门每年举行一次教师多媒体课件制作评比活动，每两年举行一次运用课件进行上课的优质课、教学能手等教学比赛活动，这些计算机应用技术的比赛活动，对于提高教师的教育信息技术水平，起了很好的推动作用。

3. 通过课题研究来提高教育信息技术素养

提高教师的信息技术水平不是一朝一夕的事，而是需要师资培训部门、教科研部门、学校领导及教师本人共同扶持和努力的一项工程。因为教师也是终身学习者，所以教科研和师资培训部门应为这项长期的培训工程制订目标和规划，通过课题研究，探索一系列能提高教师信息技术的方法途径，并用于教育、培训的实践中，教师要把提高信息技术当作教学和科研活动的工具。教师参与课题研究，是教师专业化水平提高的有效途径，也是教师教育信息技术水平提高的有效途径之一。提高教师信息技术水平，设备条件显然重要，但不是关键，关键是人，是教师的教育思想和教育技术修养。学校教育技术现代化，归根到底是人的现代化，如何培养一支现代化的教师队伍呢？我们认为，必须使广大教师更新观念，不断强化抢占"教育制高点"的意识，并努力探索和实践提高教育信息技术水平的方法与途径，学会运用现代教育技术的本领，以提高教育工作能力和教学效率。

第三节　翻转课堂教学模式应用分析

一、翻转课堂教学改革的意义

随着信息技术的飞速发展，教育进入了信息化时代。信息技术在支持和促进教育的同时，也在变革着传统教育形式，一种将知识传递置于课前、知识内化置于课上的颠倒传统课堂课上、课下环节的教学形式——翻转课堂应运而生。翻转课堂的思想与实践起源于美国，在信息技术的支持与推动下，翻转课堂以其"以学生为中心"的教育理念、灵活的教与学的方式、

关注学生个性化与全面化发展的思想，受到越来越多教育工作者的青睐，并被全球范围内越来越多的教育工作者应用于教学实践。

《教育信息化十年发展规划（2011—2020 年）》指出，要求在信息技术与教育深度融合的基础上，建立新型信息化教学环境，优化教育模式，推动教育改革。新课程改革秉持"以学生为本"的核心宗旨，立足于改变当前教育教学现状，如课堂教学过于注重知识传递，课程内容过于注重书本知识等问题，倡导"自主、协作、探究"的学习方式，注重形成积极主动的学习态度，创建新型的课堂教学活动，以谋求学生的全面发展。

"翻转课堂"作为一种新的教学模式，在当前信息化背景下得到了研究和发展，对我国教育教学改革有着重大的影响。本研究以翻转课堂教学模式为研究出发点，以教学过程理论为理论基础，设计了信息技术支持下的翻转课堂教学系统，最后以翻转课堂实证教学录像为研究对象，对信息化翻转课堂教学模式的实践应用进行了具体分析。研究具有以下三方面重大意义。

（一）落实"以人为本"的教育理念

新课程改革强调关注每一个学生的主体性发展，强调教学是师生信息和情感交流、师生沟通、师生积极互动、促进学生各方面发展的过程；强调教师是学生发展的促进者，学生是学习的主体，是人格独立的、有个体差异的人，同时也是富有潜力的人。新课改要求教学方式的创新，同时引领学习方式的创新。本研究能够促进基础教育改革的发展和提高翻转课堂教学的有效性。一方面，新课程改革成败的关键在于课堂教学的改革，运用课堂录像，深入教学领域，研究翻转课堂的教学实践，是新课程改革实践研究的需要，也是课堂教学研究的实践价值所在。另一方面，课堂教学的有效性追求教学过程设计要从促进学生的发展角度出发，关注学生学习的有效性，还包括学生学习的动机、兴趣以及主动参与性等因素。所以研究翻转课堂教学实践及其教学过程特征，不仅是新课改的需要，也是提高基础教育领域中课堂教学有效性的需要。

（二）丰富和发展教学理论

教育理论界对于教学模式的探讨从未停止过。教学模式是连接教学理论和教学实践的桥梁，可以较好的发挥教学理论的具体化和教学活动方式的概括化的作用。在我国的实际课堂教学中，一线教师依然沿袭着传统的课堂教学模式，即教师讲、学生听。老师成为学生的主宰，学生在课堂上仅仅是教师的忠实的"静听者"，学生只是一个知识的"容器"。随着信息化时代的到来，信息技术极大地改变我们的教学方式，传统课堂教学模式受到前所未有的挑战。在这种情况下，美国翻转课堂教学模式的出现为我们的传统课堂教学改革提供了极大的借鉴意义，探究翻转课堂教学模式具有较大的意义和价值。本研究为当前教学模式的探索提供了丰富的素材和实践探索的经验。

（三）指导教学改革实践

当前新课程改革正如火如荼地进行，但目前的课堂教学模式让教育理论者和来自一线的教师们忧心忡忡。相当一部分教学模式改革只是停留在表面，而且使用单一。翻转式课堂教学模式相比于传统的课堂教学模式具有很大的优越性，它融合了传统课堂中的直接讲授和混合式教学模式，把课堂时间的运用发挥到极致。开展信息技术支持下的翻转课堂式教学模式研究，探索适合中国课堂教学的模式，为有效地指导我国教学改革的实验提供了理论和实践方面的经验，提供了可供参考的实证研究。

二、国内外翻转课堂的研究现状和发展趋势

（一）国外研究现状

翻转课堂是当前最热的教育改革话题之一，指在信息化教育背景下创生的高效课堂教学。随着信息技术的应用，获取信息的方式和途径呈现多样化，学习方式发生变革，课堂教学不再是师生间单一的"教与学"关系，更多的是主体间平等的对话与互动，传统的课堂教学已无法满足学生的"教育需要"。国外对翻转课堂的研究，可以追溯到莫林拉赫、格伦·普拉特和迈克尔·特雷格拉在 2000 年发表的一篇学术论文，名为《颠倒课堂：建立一个包容性学习环境途径》。文中提到使用翻转教学激活个性化教学，以适应不同学生的学习风格，但文中并未正式引出"翻转教学"的名称。2007 年，美国科罗拉多州的化学老师乔纳森·伯尔曼和亚伦·萨姆斯开始在课堂中采用"翻转课堂"教学，并推动这个模式在美国中小学教育中的使用。随着互联网的发展和普及，这一模式逐渐在美国流行起来，在美国萨尔曼·可汗（Khan）建立的可汗学院（The Khan Academy），用"视频再造教育"的"翻转课堂"成为最近教育界关注的热点，被比尔·盖茨认为"预见了教育的未来"，被加拿大《环球邮报》评为 2011 年影响课堂教学的重大技术变革。2012 年 6 月，美国教育咨询公司 Classroom Window 发布了一项调查报告揭示了翻转课堂的应用价值，报告显示：88%受访教师表示翻转课堂提高了他们的职业满意度；67%受访教师表示学生标准化考试成绩得到提高；80%受访教师声称学生的学习态度得到改善；99%受访教师表示下一年将继续采用翻转课堂模式。之后，J. 韦斯利·贝克以及杰里米·斯特雷耶等学者都对翻转课堂进行了较为深入的研究，为翻转课堂真正浮出水面、风靡全球奠定了扎实的基础。

"翻转课堂"是一个近几年来刚兴起的名词，但通过分析国外相关研究与教学实践，从信息技术促进教学的视角来看，翻转课堂的发展经历了萌芽阶段、发展阶段、推广阶段，如图5-1 所示。

图 5-1 国外翻转课堂发展历程

1. 萌芽阶段

翻转课堂理念最早可以追溯到 19 世纪早期，当时，西点军校的 General Sylvanus Thayer 采用了一套新的教学方法，即在课前，学生通过教师发放的资料对教学内容提前开展学习，

课上时间则开展批判性思考和小组间协作解决问题。事实上，这种新的教学形式已经初具翻转课堂的基本理念。而后，1991 年，物理教师 Eric Mazur 在他的教学中发现，计算机辅助教学可以使学习者更加积极地参与到教学中，从而实现对学习者个性化的指导。2000 年，美国迈阿密大学的三位教师在"经济学导论"教学中，采用了由学生在课下学习，教师在课堂上指导学生开展进一步的学习的新的教学模式。虽然这种模式在理念上具备了翻转课堂的本质，但当时"翻转课堂"一词并没有被提出。

2. 发展阶段

2004 年，Salman Khan 为了给外地的表亲补习功课，将讲课的内容制作成视频，放到网上，让表亲自己去看着学，结果效果出乎他的意料。于是，后来 Salman Khan 录制了超过 1500 个微型教育讲座，学科范围包含数学、物理学、金融、生物和当代经济学等。2007 年，Salman Khan 在 YouTube 视频网站中开设了可汗学院（Khan Academy）频道。2007 年，美国科罗拉多州落基山林地公园高中的两位化学教师 Mike Tenneson & Bob McGlasson 使用录屏软件录制 PPT 演示文稿和教师实时讲解的音频，并把这种视频上传到网络，供学生随时下载、播放，以帮助课堂缺席的学生进行补习功课。这种教学模式使教学变为"课前在家里听、看教师的视频讲解，课堂上在教师指导下做作业、做实验和自主探究等"的形式。这种被翻转了的新型教学模式取得了前所未有的教学效果。

3. 推广阶段

虽然，从 2007 年开始，翻转课堂就在美国一些学校流行，但直到 2011 年才大热起来，为众多教师熟知，并成为全球教育界关注的教学模式。2011 年，Salman Khan 在 TED 发表主题为"让我们用视频重造教育"的演讲，引起了包括美国在内的全球教育工作者对翻转课堂的高度关注。

自翻转课堂教学模式产生与兴起，教育研究者便开始了对翻转课堂教学模式的研究。2000 年 4 月，韦斯利·贝克（Wesley J. Baker）提出了一个"翻转课堂模型"，即在课下教师借助网络化的课程管理工具呈现学习材料，进行在线教学；课上，教师主要与学生开展互动，进行深入协作。同时，贝克对翻转学习的本质首次进行了阐述："翻转课堂中，教师不再是讲台上的权威（Sage on the Stage），而是学生身边的指导者（Guide on the Side）。"这一表述得到了学术界的广泛认同，预示着翻转学习在理论的道路上向前迈出了重要的一步。美国富兰克林学院的罗伯特·陶伯特（Robert Talbert，2011）教授，经过长时间的实践后，总结出概括翻转课堂实施过程与环节的系统结构模式。但该模式过于简略，且仅适用于一部分理科课程，对于理科中实践性较强或者文科课程都具有一定的局限性。美国学者杰姬·格斯丁（Jackie Gerstein，2011）为了帮助教师解决翻转课堂课上不知道做什么的问题，尝试基于体验式学习周期（Experiential Learning Cycles）和麦克卡锡的 4MAT 教学模式（Bernice McCarthy's 4MAT Cycle of Instruction），创建了一个环式翻转课堂四阶段教学模式。较完整、详细地设计了翻转课堂课上整个过程，为翻转课堂中教师课上活动的开展提供参考。除此之外，美国林地公园高中、可汗学院、河畔联合学区、哈佛大学等翻转课堂实践学校，也都在实践的基础上构建了自己的模式，以被人们所熟知。

随着"翻转课堂"概念的提出，翻转课堂的发展与推广，研究人员对于翻转课堂的研究也逐步拓宽与加深。翻转课堂理念在北美被越来越多的学校所接受，并逐渐发展成为全球教育教学改革的一波新浪潮。翻转学习首先在高等教育领域发展起来。2000年4月，韦斯利·贝克提出了一个"翻转课堂模型"。同年秋天，威斯康星大学麦迪逊分校的评价、适应与推广学习中心对该校的一门计算机课程进行了翻转教学改革。Strayer（2007）在其博士论文中介绍了自2004年以来，对中西部基督教文理大学（Midwestern Christian Liberal Arts University）的"统计学导论"课程中进行翻转课堂教学的实证研究。还如，杰瑞米·斯特雷尔（Jeremy Strayer）对基于智能导师系统的"翻转课堂"与传统讲授式课堂开展了对比研究。2008年，宾州州立大学和加州州立大学开展的教学改革也都是翻转学习实践的典型案例。除高等教育领域外，中小学关于翻转课堂的实践与推广研究更为广泛。美国明尼苏达州斯蒂尔沃特市石桥小学、美国高地村小学、艾尔蒙湖小学、柯林顿戴尔高中、美国加州河畔联合学区、马里兰州波托马克市的布里斯学校、德克萨斯州达拉斯地区的生活学校等都开始了翻转课堂教学实践，而且在翻转课堂实践中取得了显著成效。2011年，"翻转课堂"被加拿大《环球邮报》评为"影响课堂教学的重大技术变革"。西方国家（如美国、澳大利亚、英国等）的翻转课堂已经开始广泛应用于研究生与本科生的教学中，而且所涉及的教学科目及研究领域既有医疗、护理、生物化学、材料科学，还包含法律等方面的研究。他们对翻转课堂教学形式的研究已经不再限于理论层面，更多的转向教学实践，甚至已经在利用翻转课堂致力于其他领域的应用，如利用翻转课堂发展学生学习技巧和自我反思能力，以及对翻转课堂教学模式等方面展开了更深层次和细致的研究。2012年6月，美国教育咨询公司 Class Window 发布了一项调查报告，揭示了翻转课堂的应用价值。共有450名教师参与调查，其中，有88%的教师表示满意度有所提升，46%的教师反映有显著提高，99%的教师表示明年仍然会继续采用翻转课堂教学形式。2012年，哥伦比亚大学对来自美国的203个学生进行了调查，调查发现，80%的学生表示，在翻转课堂上与教师和同伴有更加频繁和积极的互动，翻转课堂所需要看的课程资料也更多，根据自己的时间来学习和练习的机会也更多，演示学习成果的机会也更多，学生更乐于将学习视为一个主动积极的过程。2013年 Speak Up Survey 对43000名学生、家长和管理者开展调查。通过对管理者的调查发现，25%的管理者表明，翻转课堂是最重要的教学变革，这一比例超过了教育游戏、其他的 APP（21%）以及在线专业学习社区（19%）；41%的管理者表明，翻转课堂教学法应该被列入教师职前培训的学习内容。由此可见，翻转课堂教学法已普遍得到了国外学生、家长和管理者的认可，具有较高的可行性。由此可见，国外关于翻转课堂的研究已经进入广泛而深入研究阶段，而且已经有不少的学校在实践中形成了自己的实用模式。

（二）国内研究现状

在翻转课堂提出之前，我国已有类似的教育思想产生。上世纪80年代，江苏省木渎高级中学创造了一种任务驱动、问题导向的自主学习教改模式，此教改模式已经萌生了"以学生为中心"的教育理念，初具"翻转课堂"的韵味。后来，山东省杜郎口中学自主创新形成了"三三六"自主学习高效课堂模式，同样运用了以学生为主的学习理念，也可以称作是翻转课堂的前身。直到 2011 年，Salman Khan 在 TED 上的演讲，才使我国教育工作者重新认识了翻转课堂这种教学模式，并开始了翻转课堂理论与实践方面的全面研究。我国对于微课程的研究比翻转课堂要早一些，但微课程的真正流行却始于翻转课堂，因此翻转课堂与微课程有着密不可分的联系。最早的一篇为《什么是微型课程》，于 1985 年发表于《教育科研通讯》，可以将之视为我国最初对翻转课堂的研究。

2011 年《国家中长期教育改革和发展规划纲要（2010—2020 年）》发布以来，我国愈加重视教育信息化工作，并在各方面都取得了丰硕的成果。课程改革十年多来，我们从全球教育中学习经验，用科技创新推动高效课堂，虽然做出了很多努力，但收效甚微。翻转课堂是一种自下而上的教学模式改革，发起于一线教师，真正结合了教学实际。2012 年，"翻转课堂"成为国内教育信息化的高频率新词汇，我国上海、南京、重庆、深圳等中小学也相继仿效，翻转课堂浮出水面，为现代课堂教学带来了新的思路，为我国教育改革做出了贡献。例如：重庆江津聚奎中学是国内最早实践翻转课堂教学模式的学校，把"翻转课堂"与现在正火热的云计算技术相结合，创建了"校园云"等云教育平台，大大促进了师生之间的互动和交互；深圳南山实验教育集团运用云计算技术为其"翻转课堂"提供技术支撑，从而有效地提高了教学效果。

近期在中国知网（CNKI）中，分别以"翻转课堂""翻转教学""翻转学习""反转教学""颠倒课堂""颠倒教室"为主题词对文献进行检索发现，2011 年及以前，并没有出现此类主题的文章。图 5-2 展示了自 2012 年以来翻转课堂类主题的论文发表数量。折线图中的数据显示，近几年，我国在翻转课堂领域的研究发生了量的飞跃，每年以七八倍的趋势增长。从检索到的文献内容来看，文章除了对翻转课堂原理的阐述外，还有对模式的构建，对策略以及启示的研究，更多的是对实践应用的分析。说明我国的教育工作者对于"翻转课堂"已经从关注上升到实践层面上来。而且，其中硕士论文有 52 篇；教育技术领域核心期刊（《中国电化教育》《电化教育研究》《中国远程教育》《现代教育技术》《开放教育研究》《现代远距离教育》《远程教育杂志》等）上发表的论文有 78 篇；两项占总论文总数的 10%左右。

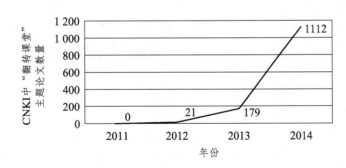

图 5-2　中国知网（CNKI）中"翻转课堂"主题的论文发表年度分布图

根据前述对国内外翻转课堂研究领域的分析发现，与西方国家相比，我国在翻转课堂领域的研究起步较晚，仅有四五年的时间。虽然目前我国对翻转课堂在理论研究与实践研究方面都有很高的关注度，但研究还不够深入，仍处于探索阶段。尤其对于翻转课堂教学模式的研究方面还很欠缺，目前我国的翻转课堂教学模式中，大多数模式在学科适用范围、可行性等方面还存在一定的局限性。因此，探究一种能在更广的学科和学龄范围内使用的翻转课堂教学模式，为一线教师的翻转课堂教学实践提供模式支持，是目前翻转课堂研究中亟待解决的问题。

三、翻转课堂教学模式相关理论基础

从翻转课堂本质上来看，翻转课堂的理论基础主要包含掌握学习理论、混合学习理论和建构主义学习理论。

（一）掌握学习理论

掌握学习理论（Mastery Learning）是翻转课堂教学法最基本的理论基础。掌握学习法由美国教育家本杰明·布鲁姆（Benjamin·S Bloom）最先提出，20 世纪 60 年代，布鲁姆向学生学习能力成正态分布观点发起挑战，他反对只有少部分学生才能取得好成绩的观点。布鲁姆认为，部分学生成绩不好的原因是教师没有给予学生提供最适合的辅导。在当前传统课堂中，教师只给予班中约 1/3 的学生良好的鼓励和关注，绝大多数学习成绩不好的学生并不是因为智力低下造成的，而是因为在学习过程中，失误不断积累，并未能得到及时、合理的帮助造成的。例如，考 95 分的学生，还是有 5 分不知道的知识。因此，学的知识越多，学生的困惑就越多。大多数学生学习上的差异，多是学习速度上的差异。布鲁姆认为，只要提供足够的时间，学生的成绩将不是正态分布，绝大多数的学生都会掌握学习任务，会有良好的成绩，这就是布鲁姆的掌握学习理论。布鲁姆的关于与一对一个别教学方法等效的群体教学方法的研究中得出，掌握学习法在群体教学中也能使学生很好地掌握所学知识。教师将教材内容分解成一系列较小的学习单元，设计单元教学目标，并按照学习顺序组织起来，学生进行群体学习；在教授新课前，教师对学生的先备知识予以充分认识；并根据形成性评价的结果对未达标的学生给予补偿性矫正学习，即给群体学习中速度较慢的学生以额外的学习时间；最后再次进行形成性评价，检测学生的掌握情况。

虽然布鲁姆设计出了较完美的学习模式图，但在实际运作中效果却不尽如人意，根源在于传统教学中的群体教学模式，以班级平均节奏开展，学生的补偿性矫正学习无法实现。而且，在传统课堂中，较多地注重了总结性评价，忽略了个别化的辅导矫正，导致学习效果大幅降低。

翻转课堂的出现，使掌握学习得以真正实现，借助信息技术的支持，使得个性化辅导更易实现。翻转课堂中，通过视频课程，学生真正能根据自身情况来自主安排和控制学习，观看视频的节奏全由自己掌握，掌握了的内容快进或跳过，没掌握的内容倒退并反复观看，也可停下来思考或做笔记。之后，课堂上的指导和互动更具针对性和人性化。另外，翻转课堂为每一位学生提供频繁的反馈和个别化的矫正性帮助，通过形成性检测方式，揭示学生学习中存在的问题，通过矫正性辅导，达到掌握知识的目的。

（二）混合学习理论

混合学习（Blended learning）是继网络学习后，教育领域出现的又一新名词。对于混合学习，李克东教授认为"混合学习是人们对网络学习进行反思后，出现在教育领域，尤其是教育技术领域较为流行的一个术语，其主要思想是把面对面教学和在线学习两种学习模式的整合，以达到降低成本、提高效益的一种教学方式"。何克抗教授将混合学习更简单地概述为，"混合式学习就是要把传统学习方式的优势同网络化学习（E-Learning）的优势结合起来"。既发挥教师的引导、启发、监控教学过程的主导作用，又充分体现学生作为学习主体的主动性、积极性与创造性。将这二者结合，使其优势互补，能够获得最佳的学习效果。从总体上看，混合学习包括了学习理论、学习资源、学习环境和学习方式的混合。在混合学习中，既体现教师的主导作用，又体现学生的主体地位；网络学习资源和传统教学资源相融合；既创设了网络学习环境，又有传统课堂环境。从学生视角看翻转课堂，是学生课前根据自己的需要，选择适合自己的步调观看教学视频，开展网络学习，完成知识传递；在面对面的课堂中，当学生遇到问题时，随时寻求老师或同伴的帮助，在老师的指导下，同伴间协作解决问题，实现知识内化。由此可见，翻转课堂正是网络学习与传统面授的结合，它将面对面的教学与在线学习进行优势互补，通过创造性地使用技术和微视频的学习活动，提升学习的效果。

（三）建构主义学习理论

建构主义学习理论内容丰富，其思想主要来源于认知加工学说，维果斯基、皮亚杰和布鲁纳等人的思想，是近年来流行的一种新型学习理论。建构主义学习理论最先由瑞士心理学家皮亚杰提出，他认为学习者知识的获得，不仅取决于其自身积极主动地获取知识的精神，还需要借助他人（如教师、同伴）的帮助或者查找必要的资料，在与外界客体的交互中获取知识。建构主义学习理论包含情景、协作、会话和意义建构四大环境要素，利用情景、协作、会话等学习环境发挥学生学习的主观能动性，实现对所学知识的意义构建。

四、翻转课堂教学模式的步骤、策略和评价

（一）翻转课堂教学模式的步骤

翻转课堂教学模式已在美国实施长达 7 年有余。美国林地公园高中从初步探索到逐步完善走过了漫长的实施的道路。然而美国林地公园高中的翻转课堂教学模式实施的成功范式影响到美国很多其他的中小学乃至世界各地的学校。有越来越多的学校开始根据本学校的特色开创出符合本校特色的翻转课堂教学模式。实施的翻转课堂教学模式在某些方面有些区别，但是都存在共同的地方。笔者通过对美国林地公园高中实施翻转课堂教学模式的分析，现总结出以下阶段。

1. 课前准备阶段

（1）教师活动。

第一，分析教学目标。当我们一谈到翻转课堂，人们的第一反应就是制作教学视频。但是在制作教学视频之前，我们需要分析教学目标。教学目标就是通过教学活动期望达到预期的结果。明确教学目标，我们期望学生通过教学知道什么、获取什么，这是任何教学首先要明确的关键事情。只有教学前确定清晰的教学目标，我们的教学才有针对性，才能明确我们

要采用的具体的教学方法。有些内容需要探究式的教学方式，哪些内容需要直接的讲授等。那么实施翻转课堂教学模式之前的教学目标的分析，不仅有利于我们分析什么内容适合通过视频的方式直接讲授给学生，哪些内容适合课堂上通过师生的合作探究获得最佳的教学效果。明确教学目标，避免教学中的盲目性和无目的性。

第二，制作教学视频。在翻转课堂中，知识的传递是通过视频来完成的。教学视频可以由教师自己录制，也可使用其他教师制作的教学视频或者网络上优秀的视频资源。制作教学视频是翻转课堂教学模式的重要部分。乔纳森·伯格曼和亚伦·萨姆斯总结出制作教学视频的以下步骤：① 做好课程安排，明确课堂教学的目标，决定视频是不是完成课堂的教育性目标的合适的教学工具。如果教学内容不适合通过教学视频直接讲授的方式，那么不要仅仅因为是要实施翻转课堂而去使用视频。翻转课堂并不仅仅是为课堂制作教学视频。② 做好视频录制。在录制教学视频过程中应考虑学生的想法，以适应不同学生的学习方法和习惯。美国大部分实施翻转课堂的学校在录制教学视频中并不呈现教师的整个形象，而是呈现一双手和一个交互式白板，在白板上有教师所讲授内容的概要。录制教学视频必须要选择一个安静的地方，这样制作出来的视频才能保证学生在观看教学视频时不受视频中噪音的干扰。③ 做好视频编辑。林地公园高中的两位教师在实施翻转课堂的初级阶段在录制完教学视频以后分发给学生，但是他们逐渐发现视频后期制作的价值。它可以让教师改正视频制作中的错误，避免重新再次制作视频。④ 做好视频发布。发布视频是为了让学生能够观看到教师制作出来的视频。在此阶段对于教师最大的问题在于把视频放在什么地方以使学生都能够观看视频。不同的学校会根据本地区、本学校和本校学生的具体情况来确定视频发布的地方。林地公园高中会把制作出来的教学视频发布到一个在线托管站点，比如 Moodle 平台、YouTobe 等，也会为家里没有网络或者电脑的学生制作 DVD。美国克林戴尔高中（Clintondale）为了让学生观看到视频把校园多媒体中心延长两个小时，在这里学习的学生可以使用属于自己的账户登录到校园多媒体中心观看教学视频。总之，学校可以选择一到两种方法满足学生的需要。

（2）学生活动。

首先，观看教学视频。教师通过对教学内容的分析，把适合直接讲授的内容的部分用教学视频的形式交给学生，在一定程度上避免了课堂时间的浪费。学习速度快的学生可以快速地进行知识的学习。对于学习进度慢的学生，他们不用担心传统课堂上跟不上教师节奏的问题。他们可以根据自己的实际学习情况对教师讲授的内容做适时的停顿。在观看教学视频的过程中，学生遇到不懂的地方可以做笔记，把自己不懂的问题带到课堂，这样学生可以完全掌控自己学习的步调。在此过程中，学生需要对所观看的教学视频里讲授的知识做一定程度上的梳理和总结，明确自己的收获和疑惑的地方。

其次，做适量练习。学生观看完教学视频后需要完成教师布置的针对性课堂练习。这些练习是教师针对教学视频中所讲的知识，为了加强学生对学习内容的巩固并发现学生的疑难之处所设置的。根据"最近发展区理论"，教师需要对课前练习的数量和难易程度做合理设计，明确让学生做练习的目的是帮助学生利用旧知识完成向新知识的过渡，加深对教学视频中知识的巩固与深化。学校可以通过网络交流平台与学生进行互动，了解学生在观看教学视频和做练习过程中遇到的问题。教师可以通过学生所做的练习的反馈情况时刻了解学生实际的学习情况。与此同时，同学之间也可以进行互动，彼此交流收获，进行互动解答。

2. 课中教学活动设计阶段

（1）确定问题，交流解疑。人是社会中的人，在交流中才能实现成长。传统的课堂教学教师主宰着课堂，师生之间的交流是建立在师生地位不平等的基础上的，课堂中要实现真正的交流需要一种融洽的环境作保障。学生在观看教学视频的过程中，由于本身的知识结构、看问题的角度不同，对事物的理解也会不同，这样学生之间会产生一种认知的不平衡，学生之间认知的不平衡会导致学生新的认知结构的产生。在课中活动的开始阶段的交流中，教师需要针对学生观看视频的情况和通过网络交流平台所反映出的问题进行解疑。学生也可以提出自己在观看教学视频中所存在的疑惑点，与教师和同学共同探讨，这样学生本身就是一种交往的学习资源。

（2）独立探索，完成作业。独立学习的能力是学生必备的能力之一。一个没有独立学习能力的人，必然无法在社会中生存。独立性是个体存在的主要方式。在传统的课堂中，教师一手包办学生的学习。课堂的大部分时间用来讲授知识，学生课下时间被大量的机械性的作业所填满，学生独立学习和探索的能力越来越被压制。学生是独立的个体，他们本身有着独立学习的能力。学生知识结构的内化需要经过学生独立的思考，而教师只能从方法上引导学生，而不能代替学生完成学习。翻转课堂为学生提供了个性化的学习环境，学生在课堂中独立完成教师所布置的作业，独立进行科学实验。在学生独立完成作业的过程中，学生审视自己理解知识的角度，建构知识的结构，完成知识的进一步学习。教师要在刚开始时给予学生一定的指导，帮助学生完成任务。待学生有一定的独立解决问题能力的时候，教师要"放手"，逐渐让学生在独立学习中构建自己的知识体系。

（3）合作交流，深度内化。学生在独立探索学习阶段，已建立了自己的知识体系。但是要完成知识的深度内化，需要在交流合作中完成。人是社会中的人，交往是人与人之间直接的相互作用的过程。哈贝马斯把交往行为定义为，一种主体之间通过符号相互协调的相互作用，它以语言为媒介，通过对话，达到人与人之间的相互理解和一致。交往学习是学生在与他人的对话、交流、讨论等学习活动中所开展的学习过程，学生在此过程中实现自身的发展。爱德加·戴尔通过自己的实验证明，团队学习、合作学习和参与式学习的效果可以达到 50%以上。在翻转课堂里，你可以看到的课堂形态为：学生分成小组，一般为 3 到 4 人为一组，学生与学生之间通过独立探索阶段的所学，与同伴交流自己对知识的理解。教师不是站在讲台上，俯视着课堂里所发生的一切，而是走下讲台，走进学生的探讨中，真正的融入学生的小组合作活动中。当学生在讨论中遇到问题时，教师可以给予及时的帮助，引导学生澄清对知识的错误认知。在此过程中学生的批判性思维、课堂参与能力和对待学习的态度发生很大的改变，真正把学生推到学习的主体地位。当学习本身成为学生自身需要的时候，学生就会成为学习的主人，变"要我学"为我要学。教师也从说教、传授的角色转变为学生学习的引导者和促进者。在合作学习越来越受到教育界的关注下，现今学校很多课堂教学采用合作学习、小组学习等。但是在传统课堂里，合作学习只是课堂教学的"微弱"的补充，难以真正发挥学生探索的积极性，合作学习只是流于形式。在翻转课堂教学模式下，在课堂里学生与学生之间、学生与老师之间的合作学习才是真正意义上的合作学习。

（4）成果展示，分享交流。学生在经过独立探索和合作交流后，完成个人或者小组的成果。学生可以通过报告会、展示会、辩论赛或者小型的比赛等形式交流学习心得、体会。在成果展示过程中，学生或小组可以通过教师与学生的点评获得更深的了解。同时可以通过观看其他学生或小组的展示中，学习到他人的优点，明确自己的优势与不足。学生在此过程中不断领略学习给她们带来的乐趣，更以一种积极的乐观心态面对以后的学习，增强自身的自信心。这也是一个交流的平台，学生在交流中彼此的智慧火花得以展现。教师在分享交流环节可以通过学生或者小组的汇报，明确学生知识的掌握水平，有针对性地进行后期的"补救"工作。当然在学生展示的环节，教师所做的是为学生创设一个民主、平等、和谐、自由的课堂环境，适时调控学生学习的进程和发展方向。实施翻转课堂教学模式的学校在成果展示环节，教师不仅鼓励学生在课堂上进行展示，学生也可以在课下通过制作微视频的方式把自己的汇报上传至网络交流区，供教师和同学讨论和交流。对于翻转课堂教学的成败并不在于视频的制作，而是在课堂学习活动的设计。如何改变传统的教师主宰课堂的局面，让学生真正成为自己学习的主人，是翻转课堂教学模式给我们的课堂教学带来的关键点。

（二）翻转课堂教学模式的教学策略

　　一定的教学模式要想收到好的教学效果，必须得靠一定的教学策略来保证。所谓教学策略，是在教学目标确定以后，根据一定的教学任务和学生的特征，有针对性地选择与组合相关的教学内容、教学组织形式、教学方法和技术，形成的具有效率意义的特定的教学方案。教学策略具有综合性、可操作性和灵活性等特征。因此教学策略具有动态的构成维度和静态的内容构成维度。教学策略的内容构成在一定程度上反映出其动态的维度。教学策略的内容构成包括三个层次：第一层次指影响教学处理的教育理念和价值观倾向；第二层次是指达到特定目标的教学方式的一般性规则的认识；第三层次是具体教学手段和方法。教学策略可以来自理论推演和具体化操作，也可来自实践教学经验的总结和概括。翻转课堂教学模式的精髓是让学生对自己的学习负责，充分尊重学生的主体性地位，让学生成为自己的学习主人。改变传统课堂满堂灌的局面，变课堂为学生个性化的学习环境，其策略是：以为学生创设个性化的学习环境为基础，以培养学生学习的主人翁意识和创新能力为核心，通过制作教学视频和利用一切有用的教学资源让学生在课前完成知识的掌握和课堂中一系列的学习活动的方法，让学生在自主学习、独立探索、合作探究中实现知识的内化，探求知识的意义。具体来讲，翻转课堂教学模式的教学策略有：学生学的策略、教师教的策略和师生相辅的策略。

1. 学生学的策略

　　学习策略是学习者在学习活动中，进行有效学习的规则、方法、技巧与调控。它既包括内隐的规则系统也包括外显的程序与步骤。在翻转课堂教学模式中，学生在课前需要完成知识的掌握，课中则以独立探究、自主学习为为基础，与同伴的合作学习为纽带，实现所有学生的独立性、创造性和合作性综合素质的全面发展。

　　学生课前观看教学视频的策略。翻转课堂教学模式是通过教学视频完成在传统课堂里通过教师直接讲授给学生的知识。学生在课前需要完成知识的初步学习，一般是原理性或事实性知识的学习。学生观看教学视频所采取的策略是一种对自己本身学习调控的过程。教学视频的时间一般在 7~10 分钟，我们习惯称之为"微视频"。如何在这短短的十分钟的视频中完成理论知识的学习，首先需要学生有一定的自制力和控制力。首先学生要选择一个较为安静的环境中，这样才能免受外界的打扰，全身心观看教学视频。然后，针对自己的情况适时"倒带"。学生在观看视频时，会遇到不同的问题。对于基础弱的学生，为了能快速完成任务抱着看完的心态，这样是对自己的学习不负责的表现。学生应该立足自己的实际水平，在开始阶段就扎实自己的基础。最后，做笔记，记下自己不懂的地方或者自己感兴趣、想要进一步了解的问题。这是学生看教学视频中要做的重要的事情。若学生看完教学视频，只是在脑子中过一遍，并没有与自己的原有知识结构发生反应，没有自己的思考，这是无效的学习。这也是培养学生问题意识的重要一步。

学生独立探究策略。美国国家科学教育标准对把探究定义为：多层次的活动，包括观察、提出问题；通过浏览书籍和其他信息资源发现什么是已经知道的结论，制订调查研究计划；根据实验论证对已有的结论作出评价；用工具收集、分析、解释数据；提出解答，解释和预测；探究要求确定假设，进行批评的逻辑的思考，并且考虑其他可以替代的解释。独立探究策略既是一种学习策略，也是一种教学策略。独立探究策略具有主体性、独立性、实践性和开放性等特点，主体性为最重要的特征。当今世界的发展需要学校培养具有独立研究能力的学习者。一个具有探究能力的人才能具有创新能力，才能体现出人作为独立个体存在的价值。在翻转课堂教学模式下，学生主动参与到学习过程中，积极从事自己的学习活动。翻转课堂教学模式不再只注重教学效果，而更关注学生获得知识的过程。在这个过程中，教师的讲授逐渐让位于学生自主学习的过程，学生不能再依赖教师事无巨细的讲解，而应该培养自己学习的主动性。学生在独立探究的过程中会遇到很多的问题，教师的角色从讲授者变为引导者。学生学到知识，体验到学习到给自己的成就感，更激起学生对探究的乐趣。

学生合作学习策略。合作学习于 20 世纪 70 年代兴起于美国，美国的教育实践取得了令人满意的结果，因此获得了更多国家对合作学习的探索和实践。我国著名合作学习研究者把合作学习总结为：合作学习（cooperative learning 或 collaborative learning）又称协作学习，是以现代社会心理学、教育社会学、认知心理学等为基础，以研究与利用课堂教学中的人际关系为基点，以目标设计为先导，以师生、生生、师师合作作为基本动力，以小组活动为基本教学方式，以团体成绩为评价标准，以标准参照评价为基本手段，以大面积提高学生的学习成绩、改善班级内的社会心理气氛、形成学生良好的心理品质和社会技能为根本目标，极富创意与实效的教学理论与策略体系。合作学习包括师生合作、生生合作、师师合作和全体合作四种形式。乔纳森在自己的化学课堂里在学生独立学习后一般会给学生一个课题，给学生分组，一般 3 到 4 人。学生明确分工，各司其职，共同完成实验的操作。在学生小组学习的过程中，他走下讲台，走进学生们的学习活动中。当小组学习遇到难题的时候，他给予及时的引导。他还通过与学生的交流，了解学生们探讨出更有价值意义的问题。此时，他会把问题呈现给班上所有的学生，全体学生共同参与到该问题的探讨学习中。在翻转课堂教学模式下的合作学习是真正意义上的合作学习。学生在一种团结、合作的氛围中不仅学术能力得到提升，学生的人际交往能力也得到增强。此时教师的角色地位得以凸显，教师逐步引导学生深化对知识的认识，逐渐完善学生自己建构的知识体系。

2. 教师教的策略

教师制作教学视频的策略。在翻转课堂教学模式中，教师需要制作高质量的教学视频。可汗学院所制作的微视频一般不呈现教师，只展现一块白板和教师的一双手。乔纳森在如何制作高质量的教学视频方面一直不断探索。他提出教师可以制作自己的教学视频，也可以采用网络优秀教学视频。林地公园高中在制作教学视频中不断探索，总结出一系列经验，值得我们不断探索、研究与学习。当说到录制教学视频的时候，很多人会认为这是一个大成本的花销。其实录制教学视频所需要的是：截屏程序、一台电脑、电子笔输入设备、麦克风、网络摄像头。教师在制作教学视频中，可以使用截屏程序（screencasting program）。在教师完成教学视频后，可以根据实际情况把不需要的部分用截屏程序去掉以修改。当教师需要呈现所展示的 PPT 时，截屏技术可以很容易实现。在录制过程中，可以使用屏幕录制软件（Camtasia Studio）进行录制，快速捕捉视频中的重要部分，也可使用网络摄像头这种方便而简便的录制方法。当教师需要在白板上作图以供学生理解时，教师可以使用数字笔做注释。这样学生可以清楚地知道教师讲授的重点，尤其对于需要图来解释的数学原理时，学生更容易理解。教师在制作教学视频中有以下要注意的地方：首先要保持教学视频短小，这是根据学生注意力的特征而设定的时间。其次，使自己的声音有活力、生动，节奏流利。当教师以流利的语言讲授内容时，学生的注意力更容易被吸引。如果教师的语言和语调像和电脑讲话一般，自然不能赢得学生的喜爱和兴趣。乔纳森在录制视频过程中，经常变换自己的音调，或许这句话是纯正美式英语的时候，下一句就可能是带有法语、意大利语的音调，教师的语言和语调强烈地吸引着学生。最后，教师可以在制作教学视频中增加幽默的语言。

教师教学生观看教学视频的策略。教学生如何观看教学视频是实施翻转课堂教学模式的非常重要的第一步。一种教学模式要想收到理想的效果，做好第一步很关键。教学生观看教学视频就像教学生怎么样阅读和使用教材一样重要。观看教学视频并不像观看娱乐电影或者电视展示节目一样，这些教学视频需要学生以一种像作品一样的方式认真观看。教师在实施翻转课堂教学模式前，需要告知学生如何观看教学视频。首先，教师要鼓励学生消除影响或分散学生观看教学视频的东西，譬如学生在观看教学视频的过程中会做把其他网页打开或者听音乐等影响学生认真观看教学视频的事情。因此，在实施翻转课堂教学模式之初，需要教师做把学生集中进行观看教学模式的训练。在学生遇到不懂的地方的时候如何"停键""倒键"，教师需要学生学会自己控制教学视频，并告知学生这些可以帮助学生看到教学视频的价值。更重要的是，学生真正实现"掌控"自己的学习。其次，教学生做笔记的技巧。做笔记的方法很多，乔纳森一直采用康奈尔式做笔记系统。他会给学生一个样板，让学生根据这个样板做笔记。学生不仅可以记下重点，还可以针对自己从教学视频所学习的知识中找出问题和做出知识点的归纳总结。最后，要求学生针对所观看的教学视频提出自己感兴趣的问题。这不仅可以了解学生是否观看教学视频，更培养了学生的问题意识。当学生在谈论交流环节提出自己的感兴趣的或者自己想要更深入了解的问题的时候，生生之间、师生之间共同探讨，交流的时间和机会得到拓展，而这是在传统课堂中很难实现的。

教师课堂教学的策略。翻转课堂教学模式最重要的不在于教学视频的制作，而在于教师在课堂中教学活动的组织。翻转课堂与传统课堂最大的不同在于：通过不同的教学活动让学生在活动中完成知识的建构。传统课堂教师的教学策略只关注把知识传授给学生，而不考虑学生的具体情况，把学生当成"容器"。而翻转课堂教学模式的实施靠教师组织不同的教学活动。由于在传统课堂中知识的传授被放在课外，课堂教师有更多的时间来设计活动。教师可以针对自己本身所教授的科目、教学风格采用不同的课堂教学策略。譬如，对于外语的学习，教师可以根据本科目的特点设置更多的对话、阅读国外文学、写故事等活动，激发学生在课堂中更多实践操作外语的学习。教师不必在课堂上一味的讲解语法等知识，课堂真正被用来组织让学生有更多机会参加到课堂的活动。教师除了要组织不同的教学活动，还要具备一定的课堂引导力。在上课伊始，教师可以采用提问策略检查学生观看教学视频的情况。所提的问题必须是教师基于对本科的设计精心挑选的，教师在此环节要适时引导。同时营造一种宽松愉悦的氛围，鼓励学生说出自己的简介或者表达出自己对教学视频的疑问。翻转课堂是以学生为主体的课堂，教师成为真正的引导者，如何让学生顺着自己"导"的方向是一门必修的学问。因此教师必须要具备稳固的知识储备和一定的课堂管理能力，使课堂时间得到高效的利用，让学生在课堂中得到真正的发展。

3. 教学相辅的策略

随着时代的发展，它对学生的自主性意识、合作意识和探究意识提出了更高的要求。学校需要在学生的自主性、合作性、探究性予以重视和培养。翻转课堂教学模式以学生的自主学习为基础，以合作交流为纽带，以探究性学习为学生发展的动力。翻转课堂教学模式关注学生主体性意识的培养，学生的自主性学习成为学习的关键，让学生成为自己学习的主人。同时翻转课堂教学模式的实施要靠教师、学生之间的合作交流和群体活动以实现。翻转课堂教学模式强调学生的自主性学习，让学生"掌控"自己的学习。无论课前教学视频的观看还是课堂学生独立完成作业等都需要学生自己学习。课前教学视频的观看，学生根据自己的掌握情况可以选择"倒带"，也可选择"前进"。课堂独立完成作业的环节需要学生独立思考，遇到不懂的问题可以请教教师。因此翻转课堂教学模式为学生提供了一种比较理想的个性化学习环境。但是翻转课堂教学模式以学生的自主性学习为基础并不意味着可以对学生的放任自流，并不是要排除教师的指导。虽然可以使用其他教师录制的优秀教学资源，但是教师对自己的学生的具体学习情况有清楚地了解，可以针对学生的情况决定录制的内容、讲解的详细程度等，再者学生更愿意观看自己教师录制的教学资源。在课堂教学环节，教师对学生的引导和在学生遇到问题时给予的帮助和指导对于翻转课堂教学模式的实施都尤为关键。翻转课堂教学模式的关键就在于教师教学活动的设计。在教学评价环节，教师需要了解学生的知识掌握情况，给予及时的反馈，学生明确自己的学习情况。学生达到能够自己掌控学习的构成需要教师的引导，学生的合作学习和探究学习都离不开教师的引导。学生在小组合作学习活动中，教师要为学生创造一种让学生真切感受到他们是一个团体、彼此相互依赖的氛围。同时在学生交流中，需要教师创造环境让学生彼此交流思想与观点。因此，这些合作活动的开展都是建立在学生教师发挥主导作用的基础之上的。在翻转课堂里，教师在学生小组活动环节走入学生群体中，了解学生的学习需要，倾听学生的讨论进程。在学生小组合作中遇到瓶颈时，教师给予及时的帮助和指导，给予学生思维维度的调控，让学生冲出思维的限制，达到更高的理解水平。学生的独立完成作业环节需要教师走进学生中，具体了解学生在独立完成作业的过程中所遇到的问题。当是个别性的问题时，教师可以给予个别辅导。当学生普遍都存在理解的问题时，教师需要在全体学生中给予详细的讲解。

（三）翻转课堂教学模式的质量评价

1. 教学评价的作用

教学评价是依据一定的教学目标对教学效果做出价值判断的过程。通过教学评价反馈的信息，我们可以调控教学活动、激励学生的学习和教师的教学，帮助教师改进自己的教学。作为一种新的教学模式，其教学评价显示出独特的作用。

保证学生知识的掌握。传统的评价是为了给学生划分等级，最主要的目的不是为了学生的发展。翻转课堂教学模式的评价建立在帮助学生实现发展的基础上。因此，翻转课堂教学模式的评价可以保证学生知识的掌握。看教学评价的好坏在于是否实现了学生的发展，翻转课堂教学模式的教学评价帮助学生明确自己实际知识水平。翻转课堂教学模式的评价的目的是基于学生的发展，测试学生实际掌握知识的程度。当学生没有达到要求时可以拥有多次机会最终达到掌握要求。当然对于已达到掌握要求的学生，剩余的评级部分基于学生本身的实际情况，学生可以依据自己的情况确定。

保证学生公平地位的实现。学生是平等的个体，然而传统的课堂教学，学生被一纸测试的结果划分等级。在现今的学校文化里，学生群体之间更是以成绩来划分。课堂中，展示与发言的机会掌握在少数学生的手中。结果导致"差生"更差，"差生"学习的自信心受挫，严重影响了学生心理的健康发展。教师的评价永远只从学生考试的成绩评定学生的等级，不利于学生的全面发展。翻转课堂教学模式最大的优势在于：所有学生拥有平等的学习机会，学生在教师里可以得到教师个性化的指导与帮助。教师的目光不再只是停留在少数尖子生的身上，教师可以更多地照顾到有更多学习问题的学生。学生达到既定的水平就可以达到 75%的学业等级，剩下的 25%是基于学生自身的实际情况。这在一定程度上保证了所有学生可以达到既定的水平。但是要达到既定的水平，对于接受慢的学生可以拥有多次机会来获得这个结果。这在一定程度上保证学生机会的平等性。美国林地公园高中两位化学老师开创的翻转课堂教学模式一开始本着照顾因各种原因无法到学校准时上课的学生，因此翻转课堂教学模式的出发点就是本着照顾学生的原则。

2. 翻转课堂教学模式的评价体系要解决的关键问题

如何知道学生已掌握课程内容。传统课堂教学课堂讲授知识，课下学生完成作业。学生对知识掌握的程度可以反应在学生完成作业的情况上。教师对学生的作业情况予以批改，并没有条件对每个学生的作业情况予以指导，教学进程的安排并不能一味用来讲解学生所做的练习。教师所做到的少量的个别辅导并不能急切关注到急需要得到帮助的学生。学生疑难点没有得到及时的澄清，会影响到下一个知识点的学习与理解。再者对于学生是否真正掌握知识，掌握到什么程度，教师无法通过练习掌握和了解就不能对症下药。翻转课堂教学模式的评价首先要解决的问题即如何知道学生实际掌握知识的情况。只有了解到学生实际的知识掌握情况，教师才能为学生创造各种条件，帮助学生找到问题的症结所在。

当学生没有做到掌握学习内容，我们如何做。当了解到学生知识的掌握情况，对于不同的情况教师必须要采用不同的方法。对于已经掌握本单元或本节课知识学习的同学，教师可以给他们布置任务让他们继续学习。对于知识掌握还存在欠缺或者对知识的掌握没有达到规定的水平时，教师需要为学生提供个别化的指导。这种指导可以是让学生在教师的电脑里重新观看教学视频，也可以是给学生提供其他学习资源让学生翻阅查找等，直到学生对知识的掌握达到既定的标准。

3. 翻转课堂教学模式的评价体系

对于翻转课堂教学模式，最大的一个挑战在于建立合适的评价体系。这种评价体系在客观上能以对学生和教师都有意义的方式评价学生的理解水平。翻转课堂教学模式的评价体系是在掌握学习理论模式下、评价体系基础上发展起来的。它们都以保证所有学生都能学好为思想指导，在当前集体教学模式下，辅之以个别化指导，从而保证大多数学生能够达到课程目标所规定的掌握标准。然而，风靡一时的掌握学习最终以失败而告终，其主要原因在于评价体系的主观性。翻转课堂教学模式下的评价体系采用现代技术为学生提供有价值的反馈信息，帮助教师实施翻转课堂教学模式，并使这种模式的实施成为可能。美国林地公园高中在多年的实践中总结出行之有效的评价体系。它是乔纳森·伯格曼和亚伦·萨姆斯两位化学教师在长期实践的基础上实践经验的总结。它很好地融合了形成性评价、总结性评价和美国学校采用的基于标准的分类系统评价的作用。

（1）利用形成性评价测试学生对知识的理解程度——检测学生的知识理解度。形成性评价是教学活动中根据把握到的中间成果来修订教学计划，进行必要的补充和指导或者根据每个学生的实际情况来安排要学习的内容的评价活动。就这一点来说，它在观念上和在教学活动结束时，从整体上对教学成果进行综合检讨的总括评价是有明显区别的。形成性评价是为了及时掌握学生的学习成绩、学习态度、情感等的评价，以此激励学生的学习，帮助学生监控自己的学习过程。在翻转课堂教学模式下，形成性评价的主体在学生。教师告知学生本阶段的学习目标，并给学生提供完成学习目标必备的学习资源。但是学生被要求给教师提供自己已经学习过这些学习资源的证据。若不能提供证据证明自己在向学习目标行进，教师必须快速了解学生的知识理解水平并当场根据学生的具体情况制订补救计划使学生"倒车"，学习他们未掌握的内容。当然，教师可以根据学生具体的情况提供不同的补救性措施。例如，教师可以让学生重新观看教学视频以此再次了解本节课要知道的内容，或者给学生教材资源让学生查阅相关资料等。在乔纳森实施的翻转课堂教学模式里，他把掌握学生实际学习情况比喻成"GPS"，既有追踪定位的作用，又有导航的作用。同样在此阶段教师的作用就是及时了解学生的知识的掌握水平同时给予及时的指导，帮助学生走上正确的"轨道"。真正有效教学的原因不是仅仅看学生是否已安全到达，而是看学生处于哪个水平。当教师与学生接触中，主要以对话的形式与学生交流。具有教学经验的教师确信自己的学生理解教学目标，教师的任务就是提供教学刺激，推动学生进行他们可以达到的更深入的学习。要很好的了解学生实际的知识掌握水平，乔纳森提出了提问策略在形成性评价阶段中的应用。对于如何提升这种能力，乔纳森认为这是建立在教师个人素养之上的。他和同伴亚伦的建议是：多与学生沟通交流，理解学生，学生是潜在的、发展中的个体；学习学生的思维方式：帮助他们学习怎么样高效地学习，中国有句古话叫"授人以鱼不如授人以渔"，讲的就是这个道理。教师了解自己的学生，因为教师了解自己学生对教学目标的理解达到什么程度。教师的提问的难易程度基于学生的理解水平。学生对知识的理解水平在不同的水平，教学的主要的目标是实现学生的成长。

（2）利用总结性评价测试学生对知识的掌握程度——检测学生的知识内化度。在翻转掌握教学模式下，形成性评价在学生对知识内容和学习材料理解上尤为关键，它在学生知识架构的形成中扮演着重要的角色。然而，翻转课堂教学模式同样需要总结性评价，学生可以陈述教师对学习目标的掌握度。在翻转课堂教学模式下，林地公园高中开创了一种独特的总结性评价模式。在美国，目前很多学校采用分数制、百分比制、A-F等级制评价学生的学业水平。虽然美国教育界认为这种评价方式并不能完全体现出学生的学业水平，但是仍然要实行这种相对来说比较理想的评价方式。翻转课堂教学模式中的教学评价是在家长、学生和政府人员满意的 A-F 评价环境下，学生为了证明自己对知识的掌握水平在每个总结性评价中必须要达到至少 75%的比率。这个比例的规定并不是随意的，而是翻转课堂教学模式的实践者们在实践中根据基本学习目标，并创建这种方式的测试，以至于掌握关键学习目标的学生将会达到75%。测定中剩下的 25%的水平能够通过"很高兴知道"目标获得。这部分的掌握也是课堂中的一部分，但这部分在接下来的持续的成功的学习中也许不是作为必要的部分来学习的。没有达到75%或者更高比率分数的学生必须要再次接受测试，直到到达 75%的掌握水平为止。在学生对某一方面存在困难时，教师要给予及时的帮助和提供补救的办法，给予学生达到目标的支持。当然，对于已经达到 75%掌握水平的学生要想要达到更高水平也可以再次测试，这些都基于学生自己的决定。翻转课堂要教会学生对自己的学习负责。当然并不是所有的实施翻转课堂教学模式的学校都采用一种总结性评价的模式，具有不同历史和文化背景的学校采用不同的总结性评价的方式。乔纳森·伯格曼和亚伦·萨姆斯针对翻转课堂教学模式多年的实践总结出在总结性评价环节应该注意的相关问题。评测阶段最重要的问题就是测试的完整性问题。翻转课堂教学模式所进行的总结性评价是在一个无监督的环境中进行，会出现学生作弊等现象。两位老师做出调整，把测试尽量安排在课堂中进行。在教室里设置 6 到 7 台电脑。每次测试都有进入系统的密码，当学生准备好测试的时候输入自己的密码便可进入测试系统。两位教师在实施中采用 Moodle 平台，它是一个开源课程管理系统（CMS），也被称为学习管理系统（LMS）或虚拟学习环境（VLE）。它已成为深受世界各地教育工作者喜爱的一种为学生建立网上动态网站的工具。为了正常运行 Moodle，它需要被安装在 Web 服务器上，无论是在自己的电脑还是网络托管公司，它实现了对学生所做的测试直接进行评分的功能，把教师从大量、繁琐的评卷中解放出来。

（3）基于标准的评分系统。在学校，学生仍然需要学分以此证明完成此课程的学习，因此教师必须要对学生的学业水平进行分级。如何使翻转掌握教学模式的评价在此种评价体系下实现了评价方式的改变。这种改变对于学生学习能力的培养至关重要。林地公园高中的两位教师提出一种混合式的评价体系：部分采用基于目标评分+采用传统的 A—F 评分。两位教师提出在成绩进入学生成绩册之前，总结性评价在学生的评分中占 50%，学生必须在每次总结性评价中必须要达到75%。剩下的 50%的分数是学生基于自身的实际情况进行提升的形成性评价的部分。翻转课堂完美的与基于标准的评分（Standards Based Grading 简称为 SBG）系统相契合。来自于美国科罗拉多州威斯敏斯特区（Westminster Colorado）的阿达姆斯（Adams）的50个学区系统采用了本区制定的更宽的等级评分系统。在他们的课堂中学生的成绩可以在不同的等级。这个学区教育部门的官员也致力于创新他们的评分系统。每个学校都有着自己本身的评分系统，实施翻转课堂教学模式的学校并不是要完全摈弃之前的评分系统，而是使原有的评分系统能够在一定范围内进行创新，使原有的评分系统很好地与异步的视频教学这种教学模式相配合，更好地实现学生的终身发展。

本章练习

1. 信息技术教育改革为小学教师教育带来了哪些机遇和挑战？
2. 简述信息技术在小学教学中的应用。
3. 请自主选择小学范围内的教学内容，在翻转课堂模式下进行教学设计。

第六章　教育偶发事件应变处理能力训练

教育偶发事件应变处理能力是小学教师从事教育工作所具备的一项重要品质，这是新教师成长的重要环节，新教师只有不断在实际教学中感悟、学习、练习，才能完成教学任务，逐渐成长为具有丰富课堂教学机智优秀教师。小学日常教育教学活动中，经常会出现一些随机、偶发事件以及非预设生成等，教师如何处理这些问题、取得最佳教学效果，如何巧妙、迅速地将无关事件与预设计划联系起来，最大化地促进学生的身心发展，这些都对教师的教学机智提出了更高的要求。本讲的训练主题是教学机智应变，要求学生能够在实际教学活动模拟中，主动运用已有知识、技巧、经验等创造性地解决课堂教学、学校教育生活中所出现的难以预料的问题，并且在解决问题当中所表现出敏锐、迅速且恰到好处地行动的能力。

 本章学习目标

1. 了解教师应对偶发事件的态度。
2. 明确教师应对偶发事件处理方法的选择。
3. 掌握教师对偶发事件的善后处理方法。

第一节　教育机智解读

教师的教育总是伴有一些偶发、随机事件，如何创造性地处理这些意外事件便对教师提出了教育机智方面的要求。事实上由于教育偶发事件自身的特点，它往往具有时间的紧迫性和行动的模糊性，使得教育机智成为优质教育的内在需要。

一、教育机智的内涵

教育机智对一位教师意味着什么，以及教育机智在教育活动中有什么用，古今中外对此问题有很多论述。曾经以天才的思维设计了课堂教育过程的德国教育家赫尔巴特（Herbart，J. E.），于 1802 年将机智和充满机智的概念引入到了教育的话题中来，他在一次关于教育的演讲中说道："关于你究竟是一名优秀的教育者还是拙劣的教育者，这个问题非常简单：你是否发展了机智感呢？"俄国教育家乌申斯基认为："不论教育者对教育学理论研究得怎么样，如果他没有那种所谓的教育机智，他就不可能成为一个良好的教育实践者。"1892 年美国心理学家威廉·詹姆斯（James，W.）在谈到教育中如何成为一名优秀教师时也说："为了达到这一结果，我们必须具有额外的天赋，来告诉我们在孩子面前说什么样的话，做什么样的事。那种面对学生、追逐学生的天赋，那种对于具体的情境而出现的机智是心理学一点也帮不上忙的，尽管它们是教师艺术的最基本的知识。"加拿大现象学教育家范梅南（Manen，M. V.）则认为："教育的智慧和机智可以看作是教育学的本质和优秀性，我们不妨说智慧构成了教育学的内在方面，而机智则构成了教育学的外在方面。"我国学者王枬也认为："教师所面临的教育情境具有复杂性、独特性和多样性。智慧型教师的机智灵活，就在于能够根据预定的目标、特定的教育内容、复杂的教育环境和多变的教育对象，娴熟巧妙地采取适合教育情境的教育行为或操作方式，从而高效地实现教育教育目标。"从以上论述不难看出，一位教师想要成为优秀教师，从而达到教育过程的最优化，是离不开教育机智的，反过来说，教育机智是优质教育的内在需要。但这仅是一种结论式的描述，教育机智和优质教育之间具体有什么学理联系呢？

所谓优质教育，简单地说，就是通过教师的优教，达到学生的优学；在保证学生发展方向的前提下，实现高效。要达到预定的教育效果，实现课堂教育的高效，教师就应该善于利用课堂上的一切资源，尤其是一些计划外的资源，例如由师生的互动或情境的引发而创生的新的教学资源等。关于这一点，德国著名教育人类学家博尔诺夫（Bollnow，O. E.）的"非连续性教育"思想给我们以很大的启发。博尔诺夫认为，以往的教育学派有一种共同的认识，认为教育是一种连续性的活动，儿童通过这种教育循序渐进地不断地趋向完善。"这一观点是正确的，它基本上揭示了教育过程的本质。但仅此还不够全面，还需要作一处重要修正，因为这一观点把阻碍和干扰教育、导致教育失误或完全失败的原因仅仅归结为偶然的，而这本来是应该避免的，而且原则上也是可以避免的干扰，这种干扰无论如何无关教育大局。只有存在主义哲学敏锐地看到这种干扰不只是一种令人不愉快的偶然事件，而是深深地埋藏于人类存在的本质中，从这些事件中表现出一种新的、迄今尚被忽视的人类存在的基本方面，它使连续性发展的观念趋于破灭或者至少表明有很大的局限性。"如果说存在主义哲学"发现"了生活中的偶然性和际遇性，毫不夸张地说，博尔诺夫则发现了教育中的类似问题，即非连续性教育形式。"在人类生命过程中非连续性成分具有根本性的意义，同时由此必然产生与此相应的教育之非连续性形式。"固博尔诺夫不但肯定了非连续性教育的存在，而且还赋予了它根本性的地位。危机、向往和遭遇等人生中主要的非连续性事件，"是造成人生非连续性或者说教育非连续性的原因，又是教育的一种途径"。博尔诺夫的非连续性教育思想使我们对教育的认识更接近真实和全面。

教育机智，根据《教育大辞典》的解释，是"教师面临复杂教育情况所表现的一种敏感、迅速、准确的判断能力"。我们姑且不论这种解释完善与否，但它所强调的"复杂教育情况"一般就是指课堂教育中出自于教师或发自于学生的让人始料未及的现象。这正是一些非连续性教育事件，以往我们很多教育者都认为这是一些无关紧要的小事件，通常不予理会。还有些教育者因为这些意外事件打断了自己预定的教育程序，让自己显得尴尬被动，因此，总是力图避免或者回避这些事件。现在看来，这些事件不仅存在，而且还是避免不了的。教师在上课前无论准备得多么充分，上课时总会有一些随机性事件发生，这些事件往往产生于课堂教育互动或特定事物的影响。作为一名优秀的教师，我们要善于把握这些意外事件所蕴涵的巨大教育资源，在教育过程中，顺势而发，切合这些意外事件所产生的教育力量通常胜过那种平铺直叙、按部就班的教育。回首我们自己受教育的经历，能让我们回忆的或是改变我们人生轨迹的往往是某一件事情，而每时每刻如行云流水般的情境却早被我们淡忘了。很多有经验的教师，正是认识到了这一点，所以，在他们的优质教育中，他们并不会轻易放过每一个教育机会，针对某个教育时机所开展的创造性教育，很有可能就会影响到有些学生一生的发展。

二、教育机智面临的现实困境

教育机智是优质教育的需要，但在现实场景中，各种忽视或误解教育机智的现象比比皆是。例如，有的教师对教育机智的意义认识不足，认为它是可有可无的雕虫小技，自己只要按准备好的教育计划上课就行，并不需要在意这些随机事件对课堂教育的影响；有的教师虽然想引发机智行动，无奈心有余而力不足，即使想提高自己的教育水平，却又不知道在何处下功夫；还有的教师走上了极端，时时为自己不善于处理这些偶发事件而深感自责，从而背上了沉重的负担；最具有迷惑性是另外一些教师，他们表面上像是引发了教育机智，实际上却是"假机智"，有时甚至是"欺诈"行为，等等。

造成上述现象的原因很大程度是因为目前我们对教育机智认识不够，研究不深。范梅南认为，"教育理论中尚未被人们理解的正是在这种教育时机不断变化过程中的现场的瞬间行动。""对机智的研究使得我们能够对教育情境中的某些因素加以重视，而这些因素是大多数理论、模式和教育方法一直不愿或不能谈论的。"有人可能会说，教育艺术不正是研究教师的教育行为吗？其实这两者之间有根本性的不同，艺术是以审美为最高目的，所以教育艺术具有一定的表演性，学生成了观众；而教育机智是在师生互动中随机生成的，他们谁都不是旁观者。教师在一定教育情境中会碰到各种意想不到的问题，教师如何行动才能机智性地解决这些问题，这才是对教育机智这种教育现象进行研究的关键。由此，人们会进一步追问：为什么对教育机智的研究不够深入呢？这主要缘自教育机智自身的特点，也就是说，是教育机智本身之固有属性限制或阻碍了人们对它的认识。不可否认，体验到教育机智的果实是甜美的，而对它的深层探究却往往让人望而却步。

教育机智是教师作出的一种实践行为，法国现代著名社会学家布迪厄（Bourdieu, P.）认为，实践一般具有紧迫性、模糊性和总体性的特点。所谓紧迫性，是指在社会实践中，在有限的时间内迅速作出决定，采取行动，我们不可能就先迈左脚或是右脚而思考半天；实践的模糊性则蕴涵着实践是前认知的，模糊不清的，它往往是一种自发而自动的感觉；实践的总体性意味着实践本身并不像研究它的科学那样能分裂成各种碎片，恰如爱因斯坦（Einstein, A.）所言：不要期望对一杯汤的化学分析会有汤的味道。这三个特点还可以理解为：实践的紧迫性预先就排除了许多在理论上完全可能的行动路线和方式；实践的模糊性使得实践本身具有自身的逻辑，而非逻辑家的逻辑；实践的整体性使得实践过程往往是不可分割的。布迪厄所总结的实践的三个特点，教育机智全部都具有，当然，教育机智作为一种专门的实践行为，它还有其自身的特点，在本研究的"教育机智的特征"部分我们将会作一些讨论。教育机智的这些实践特点，使得很多研究者在面对它时，往往只能"绕道而行"，很难直接对教育机智本身展开论述。其中，"要描述教育机智的形成过程较难……为什么形成过程难于言说呢？因为它是内隐的，把对事物的分析综合对比等思维过程和价值判断过程压缩成了通常所说的'直觉'，成为看一眼当前事物主体就要做出反应的行为。从本质上看，教育机智往往是'急中生智'，只求快速应对较好地处理问题……相比较而言，要准确描述教育机智的表现形式却不是很难。"因为这些形式都是客观的可感的过程，将之记录下来，就是一个教育实践智慧的实例。所以，随着教育叙事研究的发展，各种描述教育机智的事例大量出现，如《99个班主任的教育机智》《反思教育习惯》等，仔细察看这些例子，我们发现很多作者都是将教育机智作为结果直接呈现出来的，而对教育机智发生瞬间，引发教育机智的教师到底是如何想的，其中经历了哪些思维过程，是否有思维跳跃，以及那些所谓的"直觉"到底是怎么回事，所有这些问题，作者们大多都忽视了或者根本没有提及。这正如海德格尔（Heidegger, M.）批评以往的哲学，本来是要研究"存在"（to be），但因惧于某种困难，不自觉中往往将"存在者"（being）当作了"存在"，出现了"存在"的名词化，从而没有抓住哲学的根本问题，海德格尔则要完成这一任务。如果以此类比，直面教育机智存在的本身展开研究，将是一个不容回避的问题。

三、教学机智的分类

一般意义上的教育机智分类有以下几种：思想品德教育中的教育机智、课堂教学中的教育机智、处理师生关系的教育机智；处理教学失误的机智、处理学生失当行为的机智、处理学生意外回答的机智、处理教学环境突变的机智。根据课堂上偶发事件的类型，将应对这些事件的教学机智概括为相应的方法，它们是：以变应变法、借题发挥法、将错就错法、实话实说法、因势利导法、暂时悬挂法、爱心感化法、巧给台阶法、巧妙暗示法、停顿休整法。

综观这些观点，可以看出教育机智首先给人的总体感觉就是教学机智演变成一种技术，特别是处理意外事件的技术。学习了这些技术，你就会处理各种教学情境下的紧急问题，你也就掌握了教学机智，或者说你就具有了教学机智。很显然，教学机智并不是如技术一样可以随意地学会或者说可以直接传授的，而是需要在实践中探索培养。另外，这些分类都将教学机智限定在对意外事件的处理上，使教学机智始终处于一种"救火"状态，这也是较为片面的，没有全面反映出教学机智的外延。其次，这些关于教学机智的分类中，并没有一个统一的标准，这种分类法，与其说是分类，不如说是罗列。例如，各种分类范围之间交互重叠，甚至相互包含，各个子类之间没有明确的界限。也许各位论者在论述自己的分类范围时，各有侧重，但作为一种理论建构，它们应该有逻辑上的严谨性。否则，就难以形成对教学机智的正确认识。最后，很多论者都将教师对自己教学失误的成功处理归为一种教学机智，课堂教学是一种极其复杂的活动，尽管教师课前要认真准备，但教学过程中的失误仍是在所难免，这是教师不能回避的问题。当教师在面对自己的教学失误时，应该保持冷静，要态度诚恳地承认错误，及时纠正。在纠正过程中，也要考虑成熟，避免第二次犯错。这其中并不需要教师进行创造性思考，也不需要教师绞尽脑汁去实现教育"增量"的最大化。也就是说，此时教师的首要任务不是去考虑如何展现自己的教学机智，而是要态度诚恳地纠正自己的失误，以免误人子弟。但有的教师如果刻意地回避自己的问题，试图通过隐藏或欺骗来对待学生，以达到对自己失误的成功处理，这是不能称为教学机智的。例如，有教师在黑板上写错了字，当有学生指出时，他说：这是我故意"考"你们的，看你们是否能发现。所以，把教师处理自己的教学失误单独归为一类教学机智，是值得考虑的，它往往会造成教师为刻意追求所谓的"教学机智"而有意掩盖自己的失误，从而没有解决真正的教育问题。

四、教育机智的影响因素

教育机智的影响因素是对教育机智一定程度的"深度挖掘"，它已突破了对这种教育行为的简单描述，显然，它是为自觉的教育机智开辟道路。在现有的文献中，一般将教育机智的影响因素分为教师的知识经验、教师的智力因素、教师的非智力因素等。其中，教师的知识经验包括教师的本体性知识、条件性知识和实践性知识，教师的智力因素是指教师的观察力、思维力、记忆力和想象力等，教师的非智力因素则是指教师的情绪、情感、意志、性格等，这与心理学上关于人的心理过程和个性心理特征是基本对应的。还有的论者在这三种因素的基础上添加了教师的品德修养，例如，张世平在其主编的《教师的心理教育》一书中，概括教育机智的影响因素是："高尚的师德修养""丰富的知识、经验""良好的心理品质"，每一种因素又可以分解为若干次级因素。这都是一些非常好的总结，尤其是从教师的角度。对教育机智影响因素的分析较为全面，所以，这些影响因素基本上都是"教师的因素"。我们不否认，在教育机智的引发中，教师往往处于主导地位，教育机智也时常称为教师的教育机智。但影响教育机智的因素绝不应该仅仅限于教师本身，教师总是工作在一定的教育情境中的，教育情境中的其他因素也会对教育机智的引发产生影响作用，例如教育对象、教育时间、课堂气氛等，忽略这些因素去谈教育机智的影响因素显然是不够全面的。例如，胡斌武就认为，教育气氛是教育机智产生的客观条件，在教育过程中，"良好的师生关系、和谐的师生交往能促进师生情感交流，唤起学生的心理共鸣，使师生之间不仅认知同步，而且思维共振，情感共鸣，达到一种心理同步。这种心理同步会产生一种'效应'，它能激发老师的灵感，激发教育机智的产生并得到充满魅力的发挥。"

五、关于教育机智与教育智慧、教育实践智慧、教育实践性知识的关系

关于教育机智与教育智慧关系的较早论述者是范梅南，他在 1984 年发表的《一种独特理论：教育机智的智慧性习得》和 1986 年发表的《教育风格》（The Tone of Teaching）中，提出了"教育的智慧性与机智性"的概念。而在《教育机智——教育智慧的意蕴》（1991）一书中，他说："教育的智慧和机智可以看作是教育学的本质和优秀性，我们不妨说智慧构成了教育学的内在方面，而机智构成了教育学的外在方面。""机智就是在具体情境中体现自己反思性的智慧。如果要我们认识反思性智慧与机智之间的关系的话，我们不妨说机智是智慧的体现，是身体作出的反应。"我国学者叶澜教授在 1998 年的文章《新世纪教师专业素养初探》中认为教师的教育智慧是"集中表现在教育、教学实践中，他具有敏锐感受、准确判断生成和变动过程中可能出现的新情势和新问题的能力；具有把握教育时机、转化教育矛盾和冲突的机智；具有根据对象实际和面临的情境及时做出决策和选择、调节教育行为的魄力；具有使学

生积极投入学校生活，热爱学习和创造，愿意与他人进行心灵对话的魄力。教师的教育智慧使他的工作进入艺术与科学结合的境界，充分展现出个性的独特风格。"比较两人对教育机智与教育智慧关系的界定，很显然，范梅南认为教育机智和教育智慧是统一的，它们具有同一性，教育智慧的外在表现就是教育机智，教育机智内部也蕴涵着教育智慧。叶澜教授则不同，她认为教育智慧的范畴比教育机智大，教育机智只是教育智慧的一个组成部分，因为教育智慧除了教育机智外，还可以包含一些富有智慧的思想、个人的体悟以及一些正确的规划、决定等。我国其他一些论者有的倾向于范梅南的观点，有的倾向于叶澜教授的观点。

教育机智是教师在一定情境下所作出的具体行动，显然，它不能与教育智慧等同；但这种具体行动所蕴涵的教育思想必定是深刻的，符合教育活动的内在规定性，从这个意义上说，它又是智慧的。因此，本研究在论述教育机智时，将综合范梅南与叶澜教授的观点，将论述的内容界定在教育机智上，教育机智所体现的教育思想则是智慧的。

关于教育机智与教育实践智慧的关系。一般认为，实践智慧的系统研究起始于亚里士多德（Aristotle）的《尼各马可伦理学》，在有关"德性"（virtue）的论述中，亚里士多德把德性分为"道德德性"（moral virtues）和"理智德性"（intellectual virtues），其中，实践智慧（phronesis）就属于一种理智德性。实践智慧也称为"明智"，它主要有五个特点：第一，实践智慧以"善"为最高的目的，而这个目的存在于实践活动本身，不是外在的。"明智是一种同人的善相关的、合乎逻辑的、求真的实践品质。"第二，实践智慧研究的是可以改变的事物。"在总体上明智的人是善于考虑总体的善的人，但是，没有人会考虑不变的事物"。第三，实践智慧不同于生产和制作。"明智不同于技艺，是因为实践与制作在始因上不同"。第四，实践智慧是针对个别性的情境。"明智也不是只同普遍的东西相关。它也要考虑具体的事实。因为，明智是与实践相关的，而实践就是要处理具体的事情"。第五，实践智慧的对象是"人事"而非"物事"。"明智则同人的事务相关。我们说，善于考虑是明智的人的特点"。尽管实践智慧在后来的发展过程中呈现出不同的向路，但大体上都是在亚里士多德所划定的框架之内。例如，肖恩·加拉格尔（Gallagher, S.）认为实践智慧是"知道要做的事情哪个是正确的，以及如何去做。与计算相反，实践智慧正好是无规则但又不得不做决定的情境所需要的。在这些情境中，我们面对的是意义的多种可能性，不存在用以排序的终极原则"。邓友超也认为："实践智慧是个体在具体情境中应对不确定问题时所表现出来的素养。这个素养由个体的专业知识、敏锐的辨别力与良好的判断力、伦理意识和行动能力等方面构成。"

教育实践智慧就是关于教育的实践智慧，根据已有的研究，很多学者在分析教育实践智慧时，一般认为教育机智就是一种教育实践智慧。例如，有学者认为，教师的实践智慧通过三个方面来表现：第一，就教育过程而言，它表现为对传授知识的超越；第二，就教育方法而言，它表现为一种教育机智；第三，就教师发展而言，它表现为教师对自我完善的不断追求。教育机智之所以能与教育实践智慧建立联系，这是因为两者有一个共同的知识基础——实践性知识，国外有时也称为"个人实践性知识"。实践性知识的思想渊源可以追溯到赖尔（Ryle G.）的"知什么（know what）"和"知如何（know how）"两种知识的划分。后来，波兰尼（Polanyi M.）又区分了缄默知识（tacit knowledge）和显性知识（explicit knowledge）。欧克肖特（Oakeshott）则直接论述了技术性知识（technological knowledge）与实践性知识（practical knowledge）的不同。日本学者佐藤学归纳了教师个人实践性知识（practical knowledge）的主要特点：第一，它是依存于有限语脉的一种经验性知识，比之研究者拥有的"理论性知识"缺乏严密性与普遍性；第二，它是特定的教师、在特定的课堂、以特定的教材、特定的儿童为对象形成的知识，是作为"案例知识"加以积累和传承的；第三，它是不能还原为特定学术领域的综合性知识，是旨在问题解决而综合多种学术领域的知识所获得的知识；第四，它不仅是意识化、显性化了的知识，而且也包含了无意识地运用"默会知识"在发挥作用；第五，它具有个人性质，是基于每个教师的个性经验与反思而形成起来的。佐藤学的归纳较为具体，仔细分析起来，仍可以看出他带有亚里士多德关于实践智慧论述的诸多痕迹。但对于教育机智而言，它的知识基础确实蕴涵着实践性知识的某些特征，如缺乏严密性和普遍性、在特定的情境中生成、旨在解决具体的问题、不仅包括显形知识还包括隐性知识、具有个人性等。正是从这个意义上，现在很多学者都将教育机智看作是一种实践性知识。"机智是一种实践性知识，它在教育的行动中实现自身。"我国学者陈向明将教师的实践性知识概括为：教师的信念；教师的自我知识；教师的人际知识；教师的情境知识，主要是透过教育机智反映出来；教师的策略性知识；教师的批判反思知识。本研究也将遵循这些共识，认为教育机智是一种教育实践智慧；从个人的知识基础来说，它又是一种实践性知识。无论是实践智慧还是实践性知识，教育机智总是与"实践"相关，那这种实践是如何发生的呢？这也将是本研究所要讨论的内容。

第二节　教师应对偶发事件处理方法的选择

一、小学教师应对课堂偶发事件方式的分析

众所周知，课堂偶发事件普遍存在于课堂教学过程中，而且课堂偶发事件具有其偶然性和突发性，所以无形中也加大了本次调查的难度。在调查中，若只依靠单纯课堂观察不会有多大成效。如果想收集丰富的信息还得寻找其他的方法。根据人本主义创始人罗杰斯的共情（empathy，也称为神入、同情心，译为同感、同情心、投情等）理论，指的是一种能深入他人主观世界，了解其感受的能力。也就是我们通常说的感同身受。面对每天都无处不在、出其不意掩其不备的课堂偶发事件进行有选择性有代表性加入问卷及访谈中，教师虽然没有经历过其中所有的事件，但是他们可以将事件还原于课堂真实情境中并把自己置身其中，做出相对真实的回答。选择若干具有代表性的案例。课堂偶发事件案例主要从学生因素、环境因素和教师因素引发的方面抽取。具体如下文所示。

（一）应对学生因素引发的课堂偶发事件的方式

课堂偶发事件影响因素结果显示，学生因素遥遥领先。而学生因素引发的偶发事件大多是由于学生的问题行为导致的，指在课堂教育教学实践活动中因为学生的原因突然引发的某种急需教师给予解决的事件。除此以外，还有因为学生身体的突发状况、生生间的矛盾等导致的偶发事件。

【案例一】学生的问题行为

问题行为是在学生中普遍存在的，每个同学或多或少有一些不好的行为，比如：上课睡觉、注意力不集中、交头接耳、制造噪音引起关注、故意挑衅，等等。在课堂教学过程中，这种问题行为的显现有可能会导致课堂偶发事件的发生。例如以下的教学片段：

这是两节课连上作文课，上节课老师就相关话题给予指导，并让学生分组进行讨论。第二节课的任务主要是学生习作。上课十多分钟过去了，班级内静悄悄的，大多数学生已经开始他们的作文了。可是班里的头号问题学生却在后面呼呼大睡起来……（2014.12.26 六年级作文课）

遇到这种情况，作为代课老师，您会怎么处理？根据教师问卷的统计，分析结果如下：

处理一：呵斥、批评或惩罚学生。（47%）

"睡觉？学校是你睡觉的地方吗？想睡觉回家去睡啊。"

"睡觉的那个同学你站起来，拿着纸笔到后面趴墙上写。"

处理二：忽视不理。（9%）

对睡觉的学生，采取四不——不理、不睬、不闻、不问。

处理三：友好地提醒睡觉的学生。（39%）

走到睡觉学生旁边，轻轻拍他的身体，然后细声细语让他醒醒。

处理四：以上三种情况，视具体情况而定。（5%）

面对上述情形，我们看到了教师的四种处理方式。遇到这种情况，许多老师会按捺不住心中的怒火"竟然敢在我课上睡觉"，会采取呵斥、批评或惩罚的方式（47%）。这是一种压制性的处理，能够会给人一种教师没有能力的感觉，还有就是会引发师生冲突。因为当着全班同学的面进行呵斥批评，睡觉的同学会觉得特别没有面子，所以会对教师产生抵触心理，甚至从心底憎恶老师。这种方式虽然最直接最容易摆平事情，但是看似解决了事情，其实是积累着隐患。其次占大比例 39% 的方式是友好地提醒睡觉的学生。这种处理方式，教师是站在一个尊重学生的基础上去做的，学生都会因为教师的一个轻轻的动作或是一个眼神就纠正自己，所以不至于导致师生间矛盾。但是仅仅是这样处理似乎还是有些欠缺，教师应该通过学生课上睡觉的事情，课后找个轻松的时间和环境对他进行平等的谈话，了解学生的基本情况，尝试着改变学生课上睡觉的坏习惯。最后还有 9% 的教师选择忽视，有种"惹不起还躲不起"的嫌疑。这种不作为的处理方式，虽然没有造成大的冲突，但是这是教师的不负责任，忽略了对学生的关心。

【案例二】学生迟到

上课铃响后，语文教师走进教室站到讲台上，此刻教室仍然嘈杂声不止，班干部开始整顿纪律，教师阴沉着脸，显然是在克制自己心中的怒火。好不容易安静的教室，突然，一位男生气喘吁吁跑到教室门口喊，报告，手还在拎着裤子。其他同学见状，不禁哈哈大笑。此刻，语文教师厉声制止笑声，并呵斥他的迟到。学生弱弱地回答：上节课下课晚了，正好肚子难受，想上大号……教室里又是一阵放肆地大笑。（2014.12.23 四年级课堂观察）

假如你是这位老师，你会怎么做？

在平时的教学过程中，经常会遇到这样的事情或是类似的事情，比如每天早晨第一节课，在你讲课讲得正激情澎湃时，总会有一个声音让你的这种情绪戛然而止，那就是"报告"。在采访中，有很大一部分老师表示非常反感"报告"这个词。听到这个词都头皮发麻。我在实习时候担任六年级的语文及兼职班主任。每到下课时候，办公室的门总是三五秒钟被学生的"报告"推开。低年级的小朋友在课上更是不停地"报告、报告、报告……"。就案例二，根据调查问卷和访谈总结出教师的态度和主要处理方式如下：

处理一：呵斥、批评或惩罚。（53%）

"赶紧把裤子穿好，丢不丢人，下次再这样就别来上课。"

"裤子系好，拿书到门口站着去。"

处理二：忽视、冷却。（36%）

对该生不做任何处理，整顿课堂继续上课。（学生呆呆地站在教室门口。）

处理三：爱心解决。（11%）

"快点进教室吧，把书打开到第 X 页，认真听课。"

等课后和他分析分析这件事情，指导该学生做出正确的判断。

从以上的处理方式对应的比例数据可以发现，面对这样的情境，53%的教师是采取呵斥、批评和惩罚的方式，这种压制性的处理，或许可以让教师的怒火有所释放，但是对学生自身心理造成很不好的影响。而 36%的教师虽然没有采取过激的压制性方式，但是采取了不作为的忽视策略。仅仅只有 11%的教师对学生不惩罚不呵斥，让学生先上课，课后再解决。这种方式相对来说最为恰当，只是这样做的教师太少了。一般遇到这样的情况，大多教师都已经控制不住自己了。所以在处理课堂偶发事件的路上，我们要做的还有许多。

【案例三】学生间矛盾

科学课上，因为同学们没有准备相应的材料，于是科学老师将课改为自习课，要求学生做自己想做的事情但是必须保持安静。每个同学都在忙碌着，有的在提前做家庭作业，有的在画画，还有的在小声嘀咕着。突然，一个女生咆哮起来，同桌的男生也不示弱，两人各执一词、骂骂咧咧，学生都放下手头的事情，看着他俩议论起来，整个教室瞬间炸开锅了。（2015.1.5 课堂观察）

假如你是这位科学老师，你会怎么处理这种情况？

学生之间吵架在学校中太常见了，尤其是小学生，因为芝麻大的事情就能吵得不可开交。所以这就需要教师以不偏袒的原则妥善处理这类事情，如果处理不善，可能解决不了事情，更有甚者变为学生共同的敌人。根据调查问卷和访谈总结出教师的态度和主要处理方式如下：

处理一：呵斥、批评或惩罚。（38%）

"上课呢，又不是在菜市场，吵什么吵，想吵出去吵，别影响其他同学。"

"你俩出去站着。"（不问原因，直接驱逐出教室罚站）

处理二：安抚。（41%）

"好了，都消消气，都是同学，有什么好吵的，各退一步哈。"

简单问清原因，让两人都闭嘴，冷静冷静，下课再处理。

处理三：转移给班主任。（6%）

"现在还在上课呢，你俩去办公室找班主任，在他面前吵去。"

处理四：爱心教育。（15%）

"其他同学继续做自己的事情，你们俩和老师出来一下啊。"

在教室外问清原因，给他们做调解。

先让双方来冷静，让双方有条理地阐述事情发生经过，然后根据双方的态度进行各个击破，再给他们讲讲一些关于友情的故事。

小学生不成熟、自制能力差，像这样的吵架每天都在上演。这就需要教师在面临这样的情况时快速决断不能让吵架双方和其他同学产生影响。从以上数据看到，38%的教师采用了批评或惩罚，这样的做法是属于压制性处理，会造成学生的不服气，甚至会让学生双方将矛盾转移到教师；41%的教师对吵架双方进行安抚，虽然态度温和，但是这种方法对学生没有太大影响，而且也会让学生觉得是废话，最后问题根本得不到解决；面对激烈吵架的双方，只有 15%的教师选择先让学生冷静给予各自时间整理他们的陈词、叙述陈词，再加上用一些事例感化他们，让他们自觉认识错误并改正。

【案例四】学生考试时晕倒

五年级数学测验时，一位女生忽然晕倒在地，其他同学有的离开座位，有的踮着脚伸长脖子观看，有的同学开始叽叽喳喳讨论原因，还有的叫老师打电话给医院，等等。整个教室顿时没有了考试严肃性的气氛，严重影响了考试的正常进行……

如果你是当时的监考老师，遇到这样的偶发状况，你会怎么处理？

教师大多都是这样做的：将女生抬到办公室医务室然后联系家长，由家长带到医院。

学生晕倒或是呕吐等身体状况出现问题这类偶发事件不是特别常见，但是一定是存在的，它的存在具有偶然性、紧急性。以上教师的简单描述，没有多大问题，但是不够妥善。首先解决生病学生的问题，但是不能忽视教室里其他学生。在妥善安排生病学生后，如果自己没有时间继续监考或是照顾生病学生，一定要安排其他老师代之。对教室里其他学生，教师一定要轻言细语地简单解释并安抚，让他们尽快将注意力集中起来。等到班会课的时候，教师可以根据这类事情开一个主题班会，让学生学习的同事注意自身的身体健康状况，希望学生可以健康地成长。

（二）应对环境因素引发的课堂偶发事件的方式

课堂教学不是在一个封闭的空间进行的，课堂与外界环境有着不容小觑的联系，课堂教学没有办法完全阻隔来自外界环境的干扰。比如：天气原因、施工地的噪音、昆虫的闯入等，这些都不是我们所能预测的，以上这些都不是每天发生的，那它正好体现了偶发事件的一个特点——偶然性。下面选取天气原因造成的偶发事件进行研究。

【案例五】初雪

一个冬日的早晨，在六年级的某班正在上着语文课，教师正兴致勃勃地讲着古文《伯牙绝弦》，同学们听得也很认真。可是坐在窗边的某同学说了一声下雪了。顿时教室安静不再，全班的注意力都转移到了窗外……（2014.12.19 课堂观察）

如果在你教学过程中遇到同样的情况，你会怎么处理？

处理一：忽视、等待。（10%）

忽略此现象，继续上课，学生看一会就会作罢。

停下来不讲课，直到学生自己意识到错误，自己主动回归课堂。

处理二：呵斥、批评或惩罚。（39%）

"雪有什么好看的，别看了，现在是语文课，还想看雪的，出去……"

点名批评带头的同学，其他同学就会收敛些。

使劲拍桌子或是黑板，再不认真听课每个人把课文抄十遍。

处理三：提醒或简单处理。（43%）

好了，现在我们继续上课，下课之后再观察雪。

处理四：表扬或因势利导迁移。（8%）

"同学们看，××同学都坐好了认真听老师讲课呢。"

"同学们有没有关于雪的诗句呀？"

"伯牙鼓琴，志在高山。子期曰：'峨峨兮若泰山'。志在流水，子期曰：'洋洋兮若江河'。那如果伯牙志在冬雪呢，子期会怎么说呢？同学们想一想。"

从以上教师的回答可以看出，遇到这样的事情，大多数教师还是较容易动怒的，采取了命令式的或压制式的处理方式（39%），这样做虽然解了教师心中的怒气但是却不能有立竿见影的效果，学生对老师这样的方式大多都是充耳不闻的。有 43%的教师采用提醒的方法，这种方法尊重了学生，但是这简单的提醒并不能起多大的效果。还有一部分教师针对这种现象是采取不作为的方式，如果能够忽视这种现象，只能说明这位教师的"心"大，"耐性"足，但是其实这是一种很不负责任的方法。此外，有 8%的教师选择各个击破和因势利导战术，将偶发事件与教学内容联系起来，顺利转移了学生注意力，有效地保证了教学的进行。另外，采用表扬个别同学的方式在小学低年级段是个屡试不爽的方式。

（三）应对教师因素引发的课堂偶发事件的方式

《左传》："人谁无过，过而能改，善莫大焉。"教师，只是一个普普通通的平凡的人，在课堂中由教师因素而引发的偶发事件不可避免。教师引发的课题偶发事件一般多表现是教师书写讲解方面的失误、言行、着装等方面。在这里，我选取教师板书书写错误、讲解错误做代表。

【案例六】教师失误

在三年级进行课堂观察时，语文教师在讲《掌声》一课，因为是第一课时，主要教学任务就是读课文和识字、写字。一些较难的字，教师会在黑板上的田字格内示范写法，学生在自己的习字本上练习。在写到"鞠躬"的"鞠"时，教师把"革"写成了"身"。这时已经有同学开始窃窃私语了，大胆的学生直接指出学生的错误。老师看了看写的字，的确错得离谱，语文老师的脸瞬间红了……（2014.12.2 课堂观察）假如你是这位书写错误的教师，你会作何处理？

还有一个案例是在六年级的一堂语文课上，教师在讲《最后一头战象》，文中有一个词语是镌刻，教师在示范读的时候读成了 juàn，学生也跟着读了。但是我观察到有几个学生开始查字典和翻阅手头的参考资料，不一会儿他们就开始嚷嚷，老师，你读错了，不读 juàn 而读第一声 juān。假如你是这位读错字音的教师，面对这个尴尬情境，你会怎么处理？

处理一：掩饰。（38%）

"这是老师故意写的。只有这位同学看到了且向老师提出来，其他同学也看看黑板上的这个字哪里需要改正一下？"

"噢，很好，坐下吧。"

处理二：直接坦承自己的错误。（45%）

"对不起，老师不小心写/读错了。"然后，将错误改正过来。

处理三：表扬学生并承认错误。（12%）

"我要表扬这位学生观察认真，让大家向该生学习。"同时向学生道歉承认自己的错误。

处理四：承认错误后因势利导教育。（5%）

"同学们发现黑板上的错误了吗？"然后指出错误的地方，并说明错误的原因，提醒学生避免犯类似错误。

"这位同学能够质疑老师而且通过查阅资料证明自己的观点，这点需要大家学习。"顺便列举隽等字一起记忆，并进一步引导学生不犯类似错误。

面对如此情况，38%的教师采取忽视或掩饰的虚伪式处理方式，虽然数据只有 38%，但是在实际的课堂教学过程中，这样的做的教师有许多。教师的这些做法也许在学生面前保留了一点"面子"，但是这样的处理方法在教育面前却是一种不负责任的行为，教师为了面子扭曲事实，在学生指出错误后谎称是故意而为之，目的是检测学生的注意力。其实这些行为就是造作的虚伪的教学行为。当然也有 45%的老师选择直接坦承犯的失误，同时也会和学生解释说"教师不是全能的，也会犯错"，无形中也为自己开脱。除了坦承错误之外，还有一部分教师借此表扬学生，进而提高学生学习的积极性。另外，还有教师直接借此进行生成教育，就错误的地方进行发散教学，使学生得到更多的知识及启示。目前做到这点的教师少之甚少，所以更这得我们去学习、去探索。

通过以上案例调查和分析教师的应对课堂偶发事件的方式，可以发现：

（1）面对学生因素造成的课堂偶发事件，教师主要采取压制性的方式（呵斥、讽刺、批评或惩罚）、敷衍性的方式（安抚或简单处理）、不作为的方式（忽视、悬置）和爱心教育的方式（因势利导、表扬、激励）。

（2）面对环境因素造成的课堂偶发事件，教师主要采取的方式有压制性的方式（呵斥、讽刺、批评或惩罚）、不作为的方式（忽视或悬置）和爱心教育方式（表扬激励、教学迁移）。

（3）面对教师自身造成的课堂偶发事件，多半的教师都是可以直面失误或错误，有些教师可以利用表扬学生来给自己巧设台阶而下，而仅仅只有少部分教师可以利用教育机智将偶发事件转变为有利的课堂资源。

综上所述，小学教师对课堂偶发事件没有更深更全面的认识，所以不能利用教育艺术或机智妥善处理。在平时的教育实践中，常常用批评或惩罚的方式解决。只有极少的教师能够通过鼓励激励、爱心感化、恰当引导的方式解决偶发事件。可见，小学课堂偶发事件的处理并不乐观。

二、小学教师应对课堂偶发事件的方式对学生影响的分析

小学阶段是学生身心发展的基础阶段，他们是具有独立意义的人，是学习的主体；他们是发展中的人，会表现出很多的不成熟。因此要更多地关注学生精神世界和情感体验。我们一直提倡"以教师为主导、学生为主体"的教学原则，学生是独一无二的个体，而这个个体完整地存在于教育教学实践中，同时体验着教育生活。可以说所有的教育活动对学生都有或多或少的影响。所以，教师在教育教学实践中所采取的方式或是策略，不仅影响学生的身心健康发展，更影响学生建构正确的价值观和世界观，而这种影响有即时的也有深远的。在教育活动中，我们倡导"以人为本"的学生观，也就是"以学生为本"的学生观，更是"以学生的全面发展为本"，最终是"以全体学生的全面发展为本"。因此，教师在处理课堂偶发事件时，一定要全面考虑。

（一）压制性的方式对学生的影响

1. 教师的想法

这些学生都是家里的宝贝，溺爱惯了，都不把老师放在眼里，你不吼住他们，他们都能上房揭瓦了。如果还不可以，就只能惩罚抄单词、句子的，这样他们才会收敛些。有时候就那么几个学生，课堂上频频出状况，无计可施，忍无可忍之时，就会打他们，虽然这有错，但是他们真的欺人太甚。对学生严厉也是对他们好。（四年级 王老师）

2. 学生的看法

学生 1："我不喜欢太严厉的老师，动不动就是拉出去罚站或是用软尺打我们。就不能和我们好好说话吗？"

学生 2："有一次数学课，老师随机喊几个同学上去做题。数学是我的弱项，到黑板上，我一个题目都没做出来，老师就把我推到门口，说我是猪脑子，讲那么多遍都不会。"

学生 3："英语老师可喜欢罚我们抄课文了。有一次，讲台上不知道被谁撒了水，老师的课本都湿了，老师一番询问后查不到元凶，就罚我们把第 1~4 单元单词、课文抄 10 遍。"

3. 对学生的影响

（1）学业目标：教师在教学过程中，采用简单粗暴的方式对待学生，会让学生感觉自己没有被尊重，内心受伤，自然会对教师有抵触，对教师所带的科目抵触，也就没有学业目标的实现了。有的教师觉得对学生严厉是利大于弊，其实不然，如果过于严厉，整个课堂气氛都是紧张严肃的，这样就会影响学生的学习热情。

（2）情感态度体验：小学生渴望被关注，渴望得到教师的爱。但如果教师经常采用压制性的方式对待他们，他们势必也会以同样的方式对待教师，不然就是表面对教师尊重，背地

里将教师诋毁的一文不值。

（3）交往适应：和谐的师生关系是互相尊重，但是由于教师长期对学生采用压制性方式，教师和学生之间根本不会有很好的交往关系。教师不关爱学生、不尊重学生，学生也就不会尊重教师，也不会体谅宽容他人的错误。

英国教育家洛克说过，儿童应该很少受到惩罚，斥责过多，尤其是盛怒呵斥，结果总是不好的。它可以降低教师在学生心目中的威信，同时减少对教师的尊重。鞭笞如果不能产生良好的结果，他自然便会产生重大的害处。有时候，教师觉得惩罚学生、体罚学生都是为了他们好，但是学生却不这么认为，学生体会不到教师的良苦用心，只会觉得教师不讲理，对教师粗暴的行为怀恨在心。对学生进行呵斥，尤其是对"老油条"，根本没有任何作用，他们早已习以为常了。对学生实施惩罚，特别是对低年级的学生，几乎是一点效果都没有。因为低年级的小朋友根本不知道自己错在哪里，只是简单实施教师的指令，这样做都是在浪费彼此的时间。

有些教师对同事或是领导说话都是很有礼貌有分寸的，可是转脸面向学生，却换成了凶猛脸，训斥皱眉不耐烦。因学生多不完成作业，或是做错题，抑或是课上窃窃私语，教师就大声呵斥、挖苦、讽刺，教师倒是"骂"得痛快了，可是教师却在学生面前丢失了为人师表的尊严，暴露了自己的粗陋。教师是对学生产生重要影响的人，加强自我修养是必不可少的。好课堂、好学生不是"骂"出来的。有些话，少说为佳，不说最好。

（二）不作为的方式对学生的影响

1. 教师的想法

天天有太多的学生打小报告，有时候针对这些现象，我真是够了，都采取不理不睬，不闻不问的策略。教师不是神仙，在讲课过程中总会犯些简单的失误，比如写错字，我都是偷偷给擦了改正确，在学生提出来后，有时候我会说是自己故意写错的。因为这样可以避免尴尬，不至于在学生面前丢脸吧。（三年级 杨老师）

2. 学生的看法

学生1："我因为太调皮，老师都不太喜欢我，可是我不笨噢。有一次上公开课，老师提出问题后，就我频频举手，他就是不叫我回答问题。气死我了。以后他的课我再没举手。"

学生2："有一次上课，老师安排我们自习，看到他在讲台奋笔疾书，想着老师也很辛苦呢。后来才知道是在拼命补写教案。当时学校正在迎接市里检查。我认为老师太让人失望了，太自私，对教学不负责任。我们每天都做作业，而且完成得很好，他怎么不把自己的作业做好呢。哎……"

学生3："我肠胃不好，有一次拉肚子，上课时我跟老师说自己肚子痛，想去厕所，可是数学老师都没理我，我实在没忍住，自己从后门溜出去了。老师真的太冷血了。如果我是老师，肯定会关心一下自己的学生呀！"

3. 对学生的影响

（1）学业目标：学生是教学的主体，如果教师孤芳自赏而不关注学生，那学生的学业目标是很难实现的。而且在教学过程中，有些教师为了自己的利益，没有按时完成自己的教学任务，只会让学生对教师另眼相看。教师不负责任地教学，学生自然也就不认真地学。

（2）情感态度体验：教师常常采取不作为的方式处理事情，看似没有对学生造成什么影响，但是这样的做法会让教师失去魅力和威严，也会让学生对教师产生强烈的不满，对相应学科也失去了积极性。

（3）交往适应：教师对待自己的工作一定要有认真负责的精神，对待自己的学生也要尊敬，对待自己的失误也要坦承面对。教师对学生的影响体现在一点一滴上，如果教师做事无责任心，不懂得尊重学生，遇到事情为了面子就遮遮掩掩，学生会对这样的教师失望透顶，当然这也会影响学生建立正确价值观、世界观。在日常的教学过程中教师也会犯错误，这是很正常的，但是在面对错误时，不该遮遮掩掩，更不该对学生的质疑、揭短或是"面子问题"就欲盖弥彰，甚至恼羞成怒。这样不仅会有损自己的威信，更会对学生造成不好的影响。作为教师在面对自我失误时要有承担的勇气，更要有改正的决心。因为不管在任何时候，教师都是学生效仿的对象。正如教育家布贝儿所说："具有教育效果的不是教育意图，而是师生间的接触。"

（三）爱心教育方式对学生的影响

1. 教师的想法

教师，是一个很不容易的职业，每个教师肩上的责任也很重。但是不管多么不容易，我们都要以饱满的热情对待我们的学生。正确指引他们前进，给他们前进的动力，做他们坚强的后盾。（一年级　陈老师）

教育的主体是学生，想要学生健康快乐地成长，就必须给学生建立一个民主的环境。教师在处理任何事情时候，都要考虑到学生的感受，尊重学生的感受。（六年级　张老师）

教师是学生学习的榜样，尤其是对小学生而言。小学生经常说："老师怎么怎么说，这是老师说的，老师也是这样做的。"可见教师的言行一定要规范。在处理学生间的矛盾时，当老师的一定要冷静，不能学生怒教师也怒，这样解决不了问题。多给孩子一些关爱，通过语言、简单的肢体动作都可以感化学生的。（二年级　李老师）

2. 学生的看法

学生 1："我的同桌特别爱讲话。有一次，他在和我讲他家里的琐事，老师看见了就让我不要讲话。但是我辩解自己没有说话。这时我看到老师已经动怒了。谁知这时老师将目光转移到我同桌身上，语气缓和了问，'××，你是不是记笔记了？'同桌见状，立刻机警地一直点头。谁知道老师随口说道'那好，下课我检查一下。'同桌立刻慌神了脱口一句'啊，要检查呀。'他话音刚落，其他同学都笑了。课堂气氛顿时缓和下来……课后老师竟然对我道歉，我非常的感动。"

学生 2："有一次因为我和同桌说话，老师叫我站起来，批评了我几句后让我坐下。但是我当时很生气，我就直挺挺地站着，让老师一下子下不了台，心里还傲气着呢。可是老师没有训我，而是换了种语气和我说：'你若觉得坐着累，那就站会伸展下吧。'然后他就继续上课。我一下子被动了，太丢人了。不过下课后，我向老师道歉，没想到老师跟我道歉说当时对我太凶了。事情就这样顺利解决了。以后，在这位老师的课上我都是认真听讲的。"

3. 对学生的影响

（1）学业目标：教师对学生的关爱、耐心，学生感受到了，自然会有所改变。因为对教师的态度改变，也就对教师教的科目感兴趣了。有了学习的兴趣和积极性，学业目标自然而然就实现了。另外，教师运用教学智慧处理课堂偶发事件，将其转移为有效地教学资源，这样会取得更多的收益。

（2）情感态度体验：教师关爱学生，尊重学生，耐心宽容地对待学生，无形间增加了教师在学生心中的魅力，也让学生潜移默化地学习教师这些人格魅力。面对课堂上顶撞自己的学生，教师冷静对待，引导学生自己发现问题，认识错误。

（3）交往适应：面对令人头疼的课堂偶发事件，教师一定要有一颗冷静的心和良好的自制能力，考虑学生感受，尊重学生，包容学生。这些都会得到学生的认可和模仿。学生从教师的身上学到了尊重、耐心、爱心等优点并把这些普及到与他人相处中。

古人云："天下有大勇者，猝然临之而不惊，无故加之而不怒。"今天的教师似乎缺少了这样的气魄。如果教师能变成这样的"大勇者"，偶发事件应该会越来越少甚至能够避免，学生也会更加敬佩和爱戴自己的老师，井然有序的课堂秩序一定会如期而至。

第三节　教育机智的培养方法

一、小学教师教育机智的特点

（一）小学教师面对的教育突发情境更加复杂多样

在教育生活中，教师、学生、学校环境各种因素相互影响相互作用，造就复杂多样、矛盾重重的教育情境。恰恰是这种矛盾结构的存在可能是促进我们不断地思考与儿童如何相处这个问题的主要因素。而小学教师教育机智的特殊性主要源于教育对象的特殊性。

与其他年龄阶段相比，童年期是孩子生长发育最旺盛、变化最快、可塑性最强的阶段。6年的时间跨度，可分为低、中、高三阶段，各阶段孩子的身心发展又各具特征。例如小学低年级的孩子钟爱着"游戏"、保留着幼儿时期"自我为中心"的特点，还未形成是非善恶的判断标准。所以对于不了解该阶段孩子的特征的教师而言，很多孩子的行为是"无意义的""难以理解的"。小学中年级阶段的孩子则进入明显的"见解形成期"，开始有发表自己看法的欲望了，具体表现在不再那么顺从成人的命令和管束。这时候教师应该允许孩子有自己的合理见解，允许其对教师的"权威"提出质疑。高年级的孩子则突出表现在对周围事物怀有强烈的好奇心和求知欲，并且开始萌发对老师的批判精神，所以马娜好奇地追问老师射线为什么只有一个点。除此普遍规律之外，一个已经引起很多教育学者关注的问题是：由于信息时代的高速发展，成人的世界通过网络媒体毫无隐蔽地暴露在孩子的视野中，这种环境带来的潜移默化的影响，使当代的孩子普遍表现出过早成人化。外加父母离异司空见惯、生活所迫孩子变"留守儿童"等不确定性因素的影响，本该天真活泼的模样却显现出"小大人"的姿态。教师常常被一些非孩子该有的问题问得哑口无言。无论是小学阶段孩子普遍表现出的复杂多变的身心发展特征还是每个孩子因所处环境不同而具有的特殊性都将为小学教师制造更加复杂多样的教育情境。这就意味着有更多需要小学教师发挥机智的教育时机。但是从上述呈现的材料中，我们不难发现，当面对这些境况时，教师总是缺乏应对的能力。正所谓凡事都具有两面性，复杂多变的教学情境为教育时机的出现提供可能性，同时也为拙劣教育的出现提供"温床"。

（二）小学教师渴求捕捉日常生活中的教育时机

小学的课程设置相对于初高中相比具有更大的灵活性。课堂教学与教育活动都是小学生学习生活的重要组成部分。外加小学生自身的年龄特征，教学工作中存在更多的不确定性。在小学教学生活中也就蕴藏了更多的教育时机，这表示小学教师教育机智有更大的发挥空间。小学教师普遍认同日常生活对教育的重要性，并且赞同理解孩子的日常生活尤为重要。老师对教育情境的自信就是源于对孩子体验的深入了解，教师的自信感染学生的自信，师生共同成长的精彩课堂自动生成。另外，小学生相对初高中生及作为成人的教师而言还显得比较柔弱，这唤起了教师保护孩子的欲望和责任感。又很多教师都愿意听从孩子需求的召唤，为孩子提供有益的帮助和关爱。如教师给予孩子一个可以释放情绪的空间，倾听他的苦楚，并适时给孩子一个温暖的拥抱。大多小学教师都会有意识地将每个小意外变成一个有教育意义的教育事件，尽管对这些教育时机的把握的形式比较简单，但它至少表明了小学教师对于在教学生活中，用心捕捉每个有利于孩子健康成长的教育瞬间，这种认识的本身就是鼓舞人心的。

（三）小学教师对于教育时机的把握时常是直觉性的

当问及教师当时之所以那样做的原因时，得到的回答大多是："来不及想！就是觉得应该那么做！直觉吧！"正如这些老师所言，机智的行动通常是迸发出来的，因为需要发挥机智的情境是具体的，是在我们意料之外的。教师没有思考的时间，只能凭借直觉，采取行动。"直觉"两个字说明教师对教育机智的结构、策略等相关理论都不甚了解，但他们却巧妙地应对了一个个出乎意料的教育情境，获得了良好的教育效果。这时我们不得不承认教育机智有时候是一种即席发挥的天赋。需要明确的是，这种直觉性的机智的出发点应该是为了孩子的利益。

（四）小学教师教育机智的发挥受教学经验的影响

临场发挥的天赋并不是所有教育者都具备的，从小学教育教学中，我们不难发现，实习老师或者是年轻教师在处理突发事件的能力上远逊于经验丰富的老师。当一个孩子扰乱课堂秩序时，年轻教师的第一反应可能就是制止，而最直接最简单看似最有效的方式莫过于训斥！教育者要做的是防止孩子误入歧途而不是加速他们对抗的速度。我们不敢断言，教师从事多久的教育工作就可以变得机智、从容不迫。但时间的沉淀和经验的积累，加上教师的自我反思，教育机智是可以通过自身的努力养成的。

二、小学教师教育机智的养成路径

教育机智的情境性决定它不是简单的技术性操作活动，它的养成没有固定的法则，甚至在某种程度上是无法言传的。但这并不意味着教育机智只能靠天分。教师可以通过对教育保持注重生活体验的态度，养成对儿童需要保持敏感和聆听的能力，在不断地自我反思中形成教育机智。教育机智是教师智慧的外在表现，如同人的性格，最终能否形成，关键在教师自己。

（一）以关心学生为情感指向

"爱学生、关怀学生"似乎已然是老生常谈，但它恰恰是教师作为教师这一生命体而存在的根基。然而，我们不得不正视这样一个真理：人人都懂的道理，并非人人都能身体力行。面对突发的教育情境，好的教师可以化腐朽为神奇，而糟糕的教师则截然相反，将良好的教育时机变成刺伤孩子的利器。所以教育者在采取某一教育行动之前，应该先考虑自己的出发点在哪里，是为了孩子的成长还是为了维护自己的权威，是为了生发好的课堂还是只为化解自己的尴尬。作为教育者我们应该时刻谨记自己作为"替代父母"的关系存在于孩子的世界，我们必须审慎地采取教育行动。"在活生生的教育情境中，教育者应该心向着孩子，向着孩子的当下，更要向着孩子的未来"。对于要处理意外的、不好的教育情境的教育机智而言，教师更需要以关心学生为情感基础。它决定了你行为的方向，即使教师在那一刻没有想到合适的介入方式，至少不会演变为教育闹剧，伤害到孩子。正如范梅南先生所言"教育机智与一般的社会机智不同，教育机智是教师实施善意的行为以维护孩子的利益。教师实施教育机智并不是为了自身的利益，为了体现自己的威严去操控孩子，来炫耀自己的能力，而是为孩子服务着想，考虑孩子的需要，避免孩子受伤害而采取的恰当的智慧行动，有利于孩子的健康成长。"只有对教育机智有了正确的立足点，才可能采取恰当的教育行动。

（二）融入儿童生活，并对其保持敏感性

"融入儿童生活，体验孩子的体验"对于小学教师而言尤其重要。因为这个阶段的教育，本身就是一门与儿童相处的学问。教师的教育机智就诞生在教师与儿童相处的关系之中。故而要想成为机智的小学教师，第一门必修课就是研究儿童的生活世界，了解孩子看待世界的眼光和方式。面对同一事物，孩子的体验与成人的大不相同，他们总是会有让我们觉得匪夷所思的想法和不可思议的举动，这正是作为小学教师必须融入儿童生活的根本原因。当然我们必须懂得如何去融入孩子的世界，理解孩子的体验。就像下面这位语文老师一样。

【案例】与朋友分离，你会哭吗？
廖老师在讲授古诗《黄鹤楼送孟浩然之广陵》时，为了渲染离别的伤感气氛，请同学们在曲子《送别》的旋律下自由朗诵古诗，突然教室后排传来阵阵笑声。老师走到后面，发现是一位同学在课本插图的人物的眼睛下画了几行眼泪，配以旁白"我好舍不得你啊，呜呜呜"

并向周围同学传阅，每个看过的孩子都发出了笑声。只见廖老师并没有生气，而是抚摸了一下小男孩的头，然后把这幅画展示给全班同学看，并说："李白，是无人能及的诗仙，当他被贬到荒凉之地的时候他没有哭，当他独自漂泊在外内心孤苦的时候他没有哭，可是却在与孟浩然分别的时候，却泪如泉涌，同学们，你们觉得这是什么原因呢？"琳琳回答道："因为他的好朋友孟浩然要去广陵了，他们可能很久很久都见不到了。"钰婷紧跟着说："还有可能再也见不到了。"老师顺势问："那如果现在是你的爸爸或妈妈或者其他的亲人要离开你了，而且不知道什么时候可以再相见，你们会伤心地掉眼泪吗？"学生们纷纷点头。老师接着说："可见，李白和孟浩然之间的友谊真的很深厚，就像亲人一样了。"刚刚画画的小男孩马上说："是的，要不然李白也不会在江边一直傻傻地站着，都看不见孟浩然的船了，他还是舍不得离开。"孩子们的注意力又都转移到课堂上来了。

老师播放《送别》的目的是想快速地将孩子带入伤感的氛围，让孩子更好地理解古诗中好友分别的情境，体悟到分别时的依依不舍之情。但是李白与孟浩然对于孩子们而言只是历史人物，而且年代久远，他们体会不到人物的存在，更无法体会人物情感的存在，故而有的孩子开始做与课堂无关的事。由此观之，教师还未真正找到让孩子进入课堂的切入点，更直白地说教师还没有真正进入儿童的世界，站在儿童的立场。但是令人欣慰的是，这位教师在看到孩子涂鸦人物插图时，"并没有生气，只是轻轻地抚摸了孩子的小脑袋"。这意味着教师潜意识中可以接受并理解孩子的做法，所以没有武断地批评孩子，而是机智地将孩子的涂鸦作为引导孩子进入教学情境的契机。"假如是你的爸爸妈妈或者其他亲人要离开你们，并且不知道什么时候才可以相见，你们会哭吗？"教师将朋友之厚谊与亲人之浓情做了一个恰当的对比，这一举动一下子就让孩子产生了亲切感，唤起孩子对分别之伤痛的理解，获得良好的教育效果。这位教师难能可贵之处，就在这一机智的转变，是从成人世界到孩子世界的转变，是从灌输到引领的转变。教师融入孩子的世界，通俗而言就是将难以理解的情境转化为孩子认知范围内的可以感同身受的教育情境。这才达成教学的根本意义："让学生进入教学所开启的复杂世界之中，去自主地获得辨别能力、灵巧能力、鉴赏力，获得自主行动的能力。**教学的实质乃让学生学习。**"

基于此案例，或许我们可以将教师融入孩子的世界概括成这么几个方面：首先，我们必须转变我们看待儿童的方式，不要讶异于孩子非同寻常的想法和举动，接受就意味着成人进入儿童世界的可能性。其次，教师必须悬置自己作为成人的观念和看法，不要将自己的思想强加给孩子，比如教师认为送别之曲的悲戚曲调就足以调动孩子伤感的情绪，而孩子却在饶有兴趣地涂鸦；比如在你的眼中最大限度的汲取知识、考取好的成绩是最重要的事，而在孩子的眼里有没有小伙伴陪他玩耍、老师喜不喜欢他才是最值得关心的事。这一点对那些自负的教育者而言尤为重要。此外，儿童的生活是具体的，是丰富多彩的，每个孩子都有属于自己的小世界，教育机智往往面对的就是个体的体验，所以我们必须尽可能地去了解每个孩子的生活背景，比如时下最常见的单亲家庭、留守儿童，孩子的一些反常举动不过是为了获取教师的关注从而得到自己的存在感。最后，我们要时刻保持着一种洞察儿童世界的好奇心，这样才会对孩子的生活保持开放性的理解，不断地体验孩子彼时彼刻的感受才能真正地走入儿童的生活世界。建立在对孩子体验的理解之上，我们才能聆听到孩子的需求，感知到孩子需要帮助的召唤。也正是在理解孩子的基础之上，我们才能够敏感地洞悉到孩子细微的变化、兴趣的所在。具备了这种对孩子生活的观察和聆听的敏感性，就为捕捉教育时机提供了可能。

（三）对教育情境进行全身心的关注

教学最显著的特点就是"情境性"，通常我们所说的情境是指教师为了让学生更好地理解某个教学内容或获得某种情感体验而精心创设的，学生作为参与者而存在。然而教育机智的"情境"却是在教师预设之外的，且本身具有"破坏性"的突发事件，教师发挥教育机智的意义就在于扭转非常态的教育情境，重新建构具有教育意义的情境，防止孩子受到伤害并促进孩子成长，养成独立之个性。这种游刃有余的掌控力必然来源于教师对情境和儿童的全身心的关注。这种全身心的关注听起来似乎让人感觉过于玄妙，我们可以借用第二个教学小片段加以剖析。该语文老师在上公开课之前肯定已经对如何讲授"不约而同"这个成语做了充分准备，当她意识到孩子们的注意力完全被突然掉落的小黑板吸引住时，果断将孩子们齐声"哎呀"变成理解"不约而同"的情境。课堂变得和谐而自然，孩子们学得轻松愉悦，教学生动有活力。教师全身心地投入到课堂教学情境中，就是将自己与孩子的状态、与所处的教学环境融为一体，任何一部分的变动都不可忽略。就像案例中这位老师根据孩子的反应调整教学设计，巧妙地将自己的教学任务与孩子的需求联系起来，拉近教师与学生，学生与课堂的距离。学生自然地进入教学情境，在和谐的教学气氛中更容易学有所收获，从而达到预期的教育效果。或者我们还可以从教育机智的内在结构上理解：教育机智可解剖为"心灵的感知力"与"体知能力"。对孩子心灵和情感的关照会让你敏感地捕捉到教育时机的存在，那么"体知"——"一种与身体的技能和习惯相似的具体知识"就会让你瞬间知道应该采取什么行动。就像睡觉前你自然而地关上床头灯那么自然、"不假思索"。对孩子全身心的关注就是要本能地去聆听孩子的话语，洞察孩子的眼神，观察孩子表情、神态和动作。然后了解孩子是喜悦、悲伤、好奇、困惑、害羞还是沮丧，明了自己作为教育者该采取什么样的干预措施才能收获良好的教育效果，最终在不断地对自我专注力的训练中养成处理突发事件的直觉能力。从孩子的身心发展的状态和需求出发，关注孩子鲜活的生活体验的人文关怀为教育机智的生发提供了支撑。

（四）在实践中形成反思力

有经验的教师在处理教育突发事件时明显比新任教师更富有机智，所以教育教学经验的积累和反思对教育机智的形成至关重要。范梅南先生指出反思主要有以下几种类型："行动前的反思、行动中的反思、对行动的反思。行动前的反思表现在为达到某种期待而进行了仔细周密的计划，也就是说教育者已经意识到了某种教育现象需要机智的介入，再采取行动前已经在瞬间毫无准备的状态下经过自觉的调和后的即刻行动，这种直觉式的反思。对行动后的反思则带有回忆性，即意识到自己采取的措施有失得当，避免下次再犯，或者当遇到类似情况时应该采取什么样的方式。这个过程一般是指对自身教育实践的反思，而我们对自身教育教学经验的反思通常是对行动的反思。或许可以通过以下两种方式来提高自己的教育机智能力。一方面，作为师生交往的一种特殊形式的教育机智，大多是通过语言交流实现的，所以教师应该注重语言表达能力的提升。基于小学阶段的孩子语言表达能力与理解能力发展还不完善，教师尽量做到语言简洁、准确，当然更要富有艺术性。针对年轻教师的"如切如磋，如琢如磨"的研讨课活动，其中一个重要的考评内容就是教师的教学语言。教师在他评和自评中获得成长。另一方面，教师自身要注重自我反思，比如撰写教学小故事、记教学日记，把自己的教学经历当作反思对象，找到好的方面，更要看到自己的不足，以有利于之后面临突发性教育事件时更好地采取行动。我们获得反思的另一种方式则是反思他人的教育经验，比如我们可以通过阅读优秀教师的教育教学故事、观摩优秀的课堂教学等途径，借鉴有益做法，增加在类似教育情境中表现出教育机智的可能。反思的目的就是要不断地积累识别"对于某个具体的孩子而言什么是好的、恰当的，什么是不好的、不恰当的"的经验，作为小学教师就要养成反思的习惯，不断学习，不断思考，不断改进，逐渐形成一种反思力，从而提高自身对教育时机的敏感度，促成教育机智行为的发生。

正如雅斯贝尔斯所言："教育的本质是一棵树摇动另一棵树，一朵云推动另一朵云，一个灵魂唤醒另一个灵魂。"这就意味着真正的教育只存在师生交往的关系之中。换而言之教师因着学生的存在而存在，那么教师的使命就是关心孩子、陪伴孩子并为孩子的成长指引方向。这就要求教师无论在何时何地何种情境下，其思考和行动的出发点必然要朝向孩子生命的成长。即使要面临意想不到的、往往是不被期待出现的教育情境时，教师也需要具备这样的意识和能力："瞬间判断出什么是对孩子好的，什么是对孩子不好的，该采取什么样的介入方式才合适"，我们给予这种能力一个特殊的称号——教育机智。如果将其架构在师生和谐的关系之中，或许它就不会像我们所想象的那样神秘莫测。每个散发着智慧光芒的教育行动，它的初衷绝不是为了展示教师的才华有多出众，教师的应变能力有多超群，而是真真切切地指向学生的需求，朝向孩子的成长。那么如何才能养成真正的教育机智呢？笔者认为最根本的是教师拥有一颗朝向孩子世界的心，坚持从孩子的体验出发。尤其对小学教师而言，面对的是充满奇思妙想的又比较脆弱的童年期的孩子。在这些孩子眼中"人是会飞的，鱼儿是会说话的，任何可以触碰到的东西都是有生命的……"教师唯有进入到他们的隐秘世界，才能理解孩子们的体验，进而才能感知到孩子内心需求的召唤。

教师教育机智的起点——教育时机就诞生在教育者对孩子时刻保持着的敏感地观察和聆听之中。至于机智的行动，则需要教师对孩子的世界保持着动态的开放性的理解，并给予孩子全身心的关注，最后迅速决定是用一个沉默的等待、还是一句幽默的话语、抑或是一个轻柔的动作……来将孩子带入积极的教育情境。但教师也不可能一日就充分地了解到每个孩子的世界，教育机智也不可能一促而成，它需要教师在与孩子的相处过程中，不断地进行自我反思，培养自身洞察孩子世界的敏感性，最终使教育机智变成一种直觉能力。由此观之，教育机智实质上就一门迷恋学生成长的学问。教师心向着学生的世界，一方面是向着已有的、静态的、可以看得见的"世界"，同时还要朝向未来的、动态的、看不见的内在世界。教师作为教育工作者存在的意义和精彩就彰显于聆听并恰当地回应学生内在需求的召唤，在成就孩子的过程中也润泽了自己作为教师而存在的生命。作为一名小学教育工作者就要听得懂孩子的话语，看得懂孩子的表情，读得懂孩子的眼神，像孩子一样与孩子相处，需要时回到成人给予孩子必要的帮助！师生共赴成长之路才是教育机智乃至教育的最终追求。

本章练习

1. 什么是教育机智?
2. 小学教育教学中偶发事件怎样分类?
3. 请小组合作选定一个小学教育教学中的典型偶发事件,完成教育情景剧演出,并对剧中设计的情景进行分析。

参考文献

[1] 申继亮. 新世纪教师角色重塑[M]. 北京：北京师范大学出版社，2006.

[2] 梁玉华，庞丽娟. 论教师角色意识：内涵、结构与价值的思考[J]. 教育科学，2005（8）.

[3] 庞丽娟. 教师与儿童发展[M]. 北京：北京师范大学出版社，2001.

[4] 高潇怡，等. 论教师教育观念作用[J]. 教育科学，2003（2）.

[5] 教育部师范教育司. 教师专业化的理论与实践[M]. 北京：人民教育出版社，2003.

[6] 石中英. 准备成为一名卓越的教师[J]. 中国教师，2008（12）.

[7] 靳玉乐，于泽元. 后现代主义课程理论[M]. 北京：人民教育出版社. 2005.

[8] 靳玉乐. 新课程改革的理念与创新[M]. 北京：人民教育出版社. 2005.

[9] 李文阁. 回归现实生活世界[M]. 北京：中国社会科学出版社. 2002.

[10] 李子健，黄显华. 课程：范式、取向和设计[M]. 香港：香港中文大学出版社，1994.

[11] 任长松. 课程的反思与重建——我们需要什么样的课程观[M]. 北京：北京大学出版社，2004.

[12] 施良方. 课程理论——课程的基础、原理与问题[M]. 北京：教育科学出版社，1996.

[13] 石中英. 教育哲学导论[M]. 北京：北京师范大学出版社，2002.

[14] 孙喜亭. 教育问题的理论思考[M]. 北京：北京大学出版社，1997.

[15] 吴春林. 新课程理念下教师教学技能的发展[J]. 当代教育教学，2005（3）.

[16] 纪国和. 新课程视野下教师教学技能的新取向[J]. 教学与管理，2004（4）.

[17] 孟洁. 新教师入职培训新途径的思考和探索[J]. 高等师范教育研究，2000（4）.

[18] 张贵新. 我国中小学教师继续教育的发展阶段与走向[J]. 东北师范大学学报，2001（1）.

[19] 丁晓东. 小学教师技能与特长培养研究[J]. 曲靖师范学院学报，2003，22（4）.

[20] 陈劲光，俞青青. 小学英语教师技能的调查研究[J]. 教学与管理，2008（1）.

[21] 王爱玲. 关于欠发达地区农村小学教师教学能力的调查[J]. 黑龙江教育学院学报，2007，26（2）.

[22] 王玉江，陈秀珍. 农村小学教师教学设计能力调查与提高的建议[J]. 教育探索，2007（5）.

[23] 曾立. 农村小学教师教学演示技能训练浅析[J]. 四川教育学院学报，2002，18（8）.

[24] 吴亚松. 试析农村小学教师教学研究管理[J]. 教育·科研，2007（2）.

[25] 宋燕萍. 教育语言艺术初探[J]. 文教资料，2006（35）.

[26] 姜宏. 浅谈教师的教育语言[J]. 黑河教育，2001（2）.

[27] 王晓春. 学会使用教育语言[J]. 家教博览，2003（2）.

[28] 马红梅. 教育语言温暖的阳关[J]. 宁夏教育，2007（1）.

[29] 鲁晓平. 教育语言的符号暴力[J]. 当代教育科学，2007（12）.

[30] 李甲峰. 关于教师运用教育语言的思考[J]. 田中学刊，1997（S1）.

[31] 刘天堂. 教师职业语言只能探析[J]. 衡水师专学报，2001（4）.

[32] 郭英，刘宪俊. 师生交往：彰显教育主体间性的基本途径[J]. 四川师范大学学报：社会科学版，2006（5）.

[33] 陈桂生. 教育原理[M]. 上海：华东师范大学出版社，2000.

[34] 杜威. 我们怎样思维经验与教育[M]. 姜文闵，译. 北京：人民教育出版社，1991.

[35] 吴康宁. 教育社会学[M]. 北京：人民教育出版社，1997.

[36] 赵蓉晖. 普通语言学[M]. 上海：上海外国语教育出版社，2006.

[37] 魏博辉. 论日常语言与哲学语言的差异性[J]. 北京联合大学学报：人文社会科学版，2006（6）.

[38] 王攀峰，张天宝. 知识观的转型与课堂教学改革[J]. 教育科学，2001（3）.

[39] 王晓朝. 文本、解读、诠释与翻译[J]. 哲学研究，2003（4）.

[40] 王月芬. 在理解范式中阅读课程[J]，教育探索，2002（9）.

[41] 吴刚平. 教学改革的课程论意义[J]. 教育研究，2002（9）.

[42] 杨明全. 论课程研究的诠释学趋向[J]. 教育展望，2002（2）.

[43] 杨启亮. 教材的功能：一种超越知识观的解释[J]. 课程·教材·教法，2002.

[44] 杨启亮. 课程改革中的教学问题思考[J]. 教育研究，2002（6）.

[45] 肖川. 教师，与新课程共成长[M]. 上海：上海教育出版社，2004.

[46] 徐斌燕. 教师专业发展的多元途径[M]. 上海：上海教育出版社，2008.

[47] 叶澜，等. 教师角色与教师发展新探[M]. 北京：教育科学出版社，2001.

[48] 胡淑珍. 教学技能概念辨析[J]. 现代教育研究，1999（1）.

[49] 丁兆春. 论教学技能[J]. 镇江师专学报：社会科学版，1995（1）.

[50] 南国农. 从视听教育到信息化教育[J]. 中国电化教育，2003（9）.

[51] 张铁牛. 教学技能研究的理论探讨[J]. 教育科学，1997（2）.

[52] 杨改学. 从教育现代化视域看现代教育技术的功能与作用[J]. 电化教育研究，2007（5）.

[53] 赵建功，戴维，张桂荣，等. 信息化社会教师现代教学技能探讨[J]. 电化教育研究，2007（9）.

[54] 裴跃进. 现代教师发展基本内涵探究[J]. 中小学教师培训，2007（2）.

[55] 董静，马云鹏. 教师专业发展需要的现状及推动教师成长的有效策略[J]. 中小学教师培训，2007（10）.

[56] 李玉峰. 论教师教学专业技能的核心成分及其养成[J]. 中国教育学刊，2007（1）.

[57] 潘菽. 教育心理学[M]. 北京：人民教育出版社，1983.

[58] 邓金. 培格曼最新更新国际教师百科全[M]. 教育与科普研究所，编译. 北京：学苑出版社，1989.

[59] 严先元. 教师的教学技能[M]. 北京：中国轻工业出版社，2007.

[60] 胡淑珍，等. 教学技能[M]. 长沙：湖南师范大学出版社，1996.

[61] 郭友. 教师教学技能[M]. 北京：首都师范大学出版社，1993.

[62] 高艳. 现代教学基本技能[M]. 青岛：青岛海洋大学出版社，2000.

[63] 杨莲菁，王钢. 导入[M]. 上海：上海教育出版社，2004.

[64] 孟宪恺. 微格教学基础教程[M]. 北京：北京师范大学出版社，1992.

[65] 何克抗. 教育技术学[M]. 北京：北京师范大学出版社，2002.

[66] 康锦堂. 教学能力结构及测评[M]. 厦门：厦门大学出版社，1991.

[67] 李如密. 教学艺术论[M]. 济南：山东教育出版社，1995.

[68] 南国农，李运林. 电化教育学[M]. 北京：高等教育出版社，1998.

[69] 李康. 现代教育技术教程[M]. 广州：广东高等教育出版社，2003.

[70] 何克抗，李文光. 教育技术学[M]. 北京：北京师范大学出版社，2002.

[71] 李克东. 新编现代教育技术基础[M]. 上海：华东师范大学出版社，2002.

[72] 王俊英，桑海燕. 现代教育技术与小学学科教学[M]. 北京：北京科学技术出版社，2004.

[73] 郭友. 新课程下的教师教学技能与培训[M]. 北京：首都师范大学出版社，2004.

[74] 傅道春，齐晓东. 新课程中教学技能的变化[M]. 北京：首都师范大学出版社，2003.

[75] 肖锋. 学会教学——课堂教学技能的理论与实践[M]. 杭州：浙江大学出版社，2002.

[76] 刘显国. 教法选择艺术[M]. 北京：中国林业出版社，2001.

[77] 邵子华，李山林，秦建文. 现代语文教育学[M]. 昆明：云南大学出版，1991.

[78] 李乐毅. 汉字演变五百例[M]. 北京：北京语言学院出版社，1992.

[79] 陈靖武，杨向阳. 书法基础[M]. 北京：北京师范大学出版社，1992.

[80] 祝敏申. 大学书法[M]. 上海：复旦大学出版社，1993.

[81] 刘炳森. 中国书法艺术[M]. 北京：中国人民大学出版社，1994.

[82] 李光祥，王绥先. 书法标准教材[M]. 济南：山东大学出版社，1995.

[83] 张田若，陈良璜，李卫民. 中国当代汉字认读与书写[M]. 成都：四川教育出版社，2000.

[84] 于魁荣. 小学写字教学法[M]. 北京：人民教育出版社，2001.

[85] 张春霞，等. 普通书法[M]. 天津：天津人民出版社，2001.

[86] 侬美兰. "简笔"的意蕴与审美趣味——论教学简笔画艺术语言与艺术表达形式[J]. 昆明学院学报，2011，33（1）.

[87] 王红云，冯锦，李欣. 简笔画技法[M]. 上海：上海人民美术出版社，2012.

[88] 李宏. 教师能力素养导论[M]. 北京：世界图书出版社，2013.

[89] 杜威. 艺术即经验[M]. 高建平，译. 北京：商务印书馆，2005.

[90] 周朝元. 浅谈简笔画在教学中的重要意义及绘画原则[J]. 职业，2009（11）.

[91] 周展. 简练而不简单——教学简笔画及其造型语言研究[J]. 艺术教育，2009（12）.

[92] 尹增才. 论简笔画艺术[J]. 玉溪师范学院学报，2007（2）.

[93] 尹增才，刘芳. 简笔画在中小学教学中的作用及运用原则[J]. 玉溪师范学院学报，2007（6）.

[94] 杨敏，马琰. 师范教育中《教学简笔画》课程开设的构想[J]. 甘肃高师学报，2007（4）.

[95] 茅云禄. 师范生应具备教学简笔画的基本技能[J]. 安庆师范学院学报：社会科学版，2007（5）.

[96] 童文坚. 试论"教学简笔画"的功能及学生能力的培养[J]. 龙岩师专学报，2003（S1）.

[97] 马克斯·范梅南. 教学机智——教育智慧的意蕴[M]. 李树英，译. 北京：教育科学出版社，2001.

[98] 〔比〕梅特林克. 智慧的力量[M]. 吴群芳，等，译. 北京：中国档案出版社，2001.

[99] 刘红. 校本教研与教师教育智慧提升[J]. 基础教育研究，2006（9）.

[100] 陈桂生. 也谈有智慧的教育[J]. 教育参考，2001（5）.